Erich Wiedemann

»Wir reiten, bis wir im Blut versinken«

Rassenstaat Südafrika

Hoffmann und Campe

Abbildungsnachweis
Archiv Erich Wiedemann: S. 55, S. 233;
Bildarchiv Preußischer Kulturbesitz: S. 186/187;
Camera Press LTD: S. 127;
FOCUS/Alon Reininger: S. 8/9, S. 133, S. 236/237;
Klaus D. Francke: S. 43, S. 113, S. 121;
PIX FEATURES/Peter Wickman: S. 21, S. 31, S. 62/63, S. 111, S. 116/117, S. 125, S. 129, S. 152/153, S. 156/157, S. 288/289.

CIP-Kurztitelaufnahme der Deutschen Bibliothek

Wiedemann, Erich:
»Wir reiten, bis wir im Blut versinken« : Rassenstaat Südafrika / Erich Wiedemann. – 1. Aufl. – Hamburg : Hoffmann und Campe, 1981.
ISBN 3-455-08812-0

Einbandgestaltung Jan Buchholz und Reni Hinsch
Gesetzt aus der Korpus Janson-Antiqua
Satzherstellung Otto Gutfreund, Darmstadt
Druck- und Bindearbeiten Richterdruck, Würzburg
Printed in Germany

Inhalt

Man kann ebensowenig in seine Mentalität eindringen wie in die eines Asiaten oder Orientalen. Es gibt Augenblicke, in denen er gegen jeden uns bekannten Verstand zu handeln scheint. Er handelt dann mit einer langsamen, blinden Beharrlichkeit, durch nichts abzulenken oder aufzuhalten. Ein Verhalten, das man sonst nur bei Großwild beobachtet.

Sir Percy Fitzpatrick 1899 über die Buren

»Wenn ich Präsident wäre, würde ich auf dem Rücken des Weißen tanzen, bis er stöhnt. Ich hasse die Weißen, schon ihr Geruch macht mich wütend.«

Schwarzer Schüler 1980 in einem Schreiben an die Tageszeitung »Die Vaderland«.

Vorhergehende Bildseite: Auch Spürhunde müssen wissen, wo der Feind steht. Nahkampfausbildung an der Polizeiakademie in Pretoria.

Vorwort

Die Apartheid bröckelt. Südafrika wird bewohnbarer. Gegen den Widerstand rechtsradikaler Plattlandmafiosi, die sie für unverzichtbar, und linker Agitatoren, die sie für unliberalisierbar halten, hat Südafrikas Premierminister Piet Botha begonnen, mit den »überflüssigen« Auswüchsen der kodifizierten Rassentrennung aufzuräumen. Das Einkommensgefälle zwischen Schwarz und Weiß ist flacher geworden. Die *colour bar* in Kinos, Hotels, Postämtern und Autobussen ist weitgehend aufgehoben. Doch in der für die Buren vermeintlich lebenswichtigen Substanz ist sie unverwässert.

Obwohl die Rassenschranken – besonders in englischsprachigen Gebieten der Republik – vielfach durchlöchert sind und selbst der alteingesessene Burenadel einen guten Schuß Negerblut in den Adern hat, bestimmen noch immer »Klassifizierungsgerichte«, wer zu wem paßt, wer wo wohnen darf und welche zwischenmenschlichen Beziehungen staatstragend sind und welche nicht.

Noch immer brilliert Südafrika in den Zeitungen mit tragikomischen Absurditäten; Kinder, die als »Dienstboten« in ihrem weißen Elternhaus leben, weil sie bei einer »Nachuntersuchung« zu Mischlingen herabgestuft wurden. Unfallopfer, die – trotz reichlich vorhandener Blutkonserven – verbluten, weil das zu ihrer Hautfarbe passende Blut nicht beschafft werden konnte.

Der Rassismus der Buren hat eine jahrhundertealte Tradition. In die derzeit gültige Gesetzesform allerdings wurde er erst Mitte dieses Jahrhunderts gegossen. Die Lösung des Apartheid-Problems ist ohne die Kenntnis seiner psychosozialen Wurzeln nicht möglich. Doch schon die Erörterung von Rassenfragen ist seit Hitlers rassistischen Exzessen tabu. Dabei haben Wissenschaftler wahrhaftig eine Fülle von

Argumenten zur Rassenfrage vorzutragen. Die wichtigste davon: Mit der Rassengleichheit als Grundlage partnerschaftlichen Zusammenlebens läßt sich kein Staat machen. Einfach weil es sie nicht gibt.
Sicher nicht unschuldig an der kollektiven Verklemmung der Afrikaander sind auch Engländer vom geistigen Zuschnitt Lord Kitcheners, der »die weißen Kaffern« um die Jahrhundertwende in mörderischen »Burenfallen« zusammentrieb, um sie zu disziplinieren. Die Buren fühlen sich heute wieder mal verfolgt – wie schon oft in ihrer 400jährigen Geschichte. Und wieder grassiert wie schon häufig am Kap die Lust am Untergang. Ehe sie ihren Auserwähltheitsanspruch aufgeben, wollen sie, wie Farmer Vos Louw aus einem Dorf bei Kapstadt neulich bekannte, lieber »reiten, bis wir im Blut versinken«. Farmer Vos Louw freilich ist nur noch beschränkt repräsentativ für die südafrikanische Bevölkerung.
Der Soweto-Schock des Jahres 1976 hatte eine heilsame Wirkung – weniger in der Burenpsyche als vielmehr in der sozialen Wirklichkeit der Schwarzen. Die Regierung gestand ihnen Selbstverwaltung zu und investierte Milliarden in ihre Gettos. Heute gibt es doppelt soviele Häuser mit Wasser- und Stromanschluß wie vor dem großen Schüleraufstand. Aber viel menschlicher ist Soweto dadurch nicht geworden. Die schwarzen Wohngebiete sind Brutstätten von Elend und Verbrechen. Soweto produziert pro Kopf seiner Bevölkerung gut fünfmal soviele Gewaltverbrechen wie die Horrormetropole New York.
Nach wie vor sind die Schwarzen – wenn auch mit mehr Rechten als früher – nur Gäste in den Wohngebieten der Weißen, billige Arbeitskräfte, die in ihre »Heimatländer« zurückgeschickt werden, wenn sie das Leistungslimit nicht mehr erreichen. Und daran soll sich nach Bothas Vorstellungen auch nichts ändern. Er steht fest zum Wort seines Vorgängers John Vorster: »Über die Zerstörung unseres Landes werden wir nicht verhandeln.« Das heißt auf deutsch: bis hierher und nicht weiter.
In Wahrheit haben sich die Buren längst mit der Aufteilung Südafrikas in einen weißen und mehrere schwarze Teilstaa-

ten abgefunden. Es kommt ihnen nur darauf an, die Hegemonie des weißen Mannes in irgendeiner Form für die neue Verfassung zu retten. Die zwei Millionen Mischlinge, »Gottes verlorene Rasse«, die bisher immer zwischen den Fronten stand, soll, freilich mit begrenzten Bürgerrechten, ins Lager der Weißen hinübergezogen werden.

Obwohl Pretoria Unsummen in Schmiergeld- und Publicity-Kampagnen gesteckt hat, um der Welt sein Rassen-Utopia schmackhaft zu machen, obwohl eine weltumspannende Lobby – von Christian Barnard bis F.-J. Strauß – den Rassen- und Klassenstaat am Kap zum Paradies hochlobt, will die Welt die *Bantustan*-Lösung nicht schlucken. Denn die »Lösung« ist nichts als schlecht kaschierte Roßtäuscherei: 13 Prozent der Landfläche für vier Fünftel der Bevölkerung. Selbst wenn die Reformer noch ein paar Prozente zulegten, um die Flickenteppiche zu arrondieren, würde ihr Modell kaum gerechter.

Vor allem die Afrikaner laufen Sturm gegen die »Marionettenstaaten von Pretorias Gnaden«. Dabei ist Südafrika unter den Polizeistaaten Afrikas noch einer der humansten. Und Rassismus gibt es wahrlich nicht nur am Kap der Guten Hoffnung.

Die Fronten sind verhärtet. Die Gegner haben sich eingegraben. Seit sowjetische Satellitenregimes sich an der Peripherie Südafrikas etabliert haben, rüstet Pretoria, als stünde die Rote Armee bereits am Limpopo. Die Wirtschaftsplaner segeln auf Autarkiekurs. Darüber hinaus haben israelische, französische und westdeutsche Atomwissenschaftler den Buren zur Atombombe verholfen.

Die Angst der Weißen vor dem drohenden Rassenkrieg hat die innenpolitische Szene auf merkwürdige Weise stabilisiert. Auch die liberalen englischsprachigen Südafrikaner, die seit Generationen auf Kriegsfuß mit den Buren leben, wählen heute mehrheitlich *Nats*, die regierenden Nationalisten. Dabei gibt es – zumindest sicherheitspolitisch – zur Zeit keinen Grund zur Beunruhigung. In ganz Schwarzafrika existiert keine Armee, die den südafrikanischen Streitkräften länger als einen Tag lang standhalten könnte. Ein zweites Vietnam ist nicht in Sicht, ein zweites Soweto auch nicht. Die innere Opposition sitzt entweder im Gefängnis oder reibt sich in Flügelkämpfen auf. Wo sich Widerstand zeigt, schießt die Polizei, wie sich in Soweto und Kapstadt gezeigt hat, gezielt dazwischen.

Die Wirtschaftsbosse sehen weit hoffnungsvoller in die Zukunft als die Bevölkerung. Sie bauen darauf, daß auch die Schwarzen die Rolle honorieren werden, die das Kapital – und zwar gegen den Widerstand der Gewerkschaften – als Motor der Liberalisierung gespielt hat. Der Außenhandel blüht. Der Goldpreisboom hat phantastische Exportüberschüsse ins Land geschwemmt. Die westliche Industrie investiert am Kap mehr als je zuvor. Man hat gesehen: Die Wagenburg erbebt, aber sie hält. Der Oxford-Politologe und Südafrika-Experte William Johnson würde sogar, wie er in einer am Kap jubelnd begrüßten Expertise versicherte, all sein »Geld in Südafrika investieren, wenn ich was hätte«. So sicher ist er seiner Sache.

Und selbst wenn alle Dämme brechen und sich die schwarzen Nachbarn aus ihrer Abhängigkeit befreien, braucht Südafrika nicht um seine wirtschaftliche Existenz zu bangen. In weiser Voraussicht kommender Ereignisse haben Bothas Vorgänger eine nahezu lückenlose Autarkiewirtschaft aufgebaut, die dem Burenstaat ein solides Überlebenspolster sichert.

Auch die westlichen Regierungen beginnen ihre Position zu überdenken. Der Vormarsch der Sowjets und ihrer kubanischen Hilfstruppen in Afrika hat die Apartheid-Frage in ein neues Licht gerückt. Nicht, daß Südafrika – wie die Südafrikaner behaupten – als Rohstofflieferant und »Flugzeugträger der NATO« sowie als »Bauwerk gegen den Bolschewismus« für den Westen existenznotwendig wäre. Aber Kapstadt haben, so meinen Politiker und Strategen im Westen, ist im Kriegsfall besser als Kapstadt nicht haben. Und schließlich ist ja einiges in Bewegung geraten – auch ohne Krieg und Boykott. Und überhaupt: So satt und frei wie die Schwarzen in Zaïre oder Mosambik sind die Schwarzen in Südafrika schon lange. Doch wie spricht der Weise: Freiheit macht nicht satt, und Sattsein macht nicht frei.

DER RASSENSTAAT

Alice Kholakala im Wunderland

Alice Kholakala ist eine einfache Frau, und sie glaubt fest daran, daß die Apartheid ein göttliches Gebot ist. Aber die Wege des Herrn, so weiß sie aus dem Konfirmandenunterricht, sind oft wunderbar. Und wundersam sind es auch häufig die Wege seiner Diener. Jedenfalls kommt ihr nachträglich noch alles wie ein wirrer Traum vor.
Alice war vor dem Kapstädter Stadtgericht angeklagt, weil sie illegal mit ihrem Ehemann, dem Wanderarbeiter Dickson Kholakala, zusammengelebt hatte. Dickson war Bürger der Transkei und somit nach neuerem südafrikanischem Rechtsverständnis Ausländer. Er durfte in Kapstadt arbeiten, aber nicht siedeln. Kapstadt jedoch ist ein vergleichsweise liberales Pflaster. Viele Wanderarbeiter lebten mit ihren Frauen zusammen – eben bis sie ertappt wurden.
Alice Kholakala wäre wie üblich zu einer kleinen Geldstrafe verurteilt und dann ausgewiesen worden. Doch während ihr Verfahren noch anhängig war, wurde ihre kleine Tochter mit Masern ins Krankenhaus eingeliefert. Und von da an begann die Geschichte merkwürdig zu werden.
Damit Alice ihr Kind nicht alleinzulassen brauchte, fanden weiße Gönner einen Weg, ihren Aufenthalt in Kapstadt zu legalisieren: Sie mieteten ihr ein Apartment in einem Fünf-Sterne-Hotel, das von der Rassentrennung ausgenommen war. Da sollte Alice solange warten, bis ihre Tochter wieder gesund war. Der Fall wäre erledigt gewesen, wenn nicht die englischsprachige Kapstädter Presse Wind von der Sache bekommen hätte. Reporter kamen, fotografierten Alice vor Bergen von Hummer, Sekt und Kaviar und brachten sie ganz groß raus. Überschrift: Die traurige Alice im Wunderland.
Tags darauf vor dem Nationalen Presseklub in Washington mußte Piet Koornhof, der südafrikanische »Minister für pluralistische Angelegenheiten«, Rede und Antwort zum

Fall der Alice Kholakala stehen. Für Koornhof war die Sache besonders peinlich. Er war eigens in die Vereinigten Staaten gereist, um der amerikanischen Öffentlichkeit zu erläutern, »daß die Apartheid tot ist«. Und nun dies. Die Affäre um Alice Kholakala schadete der Reputation Südafrikas in den USA mehr als die Soweto-Unruhen und der Angola-Feldzug.

Es ist nicht zu bestreiten. Die Apartheid läßt die Zügel lockerer. Aber gerade die Reform der Rassentrennungsbestimmungen hat das Augenmerk der Weltöffentlichkeit auf Südafrika gelenkt. Reform setzt Reformbedürftiges voraus. Nicht, daß das Apartheid-Problem in Amerika nicht bekannt gewesen wäre. Aber daß in Südafrika eine Frau nicht mit ihrem Mann zusammenleben kann, weil das Gesetz dagegen ist, das hatten die meisten nicht gewußt. Das hat vielen erst der Fall der Alice Kholakala so richtig deutlich gemacht.

Alice hat längst wieder das Wellblechdach ihrer Lehmhütte bei Umtata in der Transkei über dem Kopf. Aber sie erzählt noch heute Nachbarn, wie sie in der Stadt von silbernen Tabletts gespeist und in kunstseidenen Bettlaken geschlafen hat. Nur, verstanden hat sie's eigentlich bis heute nicht.

Die Apartheid wird menschlicher. Aber der harte Kern ist erhalten. Das beweisen Fälle wie der von Piet, Helen und Gaëtan Potgieter aus Kapstadt. Der Fall ist schon ein paar Jahre alt. Doch die Gesetze, die ihn möglich gemacht haben, sind unverändert in Kraft. Und sie sollen auch nach dem Willen der Reformer, die am Facelift für die Apartheid arbeiten, in Kraft bleiben.

Ein beinahe normales Ehepaar

Die Potgieters waren immer loyale Bürger ihres Staates. Piet und Helen hätten nie geglaubt, daß ihnen jemals Zweifel an der Rechtmäßigkeit seiner Gesetze kommen würden. Sie empfanden es sogar als besondere Gunst, daß es ihnen gestattet wurde, als Ehepaar unter einem Dach zu wohnen. Denn nach dem Gesetz lebten sie in Rassenschande. Und darauf steht Gefängnis.

Doch die Dankbarkeit der Potgieters gegenüber dem Staat, der ihnen gegen alle Ideologie erlaubt, eine Ehe über die Rassenschranken hinweg zu führen, hat stark nachgelassen. Der Tod ihres ältesten Sohnes Gaëtan hat ihr Unrechtsbewußtsein geschärft. 1950 hatten sie geheiratet, nur wenige Monate, bevor die eben ans Ruder gekommenen Nationalisten den *mixed marriages act*, der schwarzweiße Ehen verbot, auch auf Verbindungen zwischen Weißen und *Coloureds* ausdehnte.

Helen war von der Spruchkammer als farbig deklariert worden, obwohl man es ihr nicht ansah. Die Nachbarn wußten von nichts. Und Piet setzte eine Sondergenehmigung durch, so daß sie wie ein ganz normales weißes Ehepaar in einem weißen Kapstädter Vorort weiterleben konnten, auch, nachdem die Regierung 1951 den *immorality act* erließ, der den gemischtrassigen Intimverkehr unter Strafe stellte.

Das ging gut, bis Gaëtan sechs Jahre alt wurde. Die Mutter war als Nichtweiße registriert, deshalb konnte Gaëtan auch keine weiße Schule besuchen. In eine *Coloured*-Schule wollte Helen ihre Kinder nicht schicken. Schließlich hatten sie einen sozialen Status zu verteidigen. Deshalb entschloß sie sich, Gaëtan zu Hause zu unterrichten. Den Nachbarn erzählte sie, er sei kränklich und könne daher die Anstrengungen des täglichen Schulwegs nicht bewältigen.

Auch die vier Kinder, die nach Gaëtan kamen, behielt Helen Potgieter zu Hause. Vor dem Gesetz war das in Ordnung. Denn Schulpflicht gab es nur für weiße Kinder.

Sie hätten bis ans Ende ihrer Tage so weiterleben können – als Weiße unter Weißen. Nicht mal ihre engsten Freunde wußten, daß Helens Abstammung nicht lupenrein war. Das stand nur in den Behördenakten. Und in die schaute niemand hinein, solange die Potgieters keinen Anlaß dazu gaben. Mag sein, daß der eine oder andere aus ihrem Bekanntenkreis ihr Geheimnis ahnte. Aber niemand hielt es für wichtig genug, darüber zu reden. Kapstadt ist nicht Bloemfontein. Die Kapstädter waren in Rassenfragen schon immer liberaler als die Plattlandburen aus Transvaal und dem Oranje-Freistaat.

Die Kinder der Potgieters kannten ihren Makel. Aber sie

litten nicht sonderlich darunter. Ebenso wie ihre Eltern hatten sie mehr weiße als nichtweiße Freunde. Auch Sonya Shepherd war weiß. Gaëtan hatte sie auf einer Party kennengelernt. Er dachte sich nichts dabei, als er einen Flirt mit ihr anfing. Gemischtrassige Liebschaften sind nichts Besonderes in Kapstadt. Und überdies wußte Sonya nicht einmal, daß er ein Farbiger war. Nur, es blieb nicht bei dem flüchtigen Flirt. Eines Tages gestand ihm Sonya, daß sie schwanger war.

Was Gaëtan Potgieter in den Stunden danach durchlitten hat, ist nicht überliefert. Gaëtan konnte man nicht mehr fragen. Sein zerfetzter Körper wurde am Tag darauf auf den Gleisen der Vorortbahn gefunden. In seinem Abschiedsbrief bat er Sonya um Verzeihung. Er habe den Gedanken nicht ertragen können, schrieb er, Vater eines unehelichen Kindes zu werden, weil es ihm durch das Gesetz versagt sei, sie zu heiraten. Und wenn es ein Junge würde, dann bäte er darum, ihn Gaëtan zu nennen. Seine gesamten Ersparnisse hatte er beigefügt: 60 Rand. Sonya solle dafür Babykleidung kaufen.

Sonya Shepherd brach zusammen, als sie von Gaëtans Tod erfuhr. Zu einem Reporter des »Cape Argus« sagte sie später: »Ich erfuhr erst von der Polizei, daß er ein *Coloured* war. Als wenn das an unserem Verhältnis irgend etwas geändert hätte. Wir hätten jederzeit in ein anderes Land gehen und dort ein ganz normales Leben führen können.«

Das Kind von Sonya Shepherd und Gaëtan Potgieter wurde nie geboren. Sonyas Vater nahm seiner Tochter die 60 Rand ab und bezahlte damit die Abtreibung. Die Genehmigung wurde automatisch erteilt. Denn aller calvinistischen Bibeltreue zum Trotz haben Kirche und Regierung die Abtreibung von unstandesgemäßer Leibesfrucht legalisiert.

Gaëtans Tod liegt inzwischen mehrere Jahre zurück. Die Affäre wurde schnell vergessen, nachdem ein Abgeordneter der *United Party* sich vergeblich bemüht hatte, durch eine Parlamentsanfrage das Interesse der Öffentlichkeit daran zu wecken. Es gibt nicht einmal ein Grab für Gaëtan. Auf dem weißen Friedhof konnten seine Eltern ihn nicht bestatten. Das war gegen das Gesetz. Hätten sie ihn auf dem nichtweißen Friedhof begraben, wäre ihr Geheimnis verraten worden. So ließen sie ihn einäschern und streuten seine Asche am Kap der Guten Hoffnung ins Meer.

»Rückwärtsgehen, ohne zu stolpern«

Sandra Laing aus Johannesburg ging den umgekehrten Weg. Sie war als Weiße geboren worden und als Weiße zur Schule gegangen. Dann, mit acht Jahren, wurde sie plötzlich »zurückgestuft«. Seither lebte sie als Dienstmädchen im Haus ihrer Eltern. Es kostete jahrelange Kämpfe. Aber endlich, als Sandra bereits achtzehn war, gelang es ihrer Mutter, gerichtlich eine Reklassifizierung durchzufechten. Aber nun wollte Sandra nicht mehr. Sie hatte sich in Petrus Zwane verliebt, den schwarzen Jungen vom Supermarkt, der zwei-, dreimal die Woche Gemüse brachte. Und sie war entschlossen, ihn zu heiraten. Deshalb focht sie das Urteil an. Ihre Eltern waren außer sich vor Empörung und Enttäuschung. Vater Abraham drohte, er werde sie der Polizei melden, wenn sie sich weiter mit Petrus abgäbe.

Sandra und Petrus warteten den Gerichtsentscheid nicht ab. Sie flüchteten nach Swasiland und ließen sich dort trauen. Ein halbes Jahr später wurde ihr Sohn Henry, weitere anderthalb Jahre danach Tochter Elsie geboren. Sie sind glücklich. Nur nach Südafrika dürfen sie nicht zurück. Denn Sandra gilt wieder als Weiße. Eine erneute Reklassifizierung kann sie nur mit Zustimmung ihrer Eltern beantragen. Aber die lehnen alle Kontakte mit ihr ab.

Die Geschichte der Rassentrennung oder Apartheid, wie sie, frei übersetzt, auf Afrikaans heißt, ist eine Kette von tragischen Absurditäten. Kein institutionalisiertes Unrecht der Welt hat soviel schicksalsschwere Komik hervorgebracht wie der kodifizierte Rassenwahn der Buren. Das Apartheid-System ist nicht gewalttätiger und sicher weit weniger blutrünstig als die übrigen Repressionsmodelle des 20. Jahrhunderts. Aber ein Staatswesen, in dem die rassische Minderheit die Mehrheit unter Berufung auf Haut und Haare konstitu-

tionell zur Rechtlosigkeit verurteilt, das hat es in der neueren Geschichte der Zivilisation noch nicht gegeben.
Die ganze Bandbreite der Apartheid-Gesetze reicht in ihren Auswirkungen von monströser Lächerlichkeit bis zur bitteren menschlichen Tragik, was Nichtweiße dürfen und was sie nicht dürfen, das regeln über 2000 Gesetze und Verordnungen, erweitert durch Novellen und Erlasse, deren Form und Inhalt sich in den drei Jahrzehnten der Burenherrschaft mehrfach geändert haben. Seit die Nationalen an der Macht sind, hat das Kapstädter Parlament 357 Entschließungen gefaßt, die die Existenz der Schwarzen reglementieren. Es gibt in Südafrika keinen Anwalt, der sie alle auswendig kennt. Manche werden mit Wissen der Behörden souverän unterlaufen, andere mit wilder Verbissenheit verteidigt. Und wenn mal eines der Gesetze wegen erwiesener Obsoleszenz aufgehoben wird, klingt es für Außenstehende zuweilen so, als habe die Regierung von Absurdistan die Bezugscheinpflicht für die Zuteilung von Regen und Sonnenschein aufgehoben.
Nur wer in Südafrika – ganz gleich, auf welcher Seite der Rassenschranke – groß geworden ist, findet nichts dabei, wenn ein Kino in Johannesburg per Inserat farbige Platzanweiserinnen sucht, die »rückwärts einen dunklen Gang hinuntergehen können, ohne zu stolpern« und »nach Möglichkeit kurzsichtig sein sollten« (damit sie für Nichtweiße nicht freigegebene Filme nicht sehen können). Selbst Liberale mokieren sich schon über den Undank der Schwarzen, die einfach den Hals nicht vollkriegen können, nun, nachdem man ihnen schon erlaubt, gemeinsam mit Weißen Autobus zu fahren.

»Ein Löffel süßer Vernunft«

Was Apartheid bedeutet, ist außerhalb Südafrikas vielen erst so richtig klargeworden, als Pretoria damit begann, die *petit*

Weißer Baas mit schwarzem Führer. Neger sind zwar etwas teurer als Blindenhunde, dafür sind sie aber auch wesentlich vielseitiger.

apartheid, den verzichtbaren Teil der Rassengesetze, abzubauen. Nicht ohne Erstaunen nahm auch der unpolitische Betrachter zur Kenntnis, daß ein Staat, der sich als Mitglied der freien Welt empfindet, damit prahlen konnte, daß in seinem Machtbereich Menschen verschiedener Hautfarbe in ein und demselben Raum frühstücken dürfen.

Um Zeichen zu setzen, hatte schon der Ende 1978 zurückgetretene Premierminister Johannes Balthazar Vorster eine Reihe von alten Zöpfen abgeschnitten. Seit 1977 können Schwarze und Weiße gemeinsam einkaufen, ins Theater und auf den Sportplatz gehen, dieselben Postschalter und hier und da dieselben Verkehrsmittel benutzen. Die Regierung hat der schwarzen Bevölkerung »einen Löffel süßer Vernunft« (so ›Sunday Times‹-Kolumnist Fleur de Villiers) verabreicht, »um ihr die unverdauliche Apartheid-Medizin schmackhafter zu machen«.

Überall an öffentlichen Gebäuden verschwanden damals plötzlich die *Whites only*-Schilder – und tauchten vereinzelt als Dekor in den Partykellern der weißen Schickeria wieder auf. Selbst das oberste Gericht ließ Rechtsuchende durch denselben Eingang eintreten. Und im mondänen Johannesburger »Carlton«-Hotel konnten von einem Tag auf den nächsten gemischtrassige Paare bei Kerzenlicht dinieren. Aber eben nur dinieren. Das Personal achtet sorgfältig darauf, daß die Gemeinsamkeit nach Tisch endete.

Der harte Kern der Apartheid-Gesetze blieb von der Reform unberührt. Schwarze Gäste dürfen zwar mit weißen in einem Restaurant speisen. Aber schon die Tanzfläche ist für sie tabu. Auch Swimmingpool, Bar und Toiletten werden von der Integration ausgespart. Ministerpräsident Pieter Botha hat Ende 1979 in einem Zwölf-Punkte-Programm seine Vorstellungen für eine Neuordnung der Apartheid-Republik vorgelegt. Das Konzept läßt keinen Zweifel daran, daß auch für den »Reformpremier« das Grundprinzip der Rassentrennung unabdingbare Voraussetzung für die friedliche Koexistenz von Schwarz und Weiß in Südafrika ist. Botha fühlt sich unter anderem dem Prinzip einer »vertikalen Differenzierung« verpflichtet, zusammen mit dem Prinzip der Selbstbestimmung in so vielen Bereichen wie möglich;

zur Teilung der Macht zwischen Weißen, Indern und Mischlingen; zur Abschaffung »unnötiger diskriminierender Maßnahmen«. Er sagt es selbst: keine unnötige Diskriminierung. Zum Beispiel im Berufsleben, wo sie auch den Weißen hinderlich ist. Wo sie aber nötig ist, da soll sie bleiben. So einfach aber läßt sich die »kleine« Apartheid nicht international gesellschaftsfähig machen.

Zuluchef Gathsa Buthelezi, nicht mal einer der Forschesten, hat Botha gewarnt: »Wenn wir jetzt wieder enttäuscht werden«, sagte er, »dann steuert Südafrika in voller Fahrt in die Konfrontation.«

Wenn schon Gewalt nicht weiterhilft, dann sollen die Schwarzen der Rassenarroganz der Weißen wenigstens mit Würde begegnen. Die schwarze Tageszeitung »Post« gibt dazu praktische Lebenshilfe: »Wenn du zum Einkaufen in einen Laden gehst und der Verkäufer sieht regelrecht durch dich hindurch…, nimm das nicht hin mit der Resignation eines Lämmchens. Mache aber auch keinen Wirbel. Beschwer dich nicht, brich keinen Streit vom Zaun, renne auch nicht schimpfend weg. Geh einfach raus im Bewußtsein deiner Würde und kaufe dort, wo du als Mensch behandelt wirst.« Und: »Wenn du in weiße Clubs eingeladen wirst und der Gastgeber eigens für dich eine Behördenerlaubnis benötigt, dann sag lieber: Nein, danke, und bleib zu Hause.«

Im Berufsleben gibt es diese Möglichkeit meist nicht. In Kapstadt etwa mußte noch 1979 der indische Arzt Dr. A. O. Brey auf Aufforderung einer rassenbewußten Krankenschwester während einer Operation den OP-Saal verlassen. In Nelspruit starb der schwarze Arbeiter Philip Shakwane nach einem Autounfall, weil der Unfallarzt nicht rechtzeitig genug »schwarzes« Blut für die Transfusion hatte beschaffen können. Nach einem Gesetz aus dem Jahre 1962 muß auf Blutkonserven neben der Blutgruppe auch die Rasse des Spenders vermerkt sein. Denn in Südafrika soll kein Negerblut in Burenadern fließen.

Nach mehreren Verzögerungen mit Todesfolge, die auf den Bluterlaß zurückzuführen waren, gab das Gesundheitsministerium bekannt, schwarzes Blut sei erwiesenermaßen für die Übertragung auf Weiße ungeeignet – und umgekehrt. Die

Begründung forderte eine Gruppe von Medizinern zu einer gründlichen Reihenuntersuchung heraus. Das Ergebnis, das sie im »South African Medical Journal« veröffentlichten, war für die Regierung ein böser Schock: Blutübertragungen von Schwarzen auf Weiße bergen ein niedrigeres Risiko als Übertragungen zwischen Gleichrassigen. Die geringste Gefahr von Negativreaktionen für weiße Patienten besteht bei einer Infusion von Buschmannblut. Immerhin konnten sich Blut- und Boden-Theoretiker damit trösten, daß wenigstens die Andersartigkeit von weißem und schwarzem Blut wissenschaftlich erhärtet worden war. Nur ließ sich aus diesem Ergebnis beim besten Willen keine Höher- oder Minderwertigkeit destillieren.

Die Hand des Gesetzes am heißen Laken

Apartheid dokumentiert sich in Zigtausenden menschlichen Schicksalen. Nur die wenigsten davon werden außerhalb Südafrikas bekannt: Geschichten von Eltern, die ihre reklassifizierte Tochter als Dienstmagd anstellen müssen, um sie im Hause behalten zu dürfen, Geschichten von gutsituierten weißen Bürgern, die sich eine Kugel durch den Kopf jagen, weil sie beim Tête-à-tête mit ihrer farbigen Geliebten ertappt wurden, Geschichten von Unfallopfern, die verbluten müssen, weil auch Ambulanzen erst nach der Hautfarbe und dann nach der Blessur sehen. Und das Schicksal schlägt häufig dort zu, wo es am wenigsten erwartet wird.

Sex mit Negern ist ein alter Burensport. So verlockend, gerade weil's verboten ist. Da war der Fall des Stadtverordneten Johannes Calitz aus dem stockkonservativen Exzelsior im Oranje-Freistaat. Er erschoß sich, nachdem er gemeinsam mit fünf anderen Weißen wegen Verstoßes gegen den *immorality act* unter Anklage gestellt worden war. Calitz' Mitangeklagter, Farmer Pieter Neverling, bekannte nicht ohne Stolz, daß er mit seinen 83 Jahren ein fünfzehnjähriges Negermädchen unter einem Dornenbusch befriedigt hatte. Johannes Calitz aber konnte die Schande nicht ertragen. Rassenschänder fallen der totalen öffentlichen Verachtung anheim. Dafür sorgt schon die Veröffentlichung von Namen und Anschriften der Prozeßbeteiligten. Dank dieser offenherzigen Praktiken sind Rassenschande-Prozesse in aller Regel recht üppig dokumentiert. Daher weiß man auch genau, wer von den fünf Mitangeklagten des Bürgervertreters Calitz es wann, wie heftig und mit jeweils wievielen der ebenfalls beklagten neun Negerinnen getrieben hatte.

Vor allem die oppositionelle englischsprachige Presse, die sonst von Regierung und Behörden mit Informationen ziemlich kurzgehalten wird, schwelgt gern in den Einzelheiten von derlei Delikatessen – am liebsten natürlich, wenn Buren auf der Anklagebank sitzen. So druckten die Johannesburger Blätter ganzseitige Gerichtsberichte über die Verhandlung gegen einen prominenten Ordinarius der Witwatersrand-Universität, der mit einer indischen Kollegin in flagranti ertappt worden war. Der Kronzeuge, Polizeikonstabler Petrus Coetzee, hatte alles genau gesehen und protokolliert: »Ich sah die Angeklagte nackt im Badezimmer. Später haben wir das Haus betreten. Die Inderin lag bereits in ihrem Zimmer. Doch daß die beiden zusammen waren, ist eindeutig. Ich fühlte das Laken im Doppelbett des Angeklagten und merkte, daß es in der Mitte noch warm war. Daraufhin nahm ich die Frau zur Beweisführung mit.« Weil die zwei Liebenden geständig waren, fiel das Urteil milde aus: je vier Monate Gefängnis mit Bewährung.

Bei einfachen Leuten langt die Justiz meist kräftiger hin. Auf Rassenschande steht Prügelstrafe. Und die wird auch immer verhängt und vollzogen, wenn der männliche Partner schwarz war. Wenn die Polizei die Hand mal nicht am heißen Laken hatte, reichen auch andere Indizien zur Verurteilung. So überführten im Sommer 1973 Sergeant Fölscher und Captain Collins von der Polizei in Windhuk zwei Beischlafsünder und ihre Gespielinnen in einem parkenden Personenwagen, indem sie durch Berühren der Stoßstangen die Anzahl der Schwingungen pro Minute feststellten.

Pfarrer Kunz von der evangelischen Gemeinde Windhuk kommentierte das sündige Geschehen in der »Allgemeinen Zeitung«: »Der Kampf gegen die Apartheid zielt auf eine ungehemmte Vermischung der Rassen... Und das liegt

bestimmt nicht im Weltplan des Schöpfers.« Ein Blick in die Tierwelt bestätige das göttliche Gesetz: »Auch eine Blaumeise würde sich nie mit einer Kohlmeise paaren.« Nur die Menschen gaben sich immer wieder mit Andersartigen ab. Doch die Rassenschützer wachen.
Auch einflußreiche Wirtschaftskapitäne und Regimerepräsentanten werden von der Sex-Lex nicht verschont. Nevil John Rudd, Direktor des Diamantenmultis De Beers, mußte ein halbes Jahr absitzen, weil er sich mit der farbigen Schauspielerin Dottie Tiyo eingelassen hatte. Gideon Andrew Keyser, der Kanzleichef Premierminister Hendrik Verwoerds, wurde zu vier Stockschlägen auf Hinterteil und vier Monaten Gefängnis verurteilt, nachdem man ihn mit seiner afrikanischen Haushälterin erwischt hatte. Die Hiebe blieben ihm nur deshalb erspart, weil er in der Revisionsverhandlung nachweisen konnte, daß das Einschreiten der Polizei die Vollendung des Sündenfalls verhindert hatte.
Zu weltweiter Prominenz brachte es der Fall des Afrikaans-Poeten Breyten Breytenbach, der 1965 für seine literarischen Leistungen von dem damaligen Burenpremier Hendrik Verwoerd mit einem Literaturpreis ausgezeichnet wurde. Ehe jedoch Verwoerd dem Dichter den Lorbeer um die Denkerstirn winden konnte, schlug die konservative Burenpresse Alarm. Sie hatte aus Paris den Tip bekommen, daß Breytenbach dort in sittenwidriger Ehe mit der vietnamesischen Diplomatentochter Ngo Thi Hoang Lien – zu deutsch: Lotosblüte des Teiches – lebte. Den Preis konnte Verwoerd ihm nicht mehr wegnehmen. Aber immerhin kam die Skandalwarnung rechtzeitig genug, um das Übergabezeremoniell abzublasen.

Rassenschande im Quadrat

Wäre Lotosblüte Japanerin gewesen, hätte es den Skandal gar nicht erst gegeben. Japaner werden – anders als Festlandasiaten – in Südafrika als »Ehrenweiße« geführt. Nicht, weil sie im Sinne der Lehre rassenreiner wären, sondern weil Südafrika enge Wirtschaftsbeziehungen mit Japan pflegt.

Freilich haben Taxifahrer und Hotelportiers noch immer ihre liebe Not, die gelbe Spreu vom gelben Weizen zu trennen.
Gewisse Aussichten auf Anerkennung als vollwertige Individuen haben auch die Chinesen. Sie genießen schon jetzt gewisse Privilegien. Im weltweiten Kampf gegen den Sowjetimperialismus bemüht sich die Volksrepublik China auch um die Gunst der Südafrikaner. Die Öffnung nach Westen soll verstärkte Handelsbeziehungen mit Südafrika einschließen. Niemand am Kap zweifelt daran, daß Rote Chinesen das weiße Gütesiegel erhalten, wenn sie nur wirtschaftlich interessant genug sind. Die Taiwan-Chinesen haben den Durchbruch dank eines beidseitigen Handelsvolumens von fast einer Milliarde Mark schon geschafft. Und mit zunehmenden Spannungen zwischen Pretoria und seinen westlichen Handelspartnern gewinnt der Ferne Osten rapide an Bedeutung.
Die Apartheid hat viele tragische, zuweilen aber auch unfreiwillig komische Seiten. Der Nachweis der institutionalisierten Albernheit bei der Grenzziehung zwischen der weißen und der getönten Rasse ist selten jemandem auf so populäre Weise gelungen wie der neunzehnjährigen Sekretärin Carol Busch aus Kapstadt. Nicht, daß sie es auf einen Eklat angelegt hätte. Es ergab sich bloß so.
Carol – hübsch, hellblond, langbeinig – hatte sich auf einer jener schicken gemischtrassigen Kapstädter Partys mit Percy Sledge, einem farbigen amerikanischen Popsänger, fotografieren lassen. Das Bild, das tags darauf die Zeitungen veröffentlichten, ließ gestandenen Berufsburen das Blut in den Adern gefrieren: Blondchen Carol mit gelüpftem Minirock, vor ihr kniend der US-Exote, sein Autogramm auf den nackten Schenkel der Gespielin kritzelnd. Das war Rassenschande im Quadrat. Die Burenpresse überschlug sich vor Empörung. »Da sieht man genau, wie weit es unter der gegenwärtigen Regierung kommen muß«, rief ein nationalistischer Abgeordneter im Parlament seinem nationalistischen Premier zu. »Jetzt benutzen die Schwarzen in weißen Hotels schon unsere Frauen als Schreibunterlage!«
Doch ehe es zu Pogromen kommen konnte, ließ das staatliche

Rassenamt die Luft aus dem vermeintlichen Skandal. Behördlicherseits verlautete in einer Presseerklärung, der Vorgang stehe im vollen Einklang mit den Gesetzen. Miß Busch sei eine *Coloured.* Der Fall war schlagartig für die Afrikaans-Zeitungen gestorben. Nur die englischsprachigen Blätter schickten ihm noch ein paar hämische Kommentare hinterher.

Wenn sich ein Angehöriger des »afrikaanse Burgerstand« mal richtig austoben will, dann begibt er sich gern über die Grenzen nach Swasiland oder Botswana. Dort, wo die Kaffern regieren, ist er Mensch, da darf er's sein. Die Fremdenverkehrsindustrie in Mbabane und Gaborone macht Millionen mit der bigotten Verklemmung der burischen Biedermänner. Die schwarzen Nutten und Strichjungen gehören zu den wichtigsten Aktivposten der botswanischen und swasischen Handelsbilanz.

Neuestes Sündenbabel ist »Sun City« in Bophutatswana. Frei von den Zwängen der Apartheid-Moral haben weiße südafrikanische Unternehmer mitten im *Veld* ein Sex- und Porno-Kombinat errichtet, das alle bisherigen Betriebe der gemischtrassigen Vergnügungsindustrie in den Schatten stellt. In »Sun City« lebt auf Hochtouren, was das daheim so reglementierte Burenherz sonst vergebens begehrt: schwarzer Sex und lasterhafte Glücksspiele. Und das alles nur eine halbe Stunde Flug von Johannesburg, alle dreißig Minuten eine Chartermaschine; around the clock.

Die Apartheid-Praxis hindert Südafrika nicht daran, sich als Rechtsstaat zu begreifen. Wer sich rassisch deklassiert fühlt, hat die Möglichkeit, in einem ordentlichen Verfahren vor dem »Appellationshof für Rassenklassifizierung« seine Gene reklassifizieren zu lassen. Das kostet 20 Rand Kaution. Abgewiesene Kläger verlieren ihren Einsatz. Wer besteht, erhält ihn zurück.

Früher war alles einfacher. Jeder zweite war vor dem Apellationshof erfolgreich. Jedenfalls in Kapstadt. Man mußte nur nachweisen, daß man »in Benehmen und in der allgemeinen Erscheinung« dem weißen Standard angepaßt war. Dann bekam man in aller Regel das Laisser-passer zum bürgerlichen Glück in einer weißen Wohnsiedlung.

Ganz rassenrein, das muß gesagt werden, ist keine von den guten alten weißen Familien. Denn die Altvordern hielten es bei weitem nicht so genau mit der Trennung von Tisch und Bett wie heute die Verwoerds, Vorsters und Bothas.
Seit Mitte der siebziger Jahre wird strenger verlesen. Entscheidend ist wieder die Abstammung – so, wie in der guten alten Zeit. Das gesunde Volksempfinden, vor allem der sozial schwächeren weißen Kreise, die mehr zu verlieren haben als die Mittel- und Oberschicht, hat sich mit der Ansicht durchgesetzt, daß ein Farbiger nicht gleich mit dem Adelsprädikat »weiß« ausgezeichnet werden sollte, nur weil er weiße Freunde hat oder mit Messer und Gabel essen kann. Nun zählt in erster Linie wieder das Blut.

Herr Sobhuza klagt auf weiß

Gerichtsflur in Bloemfontain. Zwei Coloureds sitzen vorm Verhandlungszimmer und warten, daß sie aufgerufen werden.
»Was machst du hier?« fragt der eine.
»Ich laß' mich reklassifizieren«, sagt der andere.
»So'n Zufall, ich auch.«
Da wird der eine 'reingerufen. Nach gut einer Stunde kommt er wieder 'raus. Der andere springt in freudiger Erwartung auf: »Na, hat's geklappt?«
Der andere sieht angewidert an ihm vorbei und knurrt böse: »Quatsch mich nicht an, Kaffer.« Ein Witz, gewiß. Aber ein sehr realistischer. Die Wirklichkeit sieht nicht viel anders aus.
Zimmer 33, im *Old Training College Building* an der Queen Victoria Street in Kapstadt. Verhandlung vor dem Rassengericht. Bürger Sobhuza klagt gegen die Republik Südafrika: »Warum wollen Sie eine Neuklassifizierung?« fragt der Vorsitzende. »Wir wollen Weiße sein«, antwortet Kläger Sobhuza.
»Sonst nichts? Haben Sie keine persönlichen Härten vorzutragen?«
»Nein, ich will Weißer sein. Wir gehören zu den Weißen.«

Herr Sobhuza trägt vor: Er hat mit seiner Familie bisher in einem gemischten Vorort von Kapstadt gewohnt. Jeder wußte, daß sie Mischlinge waren. Aber sie waren ganz in die weiße Gesellschaft integriert. Jetzt sollte die Siedlung weiß werden. Für die Sobhuzas heißt das, ans andere Ende der Stadt umsiedeln müssen. Um bleiben zu können, klagt Herr Sobhuza jetzt auf weiß. Zeugen marschieren auf. Der Schriftführer notiert Namen, Hautfarbe und Anschriften der Beteiligten in ein ledergebundenes Buch.

Mister Draaks, Eisenbahner und Nachbar der Sobhuzas: »Sie sind so weiß wie Sie und ich, Euer Ehren. Wir haben sogar das Erntedankfest mit ihnen gefeiert.« Eigentlich ist es ein ganz klarer Fall. Herr Sobhuza arbeitete zwanzig Jahre lang als Weißer in einer weißen Firma. Er ist einer der Senioren im reinweißen Cricket-Club. Und in den Sommerferien haben er und seine Frau stets anstandslos in einem *Whites only*-Hotel in Port Elizabeth Ferien machen dürfen.

Die Verwandten sehen es anders. »Sie haben überhaupt kein weißes Blut in sich«, sagt ein Vetter zweiten Grades aus. »Sie hielten sich immer nur für was Besseres. Aber sie sind *Coloureds* wie wir.« Viele ihrer Freunde und Bekannten seien nicht zufrieden mit ihrem Schicksal, aber sie alle kennen ihren Standort. Sie seien *Coloureds*. Und nur Gott, der Herr, könne etwas daran ändern. »Die *Coloureds*, die den Sprung über die Linie geschafft haben, kommen zu uns, halten uns ihre weiße Kennkarte unter die Nase und lachen uns aus. Aber wir lassen uns nicht von ihnen provozieren. Wir kennen den Platz, auf den Gott uns gestellt hat.«

»Wie war es in Ihrer Kindheit«, will der Vertreter des Ministeriums von Herrn Sobhuza wissen. »Hatten Sie farbige oder weiße Freunde?«

»Farbige und weiße Freunde.« Kindern muß man die Apartheid erst beibringen. Und in den zwanziger Jahren gab es ja nicht mal zwischen den Erwachsenen Rassentrennung.

»Und Ihre eigenen Kinder?«

»Sie spielen mit den anderen wie richtige weiße Kinder. Sie

Whites only? Darüber kann der schwarze Gentleman nur lachen. Die Rassentrennung hat Federn gelassen. Aber der Kern der Apartheid blieb.

WHITES ONLY

gehen mit ihnen zum Club und zum Schwimmbad. Nie gab es deshalb Schwierigkeiten.« Er überlegt: »Doch, einmal, als sie vier Wochen zum Badeurlaub in Durban waren, da kamen sie braungebrannt zurück. Ein Schulkamerad hat sie in der Schule als Kaffern beschimpft. Aber der Lehrer hat ihn streng bestraft.«

Herr Sobhuza und seine Familie finden verständnisvolle Richter. Sie bekommen die ersehnten Plastikkennkarten mit dem »W« (White). Nur, ein Gericht in Transvaal oder im Oranje-Freistaat hätte das Verdikt ganz gewiß abgesegnet.

Im Kapstädter Parlament legte das Innenministerium Ende 1979 seine Klassifizierungsbilanz vor. Danach waren im Berichtszeitraum umgestuft worden: zwei Weiße zu Mischlingen, 101 Mischlinge zu Weißen, sechs Weiße zu Chinesen, zwei Weiße zu Indern, drei Mischlinge zu Chinesen, zwei Chinesen zu Mischlingen, ein Chinese zum Weißen, elf Inder zu Mischlingen. Mitten im 20. Jahrhundert...

Menschen können irren, Buren nie

Die konservativen Christen sind das konservierendste Element der südafrikanischen Rassengesellschaft. Ohne sie wären die Rassenschranken ein gutes Stück niedriger. Federführend im Kampf gegen die Aufweichung sind die *Gereformeerden*, denen 90 Prozent der weißen und die Mehrheit der schwarzen und farbigen Protestanten angehören. Die politisch-religiöse Vorstellungswelt der *Nederduits Gereformeerde Kerk* (NGK) wird geprägt vom Bollwerksyndrom, das jedwede Rationalität ausschließt. Die *Gereformeerden* träumen von einem elysischen Idealzustand, in dem die Bibel – wie weiland bei den alttestamentarischen Juden – Gesetze und Alltag bestimmt, mag sich die Welt auch noch so rapide von diesem Paradies fortentwickeln. J. D. Vorster, »Moderator« oder Kirchenpräses der NGK und Bruder des Expremiers John Vorster, hat das Credo seiner Kirche 1970 noch einmal feierlich bekräftigt: »Die NGK wird keinen Inch von ihrer Pro-Apartheid-Interpretation abweichen, um die *Verligten* (wörtlich: »Erleuchtete«) in Südafrika und der Welt zufriedenzustellen ... Unser einziger Wegweiser ist die Bibel, unser Verhalten und unsere Lebensauffassung fußen auf der Bibel.« Ergo: »Die Welt kann sich irren. Wir wissen, daß wir recht haben.« Das könnte der Ayatollah Khomeini nicht apodiktischer gesagt haben.

Die NGK hat auch schon liberalere Zeiten gesehen. Bis Mitte des 19. Jahrhunderts drückten schwarze und weiße Christen selbst in Transvaal und im Oranje-Freistaat gemeinsam die Kirchenbank. Damals galt noch Galater 3, Vers 28: »Es gibt (vor dem Herrn) nicht Juden und nicht Griechen.«

Später gründete die NGK »Tochterkirchen«, in denen die farbigen Reformierten zusammengefaßt wurden. Die drei Filialen, je eine für Inder, *Coloureds* und Schwarze, zählen heute immerhin 1,3 Millionen Mitglieder, fast ebenso viele wie die »Mutterkirche«.

Die von Kirchen-*Verligten* angeregte Integration der Mutter und ihrer unterprivilegierten Töchter steht für konservative NGK-Christen nicht zur Debatte. Denn es steht auch geschrieben im 23. Kapitel des 5. Buches Mose: »Es darf kein Bastard in die Gemeinde des Herrn eintreten. Selbst in der zehnten Generation darf kein Bastard in die Gemeinde des Herrn eintreten.«

Der Auserwähltheitstick der *Gereformeerden* ist in seiner Totalität dem zionistischen verwandt. Doch seine elitäre Egozentrik geht noch weiter. Nach göttlichem Willen, so steht es in der Heiligen Schrift, hat Ham, der Verfluchte, Japhet, dem Erlauchten, dienen müssen. Ham war schwarz, Japhet war weiß. Das haben die Buren jedenfalls so aus der Bibel herausgelesen. Wie einst das Volk Israel auserwählt wurde, so heißt es in der NGK-Exegese, habe der Herr das Volk der Buren erwählt, auf daß es die anderen führe.

Auch zum Begriff der Rassenschande haben sich die Buren aus dem Katechismus Argumentationshilfe geholt. Schon das Volk Israel, so steht geschrieben, hat die Mischehe verworfen. Die Politik der »getrennten Entwicklung« wurzelt nach burischem Bibelverständnis in göttlicher Vorsehung. NGK-Theologen projizieren das Gleichnis vom barmherzigen Samariter auf den Hintergrund ihres patriarchalischen Weltbildes. Der – weiße – Samariter reicht dem unter die Mörder gefallenen – schwarzen – Mitmenschen die Hand, um ihn zu erretten. Um ihm die rassische und völkische Eigenheit zu bewahren, schenkt er ihm die *Bantustans*, in denen er vor der Verfremdung durch die verderbliche Industriegesellschaft gesichert ist. Das glauben nicht nur die weißen *Gereformeerden*. Das glaubt auch die Mehrheit der Schwarzen.

Doch der Patriarchalismus der burischen Kleriker steckt voll von Widersprüchen. Zum Vater-Sohn-Verhältnis fehlt es ihm an der rechten menschlichen Beziehung. Früher durfte das schwarze Gesinde wenigstens auf der Türschwelle hokken und zuhören, wenn der *Baas* aus der Bibel las. Heute dürfen sie nicht einmal mehr gemeinsam mit ihren Herren beten. Denn auch unter der Kanzel herrscht bei der »Kerk«, wie ihre Anhänger sie nennen, strikte Rassentrennung.

Selbst terminologisch halten Burenpastoren auf Distanz zu den schwarzen Zweitklassechristen. 1970 wies die Kirchenleitung der Reformierten ihre Geistlichen und Religionslehrer darauf hin, daß es nicht statthaft sei, schwarze und weiße Kinder dasselbe Vaterunser sprechen zu lassen. Korrekt muß es für die Weißen heißen: »Vater unser, der Du bist im Himmel...«, für die Schwarzen dagegen: »Vater, der Du bist im Himmel...« Wo derart abstruser Theologenwahn unter dem exegetischen Überbau der Apartheid zu plazieren ist, das wissen die Götter.

Der liebe Gott der Weißen

Kein Wunder, daß bei den Afrikanern der Eindruck entsteht, der liebe Gott sei der Gott der Weißen. Der Ausbreitung des christlichen Glaubens jedenfalls haben die *Gereformeerden* keinen großen Dienst erwiesen.

Keiner hat die Exklusivrechte der weißen Christen so deutlich gemacht wie der schwarze Schriftsteller und Journalist Can Temba aus Johannesburg. »Meine liebe Mom«, schrieb Can Temba an seine Mutter, »Du hast mich immer angehalten, zur Kirche zu gehen. Aber ich finde das zu gefährlich.

Beim erstenmal wurde ich angegriffen. Und beim nächstenmal schickten sie die ganze Polizei – extra für mich.«
Dazu muß man wissen: Can Temba war Atheist. Es lag ihm ganz und gar nichts am Gottesdienst. Er wollte nur seine Story. Deshalb wollte er provozieren. Am Sonntagvormittag um zehn stellte er sich vor der holländisch-reformierten Kirche in Langlaagte bei Johannesburg am Ende einer Schlange von Kirchgängern an und wartete darauf, eingelassen zu werden. Es kam, wie es kommen mußte. Die Gemeinde rief nach der Polizei. Temba durfte zwar dem Gottesdienst beiwohnen. Aber hinterher mußte er unter Polizeischutz vom Kirchengelände geschafft werden, weil ihm die weißen Gläubigen das Fell versohlen wollten. Eine Kirchgängerin beschimpfte ihn als Satan. Can hätte wankend im Glauben werden können, wäre er nicht eh schon ein gottloser Geselle gewesen. Anschließend mußte Temba ins Verhör. Man fragte ihn, ob er Kommunist sei und was er in der Kirche gewollt habe.
Der Fotograf, der die dramatischen Szenen nach Gottesdienstschluß im Bild festgehalten hatte, konnte sich vor der Volkswut mit einem rasanten Sprint in Sicherheit bringen. Can Temba kam ebenfalls ungeschoren davon. Diesmal hatte er seine Story, eine Story, die um die Welt ging.
Es war allerdings der zweite Versuch. Der erste war kläglich danebengegangen. »Drum«-Chefreporter Bloke Modisane hatte für eine Reportage in der Geburtstagsnummer seiner Zeitung nacheinander mehrere weiße Kirchen besucht. Aber man hatte ihn überall freundlich empfangen. Ein Pfarrer schüttelte ihm in Gegenwart fast der gesamten Gemeinde die Hand. Ein anderer lud ihn nach der Predigt gar zum Tee ein. Langlaagte war ein todsicherer Fall. 80 Prozent Buren, fast ebenso viele Anhänger der »Nationalen«. Der Skandal war glasklar vorprogrammiert, genauso als wenn einer beim Frauentag der DKP für »Playboy«-Abonnements werben würde.
Aus dem Selbstverständnis der burischen Protestanten ergibt sich zwangsläufig ihre Ablehnung der christlichen Mission. Noch heute figuriert der Missionar in der Kirchenliteratur der *Gereformeerden* als Verräter an der weißen Rasse.

Die Buren rührten deshalb auch keinen Finger, um dem Islam bei seinen Bemühungen um die Islamisierung der Schwarzen in den Arm zu fallen.
Unter dem Einfluß christlicher Jungtürken auf der europäischen und dem orthodoxer Dogmatiker auf der südafrikanischen Seite sind die protestantischen Kirchen Südafrikas und ihre einstigen »Mutterkirchen« immer weiter auseinandergedriftet. Die finanzielle Hilfe des Weltkirchenrates für die marxistischen rhodesischen Partisanen hat den Bruch nahezu besiegelt. Robert Mugabe und Pieter Botha sind zwei allzu unterschiedlich geartete Christen, als daß sie im Weltbild einer einzigen christlichen Kirche gemeinsam Platz finden könnten.
Der katholische Klerus Südafrikas, der mehr für die Abschaffung der Apartheid geleistet hat als alle progressiven zivilen Politiker, steht den Westprotestanten wesentlich näher als die Brüder der reformierten Kirche an Vaal und Limpopo. Katholische Priester nahmen schwarze Schüler in ihre Schulen auf, wandten sich öffentlich gegen die Exzesse von Soweto und Sharpeville und kürten Schwarze zu Bischöfen, lange bevor die europäischen Protestanten ihr Herz für die entrechteten Neger entdeckten.

Priester gegen die Apartheid

Wieweit man beim Abbau von Rassenschranken gehen kann, haben katholische Priester in den von ihnen betreuten Privatschulen demonstriert. Nach den Soweto-Unruhen nahmen katholische Schulen erst vereinzelt, dann überall in Südafrika auch schwarze Schüler auf. Das war glatter Gesetzesbruch. Aber die Schulbehörden drückten beide Augen zu, nicht aus Toleranz, sondern aus Rücksicht auf die Weltmeinung.
Die katholischen Bischöfe Südafrikas, Hüter über zwei Millionen Seelen, haben die Apartheid bereits bekämpft, als in Europa noch niemand für die Rassenintegration auf die Straße ging. Schon 1952, also vier Jahre nach der Machtübernahme durch die Nationalisten, erklärten sie in einem

Hirtenbrief, die Trennung der Rassen in katholischen Schulen widerspreche der Botschaft des Evangeliums.
Ein Bruchteil des katholischen Bekennermutes hätte den Pädagogen an den deutschen Schulen in Südafrika gut angestanden, die die Apartheidsgebote noch buchstabengetreu erfüllten, als sie anderswo bereits durchlöchert waren. Die Deutschen in Südafrika haben zuweilen ideologisches Übersoll erfüllt, wo formelle Gesten durchaus gereicht hätten.
Besonders profiliert haben sich in dieser Beziehung die Schülereltern der deutschen Schule von Hermannsburg in Natal, die Ende 1977 den Hermannsburger Schuldirektor, Lutheraner-Pastor Christian Matthes aus Hamburg, aus dem Amt ekelten, weil er die Kinder der schwarzen Bediensteten an einem weißen Schülergottesdienst hatte teilnehmen lassen.
Obwohl er sich streng ans Gesetz gehalten hatte, mußte Matthes seinen Dienst quittieren. Ein nächtlings ans Pfarrhaus gehefteter Anschlag lieferte die Begründung: »If you are for black, voetsek. If you are for white, you are alright« – auf deutsch: »Wenn du für weiß bist, bist du in Ordnung, wenn du für schwarz bist, dann hau ab.«
Dabei hatte sogar die Hermannsburger Polizei dem pedantischen Geistlichen auf Anfrage bestätigt, daß er sich absolut korrekt verhalten habe. Aber die Deutschen waren noch ein bißchen gründlicher als die Burenpolizei. Pastor Matthes folgte dem Rat seiner Landsleute und reiste ab.
Auch unter den Anglikanern gab es reichlich Widerstand gegen das Unrechtssystem. In wenigen Jahren wurden nacheinander drei anglikanische Bischöfe aus Südafrika ausgewiesen. »Die anglikanische Kirche«, fand das Nachrichtenmagazin »To the Point« 1978 in einem Kommentar zum zehnten Jahreskongreß des Südafrikanischen Kirchenrates, »ist die zur Zeit radikalste legale Oppositionsgruppe, über die dieses Land verfügt.«
Doch mit dem Widerspruch zwischen erklärtem Gewaltverzicht ihrer Kirchen und der Ohnmacht der gewaltlosen Aktion gegenüber staatlicher Gewaltherrschaft konnten auch die Synodalen nicht fertig werden. Mit den »Strukturen der Liebe statt denen der Trennung«, die Manas Buthelezi, der Bischof der Zentraldiözese der »Evangelisch-Lutherischen

Kirche Südafrikas«, propagiert, ist die notwendige Strukturveränderung nicht herbeizuzwingen.
Die Richtung eines möglichen Brückenschlags zwischen den südafrikanischen Protestanten und liberalen europäischen Christen hat der verstorbene Bischof Wilhelm Stählin angedeutet, der sich in seinen Schriften stets massiv für die Verständigung der Völker einsetzte. Er schrieb 1971 im Osterheft der Zeitschrift »Quatember«: »Der christliche Glaube gebietet uns keineswegs, die Verschiedenheit der Menschen, der Geschlechter oder der Rassen zu leugnen. Nicht die törichte Neigung, die tiefgreifenden Unterschiede zu leugnen, sondern allein die Bereitschaft, die andere Rasse in ihrer Art zu respektieren, kann die Weltgefahr des durch die Verschiedenheit der Rassen erweckten Hasses und also den Rassismus überwinden.« Natürlich blieb es auch dem Humanisten Stählin nicht erspart, von den Buren für die Apartheid-Ideologie uminterpretiert zu werden.
Um das eigene Selbstbewußtsein aufzuwerten und Gleiches mit Gleichem zu vergelten, ist die schwarze Intelligenzia ständig bemüht, dem weißen Rassismus einen schwarzen entgegenzusetzen. Aber es hapert doch noch sehr am politischen Bewußtsein. Percy Qobozas (später verbotene) schwarze Tageszeitung »The World« stellte im Juli 1977 die stereotype Gretchenfrage des weißen Blut-und-Boden-Lagers auf den Kopf, indem sie in einer knalligen Schlagzeile fragte: »Würden Sie Ihrer Tochter erlauben, einen weißen Mann zu heiraten?« Resultat der Umfrage: Nur eine winzige Minderheit war gegen weiße Schwiegersöhne oder -töchter. Vorbehalte gab es aber bei den meisten aus pragmatischen Erwägungen. Leser Felix Kubheka etwa gab zu bedenken: »Die Kinder würden doch nur unnötig leiden, weil sie Halbbluts sind.« Und Geschäftsmann Malcolm Jackson fürchtete, daß die Nachkommen schwarzweißer Paare »von beiden Rassen diskriminiert würden«. Ablehnung aus rein rassischen Überlegungen kam in der Umfrage überhaupt nicht vor. Kurzum: Die meisten der befragten Schwarzen haben nach eigenem Urteil zwar keine grundsätzlichen Vorurteile gegen Weiße. Aber von Rassenvermischung halten sie auch nichts.

Doch das war nur eines der zwei überraschenden Ergebnisse der Umfrage. »Weil es fair ist«, hatte die »World« auch eine kleinere Auswahl von Weißen zu derselben Sache befragt. Und von denen hatte die Mehrheit nichts gegen farbige Enkelkinder. »World«-Fazit: »Am Ende ist die Mischehe doch gar keine so schockierende Angelegenheit.« Hört, hört!

Liberaler Pflug in nationaler Furche

Weil – bei aller demokratischen Unzulänglichkeit – die südafrikanische Republik sich ein vergleichsweise hohes Maß an Meinungsfreiheit leistet, entschlüpft auch viel verbale Häresie in die Öffentlichkeit, die die Nationale Partei lieber undiskutiert sähe. In den eigenen Reihen ist die Lehre von der Unvermischbarkeit der Rassen längst kein Tabu mehr. Im Juli 1977 mußte Andries (»Ayatollah«) Treurnicht, damals stellvertretender Minister für Bantuerziehung und Rechtsaußen der *verkrampten* Fraktion in der Nationalisten-Partei, eine Gruppe liberaler *Nats* in die Schranken weisen, die im Parlament die Notwendigkeit des *immorality act* in Zweifel gezogen hatten. An der Spitze der Reformer standen immerhin so prominente Parteigrößen wie Außenminister Roelof Botha und Landwirtschaftsminister Hendrik Schoeman.
Doch das hinderte Treurnicht keineswegs daran, hart mit den Dissidenten ins Gericht zu gehen. »Was müssen das für Menschen sein«, donnerte er im Parlament, »die um der Liberalität sogar die Immoralität in Kauf nehmen wollen.« Treurnicht, der »Löwe von Waterberg«, wie ihn seine Freunde nennen, sagte es ohne Umschweife: »Es sind Menschen mit egalistischen und individualistischen Ideen, Menschen ohne Nationalstolz... und einem Hang zur Ungesetzlichkeit.« Merke: »Ein Nationalist kann nicht mit einem liberalen Pflug eine gerade nationale Furche pflügen.«
Mag sein, daß das Volk ähnlich denkt. Aber sicher ist: Die weißen Wähler würden den Reformern notfalls auch dann ihre Zustimmung nicht versagen, wenn sie selbst von der Qualität der Reformen nicht überzeugt wären. Wie die

Johannesburger »Sunday Times« von Meinungsforschern ermitteln ließ, standen 1978 mehr als 85 Prozent des städtischen Wahlvolks in der Rassenfrage hinter Piet Botha und nur 6,4 Prozent hinter Treurnicht.

Ein Proporz, der natürlich nicht unbedingt der Haltung der Nation zur Abschaffung der Apartheid entspricht.

Was daraus folgt?

Die weißen Südafrikaner sind bereit, einem starken politischen Führer auch dann zu folgen, wenn die Reise ihrer Ansicht nach in die verkehrte Richtung geht. Seltsame Demokraten...

Immerhin ist es Andries Treurnichts Verdienst, seinen liberalen Mitbürgern nolens volens auch den Zwiespalt eröffnet zu haben, den eine Aufhebung des *immorality act* und des *mixed marriages act* hervorrufen müßte. Denn die Liberal-Nationalisten haben ihre Idee offenbar nicht zu Ende gedacht. Sie haben nicht gesagt, wo die legal getrauten gemischtrassigen Ehepaare im rassisch parzellierten Südafrika leben sollen, wo ihre Kinder zur Schule gehen sollen, ob man am Ende neben weißen, farbigen und schwarzen auch noch »graue Schulen« (Treurnicht) gründen muß, um sie unterzubringen.

Auch die Frage des staatsbürgerlichen Statuts in dem von den Buren anvisierten Staatenbund – oder Bundesstaat – ist ungeklärt. Wenn jeder mit jeder darf, dann sind die vom Gesetzgeber gezogenen Grenzen zwischen den Rassen langfristig nicht aufrechtzuerhalten.

Die Debatte hat für alle sichtbar gemacht: Man kann den wichtigsten Grundpfeiler der Apartheid nicht beseitigen, ohne damit das ganze Gebäude zum Einsturz zu bringen. Ein bißchen Rassenvermischung geht nicht. Die *petty apartheid* (von petit = klein) konnte Vorster leichten Herzens aufgeben. Das ging nicht an die Substanz. Aber die freie Liebe können die Nationalisten nur dann freigeben, wenn sie – zumindest in einem gemischtrassigen Staat – bereit sind, langfristig das Prinzip der totalen Rassenintegration zu akzeptieren. Und das sind sie offenbar nicht.

Das Reservoir der Möglichkeiten, überflüssige Positionen ohne Substanzverlust aufzugeben, ist noch lange nicht

erschöpft. Im Sommer 1980 wurden 270 »schwarze« Leichen auf dem Friedhof von Randburg bei Johannesburg exhumiert und in Soweto wieder bestattet, um Platz für »weiße« Leichen zu schaffen. Schwer begreiflich, wie die Buren ihre Bereitschaft zum historischen Kompromiß glaubhaft machen wollen, wenn sie nicht einmal ihren Toten die Nähe von Andersrassigen zumuten wollen.
Der südafrikanische Demoskop Lawrence Schlemmer hat das Burenvolk dazu befragen lassen. Resultat: Zwei Drittel der Weißen sind bereit, die Rassenschranken im wirtschaftlichen Bereich abzubauen. Aber nur jeder fünfte akzeptiert die schwarzweiße Rassengemeinschaft in Schulen, Wohnvierteln oder gar im Bett.
Die Attacke gegen die heilige Kuh der *Verkrampten* hat entscheidenden Einfluß auf die Karriere Roelof (Pik) Bothas gehabt. Er galt lange Zeit als aussichtsreichster Nachfolger John Vorsters. Aber mit dem Angriff auf die wichtigsten Bastionen der Apartheid und damit die Mehrheit der Nationalisten brachte er sich um alle Chancen.
Es liegt in der Natur der Sache, daß die sozial schwachen Gruppen der weißen Bevölkerung sich weitaus heftiger gegen die innerbetriebliche Rassenintegration und den drohenden Abbau der *job reservation* wehren als die durchweg besser gestellten Engländer. Die vergleichende Einkommensstatistik zeigt, daß die *poor whites* und generell die weißen Arbeitnehmer von der Nivellierung der Rassenunterschiede nur Nachteile zu erwarten haben.
Wie die Wirtschaftsberatungsgesellschaft »Urwick International« im Oktober 1978 ermittelte, stiegen die Löhne und Gehälter der Schwarzen in Südafrika vom 1. Juli 1977 bis zum 30. Juni 1978 um durchschnittlich 28,1 Prozent, die der Weißen während desselben Zeitraumes um nur 8,2 Prozent. Und diese Tendenz hält an. Das bedeutet mehr Wettbewerb und eine schärfere Gangart auf dem Arbeitsmarkt.

Van der Merwe und die Kaffern

Vor ein paar Jahren fanden die Buren den folgenden Witz noch komisch: Dussel vom Dienst van der Merwe ist zu Besuch bei seinem Vetter in Holland. Beim Spaziergang auf dem Deich sieht er sechs Holländer, die schweißbedeckt einen Telegrafenmast aufrichten. Van der Merwe ist amüsiert. »Jongens«, ruft er, »wozu der ganze Aufwand? Gebt mir zwanzig Kaffern, und ich mache den Job ganz alleine.«
Über solche Witze kann in Südafrika heute keiner mehr lachen. Denn schwarze Arbeitskraft wird zunehmend teurer. Nicht nur das. Die Schwarzen dringen in Domänen vor, die früher strikt den Weißen vorbehalten waren.
Von der *job reservation* waren Mitte 1979 ohnehin nur noch knapp ein Prozent aller Beschäftigten betroffen. Nicht, weil die Weißen das Unrecht des Systems begriffen hätten, sondern einfach weil der Arbeitsmarkt auf qualifizierte schwarze Arbeitskräfte angewiesen ist.
Das Unbehagen an der galoppierenden Paralyse ihrer sozialen Privilegien brachte im März 1979 die weißen Bergarbeiter auf die Barrikaden. Mit einem Streik solidarisierten sich die Kumpels mit ihren weißen Kollegen in der Kupfergrube von Namagaland in der Kapprovinz, deren Firmenleitung drei *Coloureds* in »weiße« Positionen befördert hatte.
Die weißen Gewerkschaften stehen in Südafrika klar rechts von der Industrie. Deshalb wehren sie sich auch verbissen gegen die Absicht der *Verligten*, gleichberechtigte schwarze Gewerkschaften zuzulassen. Zwar dürfen sich Schwarze gewerkschaftlich organisieren. Aber die schwarzen Arbeitnehmervertreter sind nicht tariffähig. Wenn sie Forderungen durchdrücken wollen, müssen sie sich von weißen Kollegen vertreten lassen.
Die Bergarbeitergewerkschaft gilt von altersher als Hort der Reaktion. Sie ist aus gutem Grund konservativ. Ein weißer Steiger bekommt auch heute noch fünf- bis sechsmal soviel Lohn wie ein schwarzer Hauer, weil die weißen Gewerk-

Die Kumpels in den Goldminen stehen an der Spitze der schwarzen Lohnskala. Aber sie verdienen immer noch weit weniger als die Weißen.

schaftsbosse verbissen um jeden Cent Distanz kämpfen – obwohl die schlimmsten Ungleichheiten eingeebnet sind.
In anderen wirtschaftlichen Bereichen sind die Hürden auf dem Weg zur sozialen Rassengleichheit nicht mehr ganz so hoch. Im Sommer 1978 etwa konnten die Arbeitgeber der südafrikanischen Eisen- und Stahlindustrie den Gewerkschaften die Zustimmung zu einer Vereinbarung abringen, das die Hautfarbe als Kriterium bei der Vergabe von Arbeitsplätzen ausschloß.
Gleichzeitig forderte die einflußreiche »Vereinigung der südafrikanischen Handelskammern« die übrige Wirtschaft auf, dem Beispiel der Stahlbranche zu folgen und die Rassendiskriminierung abzuschaffen. Des weiteren verlangten die Kammerherren eine Anerkennung der schwarzen Gewerkschaften als vollwertige Tarifpartner. Wohlgemerkt: Unternehmer als Vorkämpfer für gewerkschaftliche Grundrechte.
Anfang 1979 traten die *Verligten* zur entscheidenden Offensive gegen die arbeitsrechtliche Diskriminierung der Schwarzen an. Nicholas Wiehan, Sachverständiger für Arbeitsrecht und ehemaliger Heizer bei den Südafrikanischen Eisenbahnen, legte ein Reformprogramm vor, das, so die »Pretoria News«, »mehr positive Veränderungen in der Rassenfrage bringt, als die 31 Jahre zuvor, seit die Nationalisten an der Macht sind, erreicht wurden«.
Kurz darauf veröffentlichte Wirtschaftsexperte Piet Rieckert ein Dossiers mit einem Bündel von Vorschlägen, die sicherstellen sollten, daß »niemand mehr durch gesetzliche Einschränkungen daran gehindert wird, entsprechend seinen Fähigkeiten am Wettbewerb und am Wirtschaftsprozeß teilzunehmen«. Beide Reformpapiere zielen in dieselbe Richtung: Abschaffung der gesetzlichen *job reservation*, Zulassung tariffähiger schwarzer Gewerkschaften, restlose Beseitigung der *colour bar* am Arbeitsplatz, bessere berufliche Ausbildung von schwarzen Jugendlichen.

»Verrat am weißen Mann«

Die Regierung Botha war einverstanden. Sie nahm nur geringfügige Korrekturen an den Empfehlungen der Wissenschaftler vor, akzeptierte aber den Grundsatz der sozialen Gleichberechtigung der Rassen.

Für die Gewerkschaften war das ein Schock. Wessel Bornman, Generalsekretär der 38000 Mitglieder starken Eisen- und Stahl-Union, empfand Bothas Zustimmung zu den Wiehan-Vorschlägen als »Schlag ins Gesicht jedes weißen Arbeiters und größte Provokation der Gewerkschaften in der Geschichte Südafrikas«. Gewerkschaftsboß Arrie Paulus versprach gar, er und seine Kameraden würden »den Verrat am weißen Mann bis zum letzten Blutstropfen bekämpfen«. Doch bei der Abstimmung zeigte sich ein unerwarteter Dissens zwischen Funktionären und Basis. Die 200000 Mitglieder der *Confederation of Labour* stimmten – mit knapper Mehrheit – für eine Annahme der Pläne.

Der »Knacks im Rückgrat der Apartheid« (so die »Rand Daily Mail«) war perfekt. Der deutschstämmige Wiehan triumphierte: »Wir haben erkannt, daß unser System der Arbeitswelt einem Patienten ähnelt, dessen sporadische und periodische Schmerzen während der letzten Jahre nur durch schmerzlindernde Tabletten gemildert wurden, der sich aber nun dringend einer großen Operation unterziehen muß.«

Die Industrie profiliert sich – zum Teil gegen den heftigen Widerstand der Gewerkschaft – als Vorkämpferin des sozialen Fortschritts. Das gibt es nur in Südafrika. Nicht, daß Kapitalisten in Südafrika mehr als anderswo vom Geiste der Humanität durchdrungen wären. Sie haben einfach begriffen, daß die inzwischen hochindustrialisierte Wirtschaft ihres Landes ohne den Beitrag der Schwarzen zusammenbrechen würde. Und sie bauen auf die Einsicht der Schwarzen, daß ihr wirtschaftliches Wohlergehen von der Funktionsfähigkeit des marktwirtschaftlichen Systems abhängig ist. Trotz schreiender Diskriminierung nämlich geht es den schwarzen Heloten in Südafrika wirtschaftlich weitaus besser als fast allen anderen Afrikaners nördlich des Limpopo. Das jährliche Pro-Kopf-Einkommen der schwarzen Südafrikaner liegt mit 410 Dollar auf Platz vier in Afrika. Nur die schwarzen Kupferarbeiter in Zimbabwe und in Sambia sowie die wenigen einheimischen Arbeitnehmer des Ölstaates Libyen haben noch mehr in der Lohntüte. Das jedenfalls hat das Hamburger Weltwirtschaftsarchiv ermittelt. Daß allerdings die »Welt« daraus vorschnell schließen würde, »das unterschiedliche Lohnniveau zwischen weißen und schwarzen Arbeitnehmern in Südafrika (sei) nicht rassisch bedingt, (sondern) eine Folge der allgemeinen wirtschaftlichen Entwicklung«, konnten die Hamburger Wirtschaftswissenschaftler natürlich nicht ahnen.

Die relative wirtschaftliche Prosperität der schwarzen Einwohner Südafrikas ist ein Argument für die Leistungsfähigkeit der südafrikanischen Wirtschaft, nicht aber für die Apartheid. Es ist wahr: Südafrika hat die mit großem Abstand niedrigste Kindersterblichkeit des Kontinents. Sie liegt, unter Einschluß aller Rassen, niedriger als die Österreichs und ganz erheblich niedriger als die Portugals. Ein schwarzer Bergmann bei De Beers, so hat das betriebswirtschaftliche Institut der Witwatersrand-Universität herausgefunden, arbeitet für ein Kilo Äpfel nur 47 Minuten, ein Malocher im Sowjetparadies dagegen geschlagene 5,4 Stunden. Eine Perlonstrumpfhose ersteht man in Soweto statistisch für den Gegenwert von 70 Arbeitsminuten, in Moskau für den von neun Stunden. Nur sagen derlei globale Vergleiche wenig über den Glückszustand des Individuums aus. Satt sein macht nicht frei, und Freiheit macht nicht satt.

Kaum abzuschätzen sind freilich die mittelfristigen Konsequenzen der sozialen Umwälzung, die mit der rapiden Umverteilung des Volkseinkommens verbunden sind. Die Nivellierung der Einkommen baut Kaufkraft auf der einen Seite ab und baut neue Kaufkraft auf der anderen Seite wieder auf. Innerhalb weniger Jahre werden Konsum- und Produktivitätsnormen auf den Kopf gestellt.

Die Industrialisierung Südafrikas nach dem Zweiten Weltkrieg war nur möglich durch das soziale Ungleichgewicht zwischen Schwarz und Weiß. Die billigen schwarzen Arbeiterheere legten das Fundament, von dem Südafrika zur wichtigsten Industrienation der südlichen Hemisphäre auf-

steigen konnte. Die Angleichung der schwarzen Bezüge an die der weißen, die Verbesserung der Kranken- und Sozialfürsorge für die schwarzen Arbeiter verschlingen gewaltige Summen. Unausweichliche Folge: Südafrikas Industrie produziert teurer. Darunter leidet wiederum die Konkurrenzfähigkeit. Folge: Flauten, Pleiten, Arbeitslosigkeit. Den Preis müssen Schwarze und Weiße gemeinsam zahlen. Die für Südafrika günstige Entwicklung der Rohstoffpreise freilich hat den Preisauftrieb auf dem Arbeitsmarkt stark gebremst, und damit stagnieren auch die Chancen der Schwarzen.
Für die breite Masse der Afrikaner hat Südafrika in den letzten Jahren – wirtschaftlich gesehen – trotz der Rezession an Schrecken verloren. Wenn auch noch immer Welten zwischen Schwarz und Weiß liegen – der Abstand schrumpft. Nach Ermittlungen des Marktforschungsinstituts der Universität von Südafrika stieg das Gesamteinkommen der schwarzen Haushalte zwischen 1970 und 1975 um 118 Prozent, das der weißen Haushalte dagegen um nur 58 Prozent. Der Einkommensproporz zwischen schwarzen und weißen Arbeitnehmern im öffentlichen Dienst sank zwischen 1970 und 1976 von 1:5,31 auf 1:3,10. Im selben Zeitraum verringerte sich der Anteil der Weißen am Volkseinkommen von 70 auf 63 Prozent. Und der richtige Schub kam erst in der zweiten Hälfte der siebziger Jahre.
All das ist noch immer sehr unbefriedigend, gewiß. Aber der Trend marschiert. Und das sehen auch die Afrikaner. Es geht ihnen von Jahr zu Jahr besser. Warum also Umsturz? Es gibt starke Indizien dafür, daß abstrakte Güter wie Meinungsfreiheit und politische Mitbestimmung in Südafrika keine so tiefe Wurzeln haben wie anderswo auf der Welt. Aber es regt sich was. Für die laufende Legislaturperiode hat Reformpremier Piet Botha die Veränderung oder Abschaffung von 600 bis 800 »überflüssigen« Gesetzen und Verordnungen in Aussicht gestellt.

Wie rassistisch sind Rassentheoretiker?

Die Unlösbarkeit des Apartheid-Problems unter den obwaltenden Umständen und politischen Zuständen folgt nicht zuletzt aus der Tabuisierung der gegnerischen Argumente. Das gilt für beide Seiten. So wie die *Verkrampten* schon die schlichte Erörterung liberaler Standpunkte für morbid halten, so disputiert auch die Anti-Apartheid-Front souverän am Wesentlichen vorbei. Das Ergebnis ähnelt einem Streitgespräch von Briefmarkensammlern und Kaninchenzüchtern über die richtige Schnittführung bei der Blinddarmoperation.

Was der zivilisierte Teil der Menschheit gegen die Apartheid einzuwenden hat, ist oft und ausführlich genug dargestellt worden. Was dagegen zivilisierte weiße Südafrikaner – nicht die Plattlandburen – gegen die Abschaffung der Apartheid einzuwenden haben, wird nur selten erörtert. Einesteils, weil die Wächter der reinen Rassenlehre die Problemanalyse angesichts der vermeintlich göttlichen Billigung ihres Standpunkts für überflüssig halten, andererseits, weil sich im Lager der Apartheid-Gegner keine kompetenten Autoritäten finden, die bereit wären, gegen das Tabu der Rassenfrage zu verstoßen.

Wie delikat der Umgang mit Biogenetik und Vererbungslehre auch im vierten Jahrzehnt nach Adolf Hitler und Alfred Rosenberg noch ist, haben der Londoner Psychologieprofessor Hans-Jürgen Eysenck, der britische Nobelpreisträger William Shockley und ganz besonders der amerikanische Erziehungspsychologe Arthur Jensen von der Berkeley-Universität in Kalifornien erfahren müssen. Ihre Vorlesungen und Seminare mußten teilweise unter Polizeischutz gestellt werden, weil sie in Aufsätzen und Diskussionen das Dogma von der Gleichheit der menschlichen Individuen in Zweifel gezogen hatten.

Jensen hatte in mehrjährigen Forschungen ermittelt, daß amerikanische Neger – unabhängig von ihrer sozialen Herkunft – in Intelligenztests um stattliche 15 Punkte schlechter abschneiden als Weiße. Er will nicht nur unter Individuen, sondern auch unter verschiedenen Rassen beträchtliche erb-

lich bedingte Intelligenzunterschiede festgestellt haben. Zu ähnlichen Ergebnissen kam auch Eysenck in seinem 1973 veröffentlichten Buch »The inequality of Man«.
Jensens Provokation löste einen Proteststurm aus. Studenten und Wissenschaftler aller Schulen von marxistischer Sozialforschung bis zu Rousseaus Lehre bezichtigten ihn rassistischer und faschistischer Neigungen, drohten ihm mit Häuten und Hängen und forderten seine Entfernung aus dem Hochschuldienst. Um die Diskussion zu versachlichen, regte William Shockley an, der amerikanischen Akademie der Wissenschaften eine umfassende Reihenuntersuchung über die Einflüsse von Umwelt und Erbanlagen auf die individuelle Begabung zu übertragen. Aber sein Vorschlag wurde zurückgewiesen – mit 200 gegen 10 Stimmen, bei 640 Enthaltungen. »Solche Untersuchungen«, kommentierte hinterher der Präsident der Akademie das Abstimmungsergebnis, »sind schwierig, und man riskiert, dabei mißverstanden zu werden.«
Totaler Sieg für das behavioristische Dogma: Was der Mensch ist, das ist er durch Erziehung, und wo er sich unsozial verhält – stiehlt, lügt, Bananenschalen aufs Trottoir wirft –, da hat ihn die Gesellschaft verdorben.
Nicht, daß Jensen den Umwelteinfluß auf Intelligenz und Sozialverhalten bestreitet. Nach seinen Recherchen ist der erblich bedingte Anteil des Intelligenzquotienten mit 80 Prozent zu veranschlagen. Der Rest ist erlernt oder auf Umweltimpulse zurückzuführen. Andere Theoretiker haben ein Fifty-fifty-Verhältnis ermittelt. Blutarmes Expertenchinesisch? Vielleicht. Aber plausibler als die Thesen der Behavioristen. Denn wenn sie recht hätten, dann müßte etwa der IQ von adoptierten Kindern mit dem ihrer Adoptiveltern viel stärker übereinstimmen als mit dem ihrer leiblichen Eltern. Genau das Gegenteil ist der Fall.
Aber es hilft nichts. Wer die Buren begreifen will, kommt an Jensen und Genossen nicht vorbei. Es bedurfte schon einer journalistischen Autorität vom Format wie des Hamburger Publizisten Hermann Schreiber, das Thema auch der westdeutschen Öffentlichkeit zu unterbreiten. In einem Interview für die Zeitschrift »Geo« arbeitete Schreiber die gän-

gigsten Jensen-Thesen mit ihrem Chefapologeten auf.
Jensen räumt im Gespräch mit Schreiber zwar ein, daß es auch unter den Schwarzen helle Köpfe gibt, die den meisten Weißen an Intelligenz überlegen sind. Ebenso wie es Frauen gibt, die den Durchschnittsmann an Körpergröße überragen, obwohl niemand daran zweifelt, daß Frauen generell kleiner sind als Männer. Andererseits aber gibt es nach seinen Recherchen siebenmal mehr hochintelligente Weiße mit einem Intelligenzquotienten von über 115 als Schwarze. Und das nicht nur in Amerika, Jensen hat auch in Afrika und in Großbritannien testen lassen. Das Ergebnis war überall fast gleich.
Die Tests, so wendet Schreiber ein, seien möglicherweise nicht »kulturneutral« und deshalb unfair. Mitnichten, kontert Jensen. »Schwarze wissen ganz gut zu antworten auf Fragen wie: ›Wer hat Hamlet geschrieben?‹ Aber viele von ihnen versagen vor einem Puzzle oder können einander zugeordnete Figuren nicht so gut in Verbindung bringen wie Weiße.«
Gleichwertige Befunde hatten schon lange vorher Intelligenztests in der amerikanischen Armee erbracht. Im Ersten Weltkrieg kamen schwarze GIs auf durchschnittlich siebzehn, im Zweiten Weltkrieg auf 23 IQ-Punkte weniger als ihre weißen Kameraden. Das deckt sich auch mit den Resultaten von Reihentests, denen schwarze Minenarbeiter in Südafrika unterworfen werden. Nur, die sind natürlich nicht neutral.
Also alles wie gehabt: hier der nordische Herrenmensch, dort nur rassischer Schrott. Nein, Jensens Rassenuntersuchungen gehen noch ein Stück weiter. Seine Testreihen mit chinesischen und japanischen Zuwanderern haben die gleichen Ergebnisse gebracht wie mit weißen Amerikanern. Da die noch nicht assimilierten Asiaten jedoch unter zum Teil erheblichen Sprachschwierigkeiten zu leiden hatten, ist das Ergebnis entsprechend höher einzuschätzen. Das heißt: Der Intelligenzgrad von Chinesen und Japanern liegt im Schnitt um fünf bis zehn Prozent höher als der von Europäern. Wenn Jensen wirklich ein Rassist ist, wie seine Gegner behaupten, dann aber ein sehr selbstkritischer.

Die Verbissenheit, mit der vor allem die linken Gleichheitsfundamentalisten den kompromißlosen Behaviorismus verfechten, liegt nicht zuletzt an dessen Funktion als Schlüsselwissenschaft der marxistischen Ideologie. Ohne die tragende Säule der Gleichheit und Gleichwertigkeit aller Menschen bräche das ganze sozialistische Ideengebäude zusammen.
»Eine Ordnung der gleichberechtigten Ungleichen«, schreibt der Sozialwissenschaftler und »Zeit«-Autor Dieter Zimmer, (wäre) »noch schwerer zu verwirklichen als eine der gleichgestellten Gleichen.« Und auch die ist ja noch meilenweit von der Verwirklichung entfernt. Denn selbst die sozialistische Bildungspolitik der Ostblockstaaten leistet sich eine besondere Eliteförderung. Worüber man in Moskau, Ost-Berlin und Warschau natürlich nicht gern redet.
Aber wer redet überhaupt schon gern über die Ungleichheit der Rassen – Verkorkste und *Verkrampte* mal ausgenommen. In einer zur Koexistenz verurteilten pluralistischen Welt muß man mit solchen Tabus leben.
Deshalb sind die Erkenntnisse von Jensen, Eysenck und anderen für den politischen Alltag ziemlich bedeutungslos. Politik muß sich, auch wenn sie es nicht mit Gleichen zu tun hat, wohl oder übel am Gleichheitsgrundsatz orientieren. Wenn schon Moral als Determinante der Politik nicht zulässig ist, dann ist es geistige Potenz um so weniger.
Die Furcht, das heiße Eisen überhaupt nur zu touchieren, ist eine Spätfolge der rassistischen Exzesse in Nazideutschland. Hitlers Eugenik, seine Lehren wider die Bildung von »rassischem Einheitsbrei« und die »Bastardisierung« des nordischen Menschen haben ein Trauma hinterlassen, das schon lautgedachte Reflexionen über Rassisches zum Rassismus stempelt. Die Tabuisten beanspruchen für sich nicht nur die höhere Wahrheit, sondern auch das Monopol auf Moral.
Der Eiertanz um die Nomenklatur signalisiert das Ausmaß des schlechten Gewissens. Sind Neger »Schwarze«, »Afrikaner« oder »Neger«? Eine Frage von beträchtlicher Delikatesse. Sarotti hat spießrutenlaufen müssen für seinen Schokolademohren. Schon der nickende Neger am Kirchenportal ist für viele angewandte Rassendiskriminierung. Und Mohrenköpfe heißen in fortschrittlichen Bäckereien nur noch

»Chow Chons«, damit es keine Mißverständnisse mehr gibt. Gewiß, wer behauptet, alle Engländer seien faul, alle Iren versoffen und alle Italiener potentielle Messerstecher, dokumentiert nicht gerade einen überlegenen geistigen Horizont. Aber zum Rassisten gehört doch etwas mehr.

Rassismus – freilich nur der weiße – rangiert derzeit auf der Rangliste der Menschenrechtsverletzungen noch deutlich vor politisch motivierten Massakern à la Uganda oder Kambodscha. Den Rassismus als weltbewegendes und einigendes Phänomen gibt es erst, seit Südafrika in den Blickpunkt des öffentlichen Interesses gerückt ist. Auch Adolf Hitlers Rassenwahn stieß die zivilisierte Menschheit ab. Aber er wurde eher als häßliche Marotte verstanden denn als Verbrechen. Das verabscheuende Element trat dann für die öffentliche Weltmeinung erst mit dem organisierten Genozid hinzu. Das berüchtigte »J« in den Pässen deutscher Juden war ja nicht mal eine Erfindung der Nazis, sondern der erzliberalen Schweden, die sich die aus Deutschland vertriebenen Juden vom Leibe halten wollten.

Was kaum einem Nazi-Kritiker je aufgefallen ist: Hitlers »Rassentheorie« basierte nicht auf genetischen, sondern durchweg auf außerdisziplinären Kriterien. Natürlich bilden die Juden keine Rasse, sondern eine – allerdings behavioristisch *und* rassisch sehr homogene – Religionsgemeinschaft. Natürlich zeigt der Begriff »Arier« nicht die Zugehörigkeit zu einer Rasse, sondern zu einer Sprachfamilie auf. Mit Genen hat das alles nichts zu tun; nur haben die Apologeten des Nationalsozialismus den logischen Widersinn in ihrer Blut- und Bodentheorie offenbar selbst nicht erkannt.

Toleranz ist eine Frage der Distanz

Rassismus folgt dem Gesetz der großen Zahl. Toleranz gegenüber Andersrassigen in der Bundesrepublik ist oft nichts als Mangel an Gelegenheit. Ein paar tausend mehr oder minder integrierte Neger bringen eine weltoffene Gesellschaft nicht aus dem Lot. Die österreichischen Juden blieben jahrhundertelang unbehelligt. Erst als massenweise

Juden aus Polen und Galizien nach Österreich strömten, gab es antisemitische Krawalle. Tolerant darf sich eine Gesellschaft erst nennen, wenn sie Andersrassige im Umfang von einigen Prozenten ihrer eigenen Bevölkerungsziffer reibungslos verkraftet.

Das aber hat nicht einmal Großbritannien geschafft, gleichsam das Mutterland der Toleranz. Jährlich rund 50000 farbige und schwarze Einwanderer haben in England aus dem Nichts heraus ein Rassenproblem geschaffen. Die Bevölkerung von Großstädten wie London, Liverpool und Birmingham hat heute einen Anteil von über zehn Prozent an zugereisten Nichtweißen, die sich nicht integrieren lassen oder nicht integrieren lassen wollen. Sie wohnen in Gettos, haben Jobs, die sonst niemand haben will, und werden im allgemeinen nicht gerade nach der feinen englischen Art behandelt.

Wenn es ans Eingemachte geht, nimmt sich eben manches anders aus als in der Theorie. Das hat der ehemalige Labour-Außenminister David Owen noch zu Amtszeiten nicht ohne Bitternis erfahren müssen. Der Minister hatte seinerseits im südlichen Afrika durch seine Konzilianz gegenüber fragwürdigen »Freiheitskämpfern« viel Bitterkeit verbreitet. »Die Rassenfrage«, schreibt Owen in seinem Buch »Menschenrechte«, »ist ein Problem, das unseren theoretischen Liberalismus der fünfziger und sechziger Jahre in der rauhen und andersgearteten Wirklichkeit der späteren siebziger Jahre auf eine harte Probe stellt.« Das heißt im Klartext: Es schimpft sich weit weniger unbeschwert über Rassismus, wenn er sich nicht in Indien oder Südafrika abspielt, sondern um die nächste Straßenecke.

Auch die neuen Deutschen haben ja ihre liebe Not mit den Zugereisten, die im Osten mit den »Pollacken«, die im Westen mit den »Spaghettis«, obwohl die die gleiche Hautfarbe haben wie die Gastgeber. Nach den Greueln des Zweiten Weltkriegs ist wohl kaum zu befürchten, daß der Antisemitismus in der Bundesrepublik fröhliche Urständ feiern könnte. Doch das heißt nicht, daß die Deutschen Fremde heute problemlos und ohne unterschwelligen Rassismus assimilieren.

Um das Xenophobische im neudeutschen Kleinbürger herauszuarbeiten, hat der Tübinger Soziologe Utz Jeggle deutsche Hauptschüler über ihre Ansichten zu türkischen, italienischen und spanischen Mitschülern befragt. Die Antworten waren durchweg vernichtend kompromißlos. Einer faßte sein Urteil in dem Satz zusammen: »Sie stehlen, sie betrügen, sie sind gemeine Lumpen.« Ein anderer empfahl: »Weil sie immer Knoblauch fressen und sie stinken wie ein verfaulter Bock, gehören sie verschossen mit Scheißbollen.« Es ist nicht einmal ausgeschlossen, daß diesen Verdikten gewisse handfeste Erfahrungen zugrunde liegen. Mediterrane essen mehr Knoblauch als Mitteleuropäer. Und Knoblauchessen fördert Körpergerüche. Bedenklich ist nur das Werturteil, das der kartoffelvertilgende nordische Mensch gern mit solchen sinnlichen Wahrnehmungen verbindet. Wenigstens das muß man den Buren zugute halten: Nach drei Jahrhunderten kultureller Isolation können sie nicht toleranter sein als ihre europäischen Vettern.
Es gibt kaum eine Kulturnation, an der nicht der Makel rassistischer Intoleranz klebte, bis hin zu so grauenhaften Exzessen wie Hitlers Judenvernichtung und Stalins Völkermord an den Armeniern. Rassismus ist so weit verbreitet, daß man sich wahrhaft nicht ausgerechnet über den südafrikanischen erregen müßte, wenn er nicht kodifiziert und damit legalistisch abgesegnet wäre. In Brasilien stellt die nichtweiße Hälfte der Bevölkerung gerade zwei Prozent der Beamten und drei Prozent der College-Studenten. Aber im Unterschied zu Südafrika gibt es kein Gesetz, das ihnen die soziale Emanzipation verbietet. Was nicht heißt, daß ein indischer Paria unter dem Kastenwesen nur deshalb, weil es nicht legalisiert ist, weniger leidet als ein Zulu unter den Paßgesetzen.

Kinder im Viertel der »armen Weißen« von Johannesburg. Hier wird die Demontage der Apartheid am verbissensten bekämpft.

Schwarzer Rassismus

Die tiefsten Wurzeln hat die Rassendiskriminierung dort, wo sie – verbal – am heftigsten bekämpft wird: in Schwarzafrika. In Ruanda und Burundi starben bei staatlich inszenierten Mordorgien Anfang der siebziger Jahre annähernd eine Viertelmillion Tussi und Hutu. Der Rassenkrieg zwischen Biafra und Restnigeria forderte Hunderttausende Opfer. Idi Amins Ausrottungsfeldzug gegen die Acholi und Lengu entvölkerte in Uganda ganze Landstriche. Trotzdem konnte der mörderische Clown immer auf Beifall hoffen, wenn er sich als Anti-Apartheid-Kämpfer gebärdete.

Der afrikanische Alltag wird überall von rassischen Faktoren mitbestimmt. Laut »Travel Information Manual« vom Dezember 1979 brauchen »weiße Personen« für die Republik Tansania ein Visum, nichtweiße dagegen keines. In Kenia unterscheidet man bei der Vergabe von Lizenzen und Arbeitsgenehmigungen amtlich zwischen zwei Klassen von Staatsbürgern: solchen, die in der dritten Generation in Kenia leben, also nur schwarz sein können, und solchen mit »einfacher Staatsbürgerschaft«, also nichtschwarzen. Und wenn ein Weißer in Schwarzafrika einen Schwarzen verprügelt, dann ist das nie in erster Linie Körperverletzung, sondern Rassismus.

Daß Schwarze minderwertiger sind als Weiße, ist ein Vorurteil. Aber weil dieses Vorurteil eine der elementarsten Grundlagen der Apartheid-Ideologie ist, muß man sich damit befassen. Denn die überwiegend irrationale Bockbeinigkeit der Buren gegenüber dem schwarzen Emanzipationsbedürfnis hat streckenweise ganz rationale Hintergründe.

Die Unterschiede zwischen Schwarz und Weiß werden schon den südafrikanischen Volksschülern eingepaukt. In einem Geographiebuch für Erstkläßler heißt es dazu: »Wir haben eine weiße Haut, ja, eine weiße Haut. Unsere Augen sind hell, und unsere Lippen sind dünn. Und wie sind die Lippen der schwarzen Menschen? Sie sind dick. Sie haben auch eine flache Nase. Und wo wohnen die schwarzen Leute? Sie wohnen auf ihrer Farm und bauen Mais an, für sich und ihre Tiere.«

Weil auch Pretoria das heiße Eisen scheut, sind amtliche Stellungnahmen zur landläufigen Auffassung von der Unterschiedlichkeit der in Südafrika vertretenen Rassen nicht zu haben. In der Rechtfertigungsliteratur zur Apartheid- und Bantustan-Politik wird immer nur ausgeführt, daß »der Bantu eine andere Kultur hat, die ihren eigenen Raum braucht, um sich zu entfalten«.

Doch auch anderswo auf der Welt leben verschiedene Völker zusammen, ohne daß sie alle für ihre Kulturen eigene Manövrierräume bräuchten.

Wo eingefleischte Buren die wesentlichen kulturellen Unterschiede zum weißen Mann sehen, wird etwa in dem Brief deutlich, den H. R. W. Kellermann aus Groenkloof im August 1979 an die in Windhuk erscheinende deutschsprachige »Afrika-Post« schrieb. Da heißt es unter anderem: »Ich kenne den Unterschied zwischen Schwarz und Weiß. Nicht die Hautfarbe macht es, sondern die andere Denkweise. Die Neger sind die einzige menschliche Rasse, die nie eine Schriftsprache entwickelt hat, die das Rad noch vor kaum hundert Jahren nicht kannte, die aus sich heraus nie eine Brücke baute, keine Straße, kein steinernes Haus, keine Kirche.«

Ein gewisses Kreativitätsdefizit ist in der Tat in Afrika nicht zu übersehen. Das kulturelle Erbe der Afrikaner ist – verglichen mit dem der europäischen und asiatischen Hochzivilisationen – ausgesprochen dürftig. Doch die Kriterien, an denen anderswo Kultur bemessen wird, sind in Afrika nicht uneingeschränkt gültig. Der renommierte schwarze Balladenschreiber Aimée Césaire hat in seinem Lyrikwerk »Zurück ins Land der Geburt« den kulturellen Rückstand der Afrikaner gar noch besungen: »Wohl denen, die niemals etwas erfanden, die niemals etwas erforschten und niemals etwas bezähmten, sondern selber eingriffen, sich offen dem Wesen der Dinge hingeben.«

Der senegalesische Dichterpräsident Leopold Sedar Senghor preist die »Negritude« als eine Form der menschlichen Existenz, in der Gefühl vor sinnlicher Wahrnehmung rangiert. Sein Fazit: »Die Vernunft des Negers... ist offensichtlich nicht der diskursive Verstand des Europäers, ... sondern das mitschwingende Verstehen (raison sympathique), das mehr vom Logos als von der Ratio hat.« Nur, mitschwingendes Verstehen kann die entwicklungspolitischen Ziele Afrikas nicht in die Tat umsetzen. Dazu braucht man schon die europäische Ratio – wie sich in Südafrika erwiesen hat.

Vorbild Schwarzafrika?

Das gebrochene Verhältnis der Afrikaner zu technischen und logischen Abläufen ist verantwortlich für ungezählte Projektruinen. Das weiß jeder Entwicklungshelfer, der eine Weile damit hat leben müssen. Trotzdem wird in Westeuropa staatliche Entwicklungshilfe unverdrossen so betrieben, als hätten alle Afrikaner den »diskursiven« technischen Sachverstand von deutschen Handwerksmeistern. Resultat: ein milliardenschwerer Trümmerhaufen, der jedes Jahr um ein paar Milliarden Mark größer wird, weil niemand sich traut, die Ursachen der Misere beim Namen zu nennen.
Afrikanische Politiker haben weniger Angst vor dem Tabu. Charles Njonjo, Kenias ehemaliger Justizminister und die graue Eminenz unter Jomo Kenyatta, scheute sich nicht, im Parlament zu verkünden, er lehne es ab, mit schwarzen Piloten zu fliegen, weil Afrikaner zu dumm zum Fliegen seien. Von Felix Houphouët Boigny, dem Staatschef der Elfenbeinküste, erzählt man sich, er habe für den Bau seiner heimlichen Hauptstadt Yamoussoukrou zu den ohnehin reichlich vorhandenen Franzosen zusätzlich weiße Ingenieure hinzugezogen, weil er keine schwarzen dabei haben wollte. An der Elfenbeinküste findet auch niemand etwas dabei, wenn der ungeduldige Kunde den trotteligen schwarzen Verkäufer anherrscht: »Cherchez le Blanc.« – Hol mir mal den Weißen her!
Daß der ehemalige französische Kolonialminister Jules Ferry im Innersten davon überzeugt war, »die Erklärung der Menschenrechte (sei) nicht für die Schwarzen Äquatorialafrikas geschrieben worden«, mag nicht weiter verwundern. Daß aber selbst der Tief- und Vieldenker Hegel, der immerhin »allen Menschen an sich« die Freiheit wünschte, den

Schwarzen »Ehrfurcht und Sittlichkeit« absprach und sie keiner »Entwicklung und Bildung für fähig« hielt, zeigt auf, wie schwer sich selbst aufgeklärte Europäer damit taten, dem Schwarzafrikaner Zivilisationsfähigkeit zu attestieren.

Die sichtbar asynchrone Entwicklung menschlicher Verhaltensweisen in Afrika und Europa hat auch dem spanischen Geschichtsphilosophen Ortega y Gasset zu denken gegeben. Im »Aufstand der Massen« kam er 1930 zu dem Schluß: »Die menschliche Spezies (gedeiht) am besten in jenen Gegenden des Planeten, wo der heißen Jahreszeit durch scharfe Kälte das Gleichgewicht gehalten wird. In den Tropen entartet das Menschentier.«

Vor dieser »Entartung«, wie fiktiv oder konkret sie sein mag, haben die weißen Südafrikaner Angst. Nachdem sie zwei Jahrzehnte lang beobachten konnten, wie die meisten afrikanischen Staaten mit ihrer Unabhängigkeit umgehen, hat sich auch in der progressiven Fraktion die Neigung verflüchtigt, den Staat am Kap der Guten Hoffnung auf eine schwarze Mehrheitsregierung hin zu entwickeln. Das »Kongo-Syndrom«, wie Politpsychologen die latente Angst vorm schwarzen Mann in Anlehnung an die Kongo-Greuel von Anfang der sechziger Jahre nennen, blockiert die Kooperationsbereitschaft der Gutwilligen. Es ist eine der trübsten Erkenntnisse der jüngeren Geschichte, daß vormals unterdrückte Völker nach ihrer Befreiung nichts Eiligeres zu tun hatten, als neue, in aller Regel schlimmere Formen der Unterdrükkung zu entwickeln.

Von den etwa fünf Dutzend ehemaligen Kolonien, die seit dem Ende des Zweiten Weltkriegs von ihren Kolonialmächten in die Unabhängigkeit entlassen wurden, sind heute nur noch einige wenige frei. Staatliche Unabhängigkeit und individuelle Freiheit sind eben zwei Paar Stiefel. Trotzdem gilt das Nichteinmischungsprinzip weiterhin als wichtigster Grundsatz im Zusammenleben der Völker. Ausnahmen bestätigen die Regel: Vor allem Israel und Südafrika. Nicht etwa: Indochina, Äthiopien und Bangladesh.

Gewiß, Bokassa und Mengistu sind nicht Afrika. Aber selbst gemäßigte Staaten tun es nicht unter ein paar hundert politischen Gefangenen. Von den Regierungen der 49 Mitgliedstaaten der »Organisation Afrikanischer Einheit« ist bei großzügiger Auslegung des Demokratiebegriffs gerade ein halbes Dutzend demokratisch gewählt. Wirklich frei im westlichen Sinne sind maximal zwei oder drei von hundert Afrikanern. Das kann einem gestandenen Liberalen schon den Widerstand gegen die Apartheid vergällen.

Gewalttätigkeit ist ganz sicherlich kein spezifisch afrikanisches Laster. Die Schwarzen müßten schon ein Pfund Sadismus und Brutalität drauflegen, wenn sie den Vorsprung der Europäer auf diesem Sektor aufholen wollten. Aber, wie der Augenschein suggeriert, tun sie ihr Bestes, um mit den Weißen gleichzuziehen. In keinem anderen Teil der Welt – Kambodscha und Rotchina vielleicht ausgenommen – ist in den letzten zwei Jahrzehnten soviel gemordet worden wie in Schwarzafrika. Der Wanderpokal für Mord und Totschlag ist zur Zeit fest in der Hand des schwarzen Mannes. Und der absolute Rekordhalter, Ugandas Politclown Idi Amin, dem die Verantwortung für den Tod von mindestens einer Viertelmillion Menschen angelastet wird, konnte sich 1977 auf der afrikanischen Gipfelkonferenz in Kampala noch als Befreier der südafrikanischen Neger feiern lassen.

Sind Schwarze gewalttätiger als Weiße?

Auch die zivile Kriminalitätsquote zeigt ansteigende Tendenz. Nirgendwo in der Welt wird, gemessen an der Bevölkerungszahl, mehr gemordet und vergewaltigt als im schwarzen Johannesburger Millionengetto Soweto. Gewiß, Soweto und Hillbrow vergleichen heißt Äpfel und Birnen vergleichen. Die heile Welt der Weißen produziert zwangsläufig weniger Kriminalität als die kaputte Welt der Schwarzen.

Doch der Verdacht, daß Verbrechen – zumindest statistisch – etwas mit Rasse zu tun haben könnten, ist nicht von der Hand zu weisen. Das hat der rassistischer Umtriebe ganz und gar unverdächtige jüdische US-Autor Charles Silberman widerstrebend in seiner kriminologischen Studie »Criminal Violence, Criminal Justice« konstatieren müssen. Die US-Regierung hat zwar in den sechziger und siebziger Jahren Milliarden und Abermilliarden von Dollar in Sozialprogramme investiert, um die schwarze Minderheit des Landes aus den Niederungen herauszuführen, in die sie zwei Jahrhunderte Diskriminierung hineingestoßen hatte. Doch die Schwarzen suchten ihren eigenen Weg aus der Misere. Die Verbrechensrate stieg zwischen 1960 und den frühen siebziger Jahren um nicht weniger als 200 Prozent.

Verbrechen sind, soziologisch gesehen, Ausdruck eines gesellschaftlichen Zustands. Das ist klar. Aber wie, fragt sich Silberman, ist es zu erklären, daß schwarze US-Bürger erheblich stärker zur Schwerstkriminalität neigen als die Masse der kaum weniger verelendeten Mexikaner und Puertoricaner, die ebenso diskriminiert werden und die kaum weniger unter den Schattenseiten der amerikanischen Leistungsgesellschaft zu leiden haben als die Neger. In New York begehen Schwarze viermal soviele Raubüberfälle wie die zahlenmäßig etwa gleich starken »Hispanics«. In den Südwestsaaten der USA gehen – wenn man relativiert – gebietsweise bis zu siebenmal soviele Schwerstverbrechen auf das Konto der Schwarzen wie auf das der naturalisierten Lateinamerikaner. Sicher hat Silberman recht, wenn er rechtfertigend bemerkt, daß die US-Neger »im Verlaufe ihrer Geschichte in diesem Land mehr Objekt als Initiatoren von Gewalttätigkeit waren«. Aber diesen Trend haben sie inzwischen ins Gegenteil verkehrt.

Erzwungene Rassenintegration bewirkt nicht selten das Gegenteil dessen, was ihre Urheber beabsichtigen. Zum Beispiel in Alabama. In den sechziger Jahren, als Dr. Martin Luther King die weißen Südstaatler gewaltlos Mores lehrte, war Alabama die Hochburg der schwarzen Bürgerrechtsbewegung. Heute ist Alabama ein Brückenkopf des faschistischen Ku-Klux-Klan. Südafrika kann davon lernen: So wie in Alabama macht man es besser nicht.

1942 waren, wie eine Umfrage ergab, 98 Prozent der Weißen von Alabama dagegen, ihre Kinder mit Schwarzen zusammen in eine Schule zu schicken. 1970, nachdem die Wa-

Seiten 62/63: Amandla – Black Power. Die schöne Idylle ist dahin. Demonstranten marschieren mit geballten Fäusten durch die City von Johannesburg.

shingtoner Saubermänner ihre Kampagne über Alabama hinweggeprügelt hatten, waren nur noch 16 Prozent dagegen. Um des weißen Volkes Willen in die Tat umzusetzen, hatte die Regierung von Alabama per »Busing«, also vermittels Einsatz von Autobussen, die zwischen schwarzen und weißen Wohngebieten pendelten, schwarze Schüler in weiße Schulen verfrachten lassen.

Im Sommer 1979, nachdem man fast ein Jahrzehnt lang Erfahrungen mit dem integrierten Schulsystem gesammelt hatte, ließ die »Dardon Research Corporation« im Auftrag Washingtons ihre Interviewer mit den Fragebogen von damals ausschwärmen. Ergebnis: 50 Prozent der Weißen waren nun dafür, die Rassentrennung an den Schulen wieder einzuführen. Über die Gründe schweigt sich die Studie aus.

Rassenprobleme und schwarze Kriminalität in den Vereinigten Staaten gehören zu den Lieblingsthemen der Afrikaans-Presse in Südafrika. Unterschwellig dröhnt die Lehre: Seht her. Das kommt davon, wenn man die Kaffern von der Leine läßt. In den Tagen nach dem großen Blackout in New York, als Haarlem explodierte und plündernde Horden von Schwarzen weite Teile der Stadt in Anarchie stürzten, schwelgten »Burger« und »Transvaler« in Schlagzeilen. Nicht nur aus Schadenfreude freilich. Die Weißen haben Angst vor der Gewalttätigkeit der Schwarzen. So ähnlich wie die meisten Bürger der Weltmacht Sowjetunion noch mehr als drei Jahrzehnte nach dem Ende des Hitlerschen Eroberungskrieges Angst vor der militärischen Mittelmacht Bundesrepublik haben. Dabei ist die Frage erlaubt, was eher einer Fiktion gleichkommt, die deutsche Gefahr für die Russen oder die schwarze für die weißen Südafrikaner.

Was sich unter der Flagge der Bürgerrechte tummelt, hält häufig auch keiner Nagelprobe stand. Die Rassenkrawalle in den Vereinigten Staaten mußten immer erst nachträglich zu Demonstrationen der Freiheit umstilisiert werden. In Wirklichkeit waren es frenetische Plünderorgien, die mit Freiheitswillen nichts zu tun hatten.

Die Schwierigkeit, die geistige und kulturelle Identität der Schwarzen zu respektieren, liegt nicht zuletzt darin, daß sie sie vielfach selbst nicht kennen. Was in Black-Power-Kreisen

mit Widerwillen gesehen wird: Noch immer erzielen Kosmetikfirmen in Süd- und Schwarzafrika stattliche Umsätze mit Tonikum, das dunkle Haut heller macht, und mit Haarwasser, das krauses Haar glättet.
Hilfestellung bei der Identitätsfindung wollte im Sommer 1978 die amtliche »US International Communications Agency« leisten, indem sie – gegen den erklärten Willen der Regierung in Pretoria – auf exterritorialem Terrain den weltweit beklatschten Afronostalgie-Film »Roots« zeigte. Doch das Resultat rief bei den Amerikanern dumpfes Entsetzen hervor. Aufgeklärte Afrikaner, deren politisches Ego ohnehin intakt war, wie die Soweto-Seniorin Elen Khuzwayo, fanden in den Leiden des Kunta Kinte verwertbare Parallelen zur Situation der Schwarzen in Südafrika. Doch die Mehrheit der schwarzen Betrachter vermochte den tieferen Ernst des Passionsspiels nicht nachzuempfinden. Es war in allen Vorstellungen dasselbe: Immer wenn der schwarze Held von seinen weißen Sklavenhaltern besonders grausam mißhandelt wurde, brach das Auditorium in tosendes Gelächter aus.

»Gottes verlorene Rasse«

Wenn Reformen unumgänglich sind, so finden Piet Botha und seine Freunde, dann sollten sie vor allem bei denen ansetzen, die wenigstens noch ein bißchen weißes Blut in sich haben: den *Coloureds*. Die Abkommen jener *Voortrekker*, die es mit der Rassentrennung noch nicht so ernst nehmen wie ihre Enkel, sollen helfen, das immer erdrückender werdende Übergewicht der schwarzen Rasse einzudämmen – einstweilen nur konstitutionell freilich.
Die Vorstellung, daß im Staat der weißen Herrenmenschen künftig auch die »Bruinmense« politische Entscheidungen treffen sollen, ist, unabhängig von allen Realisierbarkeitserwägungen, revolutionär. »Gottes verlorene Rasse«, wie sie von den Predigern der Holländisch-Reformierten Kirche genannt wird, hat immer zwischen allen Stühlen gesessen.
Anders als Schwarze und Inder haben die *Coloureds* nie eine

eigene politische oder kulturelle Identität besessen. Nach dem Willen von Hendrik Verwoerd sollten sie zwar, wie die Schwarzen, eigene, selbstverwaltete Städte bekommen. Aber weil es ihnen an politischem Bewußtsein und somit am kollektiven Durchsetzungsvermögen fehlte, blieb es bei dem Versprechen. Die Burenpartei strich ihnen 1956 sogar das qualifizierte Wahlrecht, das sie bis dahin den Schwarzen vorausgehabt hatten. In den folgenden zwei Parlamentswahlen durften sie immerhin noch vier weiße Abgeordnete ins Kapstädter Parlament schicken. Dies letzte demokratische Privileg fiel 1968 der Zwei-Drittel-Mehrheit der Nationalisten zum Opfer. An die Stelle ihrer Interessenvertreter im Parlament trat der außerparlamentarische *Coloured Representative Council*, der die Regierung in Farbigen-Fragen beraten darf.

Seit den Tagen, da sie mit Piet Retief gegen die Zulus zogen und nach dem gemeinsam erfochtenen Sieg zurück zum Vieh in den Stall kriechen durften, sind die *Coloureds* immer wieder als Muschkoten der Europäer verschlissen worden, ohne daß sie sich andererseits die Sympathie der Schwarzen erschlossen hätten. Für die Neger sind sie »braune Buren« geblieben.

Phonetisch sind sie ebenfalls weitgehend angepaßt. Sie sprechen Afrikaans und heißen Meier, de Villiers, Smith, Vorster und van der Merwe. Auch genealogisch sind sie in derselben Kategorie zu suchen wie die meisten weißen Südafrikaner, die einen Schuß Negerblut in den Adern haben. Von den »Europäern« kann man sie häufig nur mit Hilfe des Belichtungsmessers unterscheiden. So geht's in Südafrika: Ein kleiner Pigmentstoß im pränatalen Stadium, und man steht auf der falschen Seite der Rassenschranke.

Die Praxis der Rassentrennung ist nicht überall gleich einschneidend. Anders als in den von burischer Tradition triefenden Provinzen Transvaal und Oranje und auch im vorsichtig bürgerlich-liberalen Natal stoßen arrivierte *Coloureds* in Kapstadt nur noch im politischen Bereich an die Rassenschranken. Gesellschaftlich sind sie vielfach in die englische Society der Schickeria-Metropole integriert – vorausgesetzt, daß sie Geld und Kultur haben oder wenigstens hübsch sind.

Wohlstand nivelliert Rassengegensätze. In Kapstadt gibt es sogar intime Zirkel, in denen man risikolos einen Seitensprung über die Rassenschranke wagen darf. Allerdings, reinrassige Negerinnen sind noch immer tabu.
Auf den Vorstandsetagen der feinen Handelshäuser und Industrieunternehmen beherrschen die *Coloureds* seit Jahren den Vorraum der wirtschaftlichen Macht. Sekretärinnen und Empfangsdamen, die nach ihrem Teint zwar Weiße, nach dem Paß aber *Coloureds* sind, leisten das gleiche, kosten aber nur die Hälfte. Allein, die *Coloureds* auf der Sonnenseite von Kapstadt sind einstweilen nichts als eine quantité negligeable. Typisch ist schon eher das Schicksal des Piet Swaartkopp aus Guguletu auf der Kap-Halbinsel.

Mit achtzehn ein Wrack

Was aus Piet hätte werden können, wenn er im Nobelvorort Constantia geboren worden wäre statt in *Malay Quarter*, ist für die Beurteilung seiner Laufbahn zweitrangig. Er hätte es so und so nicht geschafft, meint Piet. Schließlich schlägt der Suff ohne Ansehen der Hautfarbe zu.
Piets Vater war Laufbursche in einer Weinhandlung in Wynberg. Er verdiente nicht schlecht, jedenfalls soviel, daß es zum Leben reichte und für ein kleines Häuschen mit Garten auch. Der weiße Baas war ein guter Kerl. Er gab Piets Vater immer reichlich zu trinken mit, so reichlich, daß es für die ganze Familie reichte. Es waren nicht gerade die edelsten Kreszenzen. Aber man war ja nicht verwöhnt. Piet durfte immer mithalten. Schon als er zwölf war, konnte er eine ganze Flasche Roten kippen, ohne mit der Wimper zu zucken. Er war der Stolz seines Vaters.
Mit fünfzehn schaffte Piet eine halbe Gallone am Tag. Und mit achtzehn war er Alkoholiker. Die Schule hatte er mit Glanz absolviert. In der Lehre galt er als Primus und als Liebling des Chefs. Aber dann zog der Alkohol ihn runter. Und als er dann noch mit Dagga anfing, einem haschischähnlichen Kraut, das Leber und Milz angreift, war sein Abstieg programmiert.

Mit zwanzig Jahren gehörte Piet Swartkopp zum Trash, wie die Weißen die nicht mehr arbeitsfähige farbige Bevölkerung nennen. Seinen Job war er längst los. Sein Vater hatte ihn rausgeschmissen. Um zu überleben, handelte er mit Dagga. Im Sommer schlief er in Autowracks auf einem Schrottplatz im District Six. Im Winter schlüpfte er bei Flanny unter, einer ehemaligen Klassenkameradin, die in Guguletu auf den Strich ging, obwohl sie stets behauptete, Blumenfrau zu sein.

Es wäre wohl eine ganze Weile so weitergegangen, wenn Flanny nicht eines Nachts die Typen vom verbotenen *African National Congress* (ANC) angeschleppt hätte. Die Polizei saß ihnen auf den Fersen. Aber das erfuhren sie erst, als die Cops schon vor dem Haus standen. Sie fragten nicht lange nach Einlaß, sondern traten gleich die Tür ein. Und dann ging's zur Sache.

Einem von den *Congress*-Leuten schlugen sie mit dem Knüppel den Schädel ein. Einem anderen riß der Schäferhund, den die Cops mitgebracht hatten, buchstäblich den Arm in Fetzen. Piet hatte mit der ganzen Sache eigentlich nichts zu tun. Er wollte durchs Hinterfenster türmen. Aber die Polizeibeamten hielten ihn zurück. Zu zweit fielen sie über ihn her. Und dann kam noch der Hund dazu. Sie brachen ihm beide Beine, das linke gleich dreimal. Der Schäferhund riß ihm den rechten Unterarm auf. Piet sah erbarmungswürdig aus hinterher.

Ein Chirurg hätte eine Menge retten können. Aber in Guguletu gibt es keine Chirurgen. Die wenigen schwarzen Ärzte von Kapstadt wohnen am anderen Ende der Stadt. Sie operieren für die schwarze Elite. In den Slums ist für einen Arzt nicht viel zu verdienen. Und mit der Solidarität zwischen unstudierten und akademischen Schwarzen ist es nicht zum besten bestellt in Südafrika.

Heute ist Piet Swartkopp ein Krüppel. Selbst wenn er das Saufen ließe, könnte er nicht mehr arbeiten. Er geht am Stock. Und auch der Arm ist hin. Dabei kann er noch von Glück sagen, daß die zwei Cops ihn nicht angezeigt haben. Sonst säße er gar noch im Knast mit seinen kaputten Gliedern.

Piet Swartkopp verdient sich jetzt, was er zum Leben und zum Saufen braucht, als Hehler. Er hat es eine Weile als Zocker versucht. Aber weil der Alkohol ihn fahrig gemacht hat, ist er auf den Handel mit Sore umgestiegen. Das ist eine relativ risikofreie Beschäftigung. Solange er keine Diamanten und Straßenkreuzer im Sortiment hat, lassen die Polizisten ihn in Ruhe. Piet revanchiert sich ab und an mit einem kleinen Tip an die Kriminalpolizei.

Weil er es nie anders gekannt hat, findet Piet die nach Rassen gegliederte Gesellschaft in Ordnung. Er lebt zwar mit Schwarzen Tür an Tür. Aber er hält auf Distanz. »Wenn man den Kaffern eine Hand reicht«, sagt Piet, »dann wollen sie gleich den ganzen Mann.« Nur verständlich, daß er auch hinter der *job reservation* stand, die *Coloureds* ebenso wie Weiße gegen die Konkurrenz des schwarzen Subproletariats schützte – obwohl Piet Swartkopp davon ja nie profitieren wird.

Die *Coloureds* – ein Volk im Tran

Piet Swartkopp stört sich nicht sonderlich daran, daß die Regierung den *Coloureds* das Wahlrecht vorenthält. Politische Rechte sind was für Baas-Leute, etwas Abstraktes, mit dem er nichts anfangen kann. Nur eines ärgert ihn: »Meine Familie lebt seit van Riebecks Zeiten in Kapstadt. Ich kann Englisch, Afrikaans, Xhosa und Gamtaal (ein vorwiegend von *Coloureds* gesprochenes Afrikaans-Pidgin). Und dann kommen diese ganzen lausigen Bastarde aus Italien und Griechenland und sind gleich der Boß, obwohl sie nichts sprechen als ihre verdammte Spaghetti-Sprache.« Natürlich sind das hochpolitische Reflexionen. Piet weiß es nur nicht.

»Die *Coloureds*«, so hatte schon 1910 der damalige Premierminister der Kap-Kolonie, John Merriman, gewarnt, »sind ein schlafender Vulkan. Der verdrängte Haß muß eines Tages in eine vernichtende Flut von Gewalt ausbrechen. Es war immer so in der Geschichte.«

Doch mit den *Coloureds* läßt sich die Geschichte Zeit. Das liegt, wie Landeskenner vermuten, nicht zuletzt am Wein.

Das billige Rebengesöff, das in den lizensierten Spirituosenläden für einen Rand die Gallone verkauft wird, ist für die Emanzipation der *Coloureds* ein retardierendes Element erster Ordnung.
1975 flossen 70 Millionen Gallonen Wein durch südafrikanische Kehlen, 90 Prozent davon durch die der *Coloureds.* Neun Zehntel des Weinkonsums auf ein Zehntel der Bevölkerung. Das ist »eine wahrhaft heroische Rate von Alkoholismus«, beobachtete E. J. Kahn vom amerikanischen Schöngeister-Magazin »The New Yorker«. Dabei sind auch die Buren von altersher als stramme Trinker bekannt. Kein Volk auf der ganzen Welt – Bayern, Iren und Russen eingeschlossen – ist dermaßen total dem Suff verfallen wie die *Cape Coloureds.*
Wie man ganze Völker durch gezielte Alkoholisierung moralisch auf Null bringt, ist aus den Kaffernkriegen und aus der Besiedlung des amerikanischen Westens bestens bekannt. Wie die Voortrekker mit den Zulus und die Squatter mit den Rothäuten, so hielten es die Kap-Farmer mit den *Coloureds.* Bis heute beziehen viele farbige Landarbeiter einen Teil ihres Lohns in flüssiger Währung. Das ist billiger und gleichzeitig strukturerhaltend. Ein weißer Farmer von der Kap-Halbinsel hat dem »Washington Post«-Korrespondenten Jim Hoagland das System erläutert: »Den ersten Schluck kriegen sie um halb fünf in der Frühe. Und wenn es dunkel wird, haben sie zwei Buddeln im Kopf.« Die Folgen beschrieb ein Verwandter des Farmers dem Berichterstatter: »Die *Coloureds* auf unserer Farm sind vollkommen entmannt. Sie haben überhaupt keine Kraft mehr, sich selbst und ihre Frauen zu schützen.«
Der Massentranquilizer, der die Arbeiter in den Bahnen der hergebrachten »Master-Servant«-Ordnung hält, hilft auch, das politische System zu stabilisieren. Ein Volk im Tran macht keine Revolution.
Wenn der Vulkan, den Expremier Merriman schon anno zehn kurz vor dem Ausbruch wähnte, nunmehr hörbar zu rumoren beginnt, dann nur, weil ihm die Buren zusätzlich eingeheizt haben. Gegen die heftige Kritik der Opposition haben die Behörden des Kaplandes, wo rund drei Viertel der *Coloureds* leben, den größten Teil der städtischen farbigen

Bevölkerung – nach Maßgabe des *group areas act* von 1950 – ebenso rabiat und konsequent entwurzelt wie die Schwarzen. Spätestens seit der Vertreibung aus den Wohngebieten, die zum Teil jahrhundertelang ihre Heimat gewesen waren, begann es den *Coloureds* zu dämmern, daß die von den Weißen kultivierte historische Allianz von Braun und Weiß ein Trugbild ist. David Curry, Versicherungsagent aus Stellenbosch und Vizevorsitzender der oppositionellen, wenn auch außerparlamentarischen *Labour Party*, sagt, wo's seiner Ansicht nach in den nächsten Jahren für politisch bewußte *Coloureds* langgeht: »Die Weißen haben uns in dasselbe Boot mit den Schwarzen gezwungen. Deswegen wollen wir nun auch mitrudern.«

Die jugendlichen Demonstranten, die im September 1976 in Kapstadt auf die Straße gingen, trugen Plakate vor sich her, auf denen die gleichen Slogans zu lesen waren wie ein Vierteljahr zuvor auf denen der Schüler von Soweto: »Amandla – Black Power«. Die farbigen Jungtürken verstehen sich nicht länger als *Coloureds*, sondern als Schwarze. Ihr Anteil an der Masse der *Coloureds* freilich wird nicht höher veranschlagt als der der arrivierten Kapstädter Society-Löwen. Aber der Keim zu Revolutionen wird bekanntlich immer von Minderheiten gelegt. Auch die blutigen Krawalle, die im Sommer 1979 erschütterten, waren das Werk einer Minderheit. Und die Geschichte fragt nicht mehr danach, ob eine Revolution mit dem Sturm auf die Bastille oder mit einem Proteststreik gegen eine Schnapspreiserhöhung begonnen hat.

Was freilich die Solidaritätsproklamationen zu verschleiern suchen: Weiße und die große Mehrheit der *Coloureds* sind gleichermaßen von dem Wunsch beseelt, sich nicht von den Afrikanern majorisieren zu lassen. Die gemeinsame Angst vor der schwarzen Gefahr hält sie zusammen – bei allem, was sie trennt.

Zwischen allen Stühlen – die Inder

Juniorpartner in der Allianz der »Khakifarbenen«, wie Zyniker sie nennen, sind die Asiaten. Sie müssen die Emanzipation der Schwarzen noch mehr fürchten als die Europäer.
Die Vorväter der 700000 südafrikanischen Inder waren in den letzten drei Jahrzehnten des vergangenen Jahrhunderts aus Mauritius und Bombay nach Natal eingewandert. Sie sollten die einheimischen schwarzen Arbeitskräfte ablösen, die den englischen Zuckerbaronen nicht fleißig genug waren. Doch mit den Zuckerrohrschneidern, den »Passagierindern«, wie man sie nannte, kam auch qualifizierteres Volk aus Indien ins Land: Händler, Ärzte, Akademiker, die in Südafrika eine neue Existenz suchten. Die meisten waren Hindus, weniger die noblen Kasten als vielmehr Parias, die daheim keine Entwicklungschancen hatten.
Die Inder sind, wie die anderen Volksgruppen, Leidtragende des *group areas act*. Sie dürfen nur in geschlossenen Siedlungen wohnen, die die Regierung ihnen zugewiesen hat. Und sie dürfen sich nur hinter der sozialen Schranke bewegen, die Weiße von Nichtweißen trennt. Die Väter der *colour bar* haben für sie sogar eine Reihe von zusätzlichen Restriktionen erfunden. So dürfen Inder aus Natal nur mit einer Sondergenehmigung die Nachbarprovinz Transvaal besuchen. Im klassisch-konservativen Oranje-Freistaat sind sie gänzlich unerwünscht. In erster Linie, weil die Buren ihr Kaufmannstalent fürchten. Ihre Geschäftstüchtigkeit wird durch eine Fülle von Verordnungen und Gesetzen eingeengt.
Trotzdem haben sich die Inder leichter als die Schwarzen mit dem Unrecht der Rassendiskriminierung abgefunden. Die Apartheid konnte ihnen – es sei denn, sie kamen von Mauritius – nichts Neues bieten. Das indische Kastensystem ist in seiner Konsequenz mindestens ebenso rigoros und brutal wie die »getrennte Entwicklung« in Südafrika. Daß die indische Klassengesellschaft nicht per Gesetz legitimiert ist, nimmt ihr nichts von ihrer sozialen Durchschlagskraft.
Weil sie die Apartheid nicht als wesensfremd empfanden, haben die Inder auch nie organisiert dagegen gekämpft. Der

South African Indian Congress, die profilierteste politische Gruppe der südafrikanischen Inder, verstand sich denn auch stets eher als eine Art Lobby-Club denn als Kongregation von kämpferischen Bürgerrechtlern.

»Wir sitzen in einem Boot mit allen Unterdrückten Südafrikas«, lehrt die indische Universitätsdozentin und Bürgerrechtlerin Fatima Meer aus Durban. »Wir lassen von den Weißen keinen Keil zwischen uns und die schwarzen Afrikaner treiben.« Das brauchen sie auch nicht. Den Keil nämlich haben sie selbst zwischen die braune und die schwarze Rasse getrieben. Denn es bedurfte nicht der Apartheid-Gesetze, um das segregistische Element im Naturell der Asiaten zu wecken. Sie wohnten schon von Weißen und Schwarzen getrennt, als noch kein Gesetz es ihnen vorschrieb.

Kaufmännische Cleverness und Popularität schließen einander bekanntlich aus. Das haben ebenso wie die Juden in Europa, die Chinesen in Südasien und die Libanesen in Westafrika, auch die Inder in Süd- und Ostafrika erfahren müssen. Ihre kaufmännische Begabung hat den Indern Südafrikas gleichermaßen den Haß der Weißen und den Haß der Schwarzen eingetragen. Der geschmeidigen Schlitzohrigkeit der Inder sind auch die Buren nicht gewachsen.

Ausnahmen bestätigen die Regel. So berichtete der indische Kaufmann E. Khalil 1973 einem Gericht in Johannesburg, er habe einen Weißen ohne Gegenleistung mit 51 Prozent an seinem Geschäft beteiligt, »um den Eindruck zu erwecken, meine Geschäfte seien weiß«. Als der Laden lief, so Khalil, habe der weiße Strohmann ihn einfach vor die Tür gesetzt.

Das Gericht bedauerte. Khalil verlor den Prozeß. »Auf diese Weise«, entrüstete sich die »Sunday Tribune« in Durban, »beziehen viele Weiße fette Einkommen, nur weil sie die richtige Hautfarbe haben.«

In ihrer Antipathie gegen die »Pepper Citizens« (etwa: Pfeffersäcke) verbünden sich zuweilen Schwarz und Weiß zu konzertierter Aktion. 1949 entlud sich der Neid der Schwarzen auf die Inder in einem blutigen Pogrom. Tagelang zogen Zulubanden marodierend durch die Straßen von Durban und machten mit Knüppeln und Haumessern die Inder nieder, wo sie sie trafen. Sie plünderten indische Geschäfte

und steckten indische Häuser in Brand. In weniger als einer Woche starben 130 Menschen.
Ihre weißen Herren freilich ließen die Schwarzen unbehelligt. Nicht einem einzigen Europäer wurde ein Haar gekrümmt. Die weiße Polizei sah tatenlos zu, wie die schwarzen Mordbrenner indische Fahrgäste aus Autobussen zerrten und sie in Stücke hackten. Angeblich hatten die Behörden sogar einen Zubringerdienst eingerichtet, der die Killertrupps zu ihren Einsatzorten brachte. Fahrzeuge stellte die »Coca Cola of South Africa«. Das Massaker blieb ohne strafrechtliche Folgen. Die Inder übten kärgliche Revanche, indem sie eine Weile keine Coca-Cola mehr tranken.
Anderswo in Afrika erging es den Braunen nicht viel besser. Was Idi Amin, Hastings Banda, Julius Nyerere und die Buren verbindet, das ist der gemeinsame Haß auf die »Curries«. Aus Tansania haben sie sich unter dem Druck von unverhüllt rassistischen Pressionen fast ganz zurückgezogen. Nur unbedeutende Reste blieben im Land. Aus Uganda wurden sie unter gesamtafrikanischem Beifall herausgeprügelt. In Malawi dürfen sie nur noch in Gettos wohnen, die ihnen der Staat zugewiesen hat – ganz wie in Südafrika. Was die weißen und die schwarzen Afrikaner in ihrem Groll gegen die Inder vereint, das hat der begnadete Vereinfacher Idi Amin auf diese Formel gebracht: »Sie (die Inder) wollen Mutter Afrika ausbeuten. Aber sie wollen sie nicht lieben.« Nur einmal, so Amin, wolle er erleben, daß ein Afrikaner eine Inderin heiratet. Er werde persönlich zur Hochzeit kommen. Er hat sich nie bemühen müssen.
Um die ungeliebten Braunen loszuwerden, bot ihnen die Verwoerd-Administration in den sechziger Jahren die kostenlose Heimführung nach Indien an – Handgeld obendrauf. Aber noch nicht einmal hundert Inder machten von der Offerte Gebrauch. Das Leben in Wohlstand und Unfreiheit war ihnen allemal mehr wert als das Leben in Freiheit und Armut, das sie im Lande ihrer Väter erwartete. Ganz abgesehen davon, daß sie einige Mühe gehabt hätten, überhaupt eine Aufenthaltsgenehmigung in Indien zu bekommen.

»Hängt Gandhi an den Apfelbaum«

Einer der wenigen, die dem Kap freiwillig den Rücken wandten und nach Indien heimkehrten, war Mohandas Karamchand, genannt Mahatma Gandhi, der zähe Altvater des gewaltlosen Widerstands und spätere Befreier Indiens. Rechtsanwalt Gandhi war 1893 über London nach Südafrika gekommen. Gleich nach seiner Ankunft war es aus mit der stummen Duldsamkeit der braunen Muschkoten. Gandhi gründete den *Natal Indian Congress* und schärfte mit gewaltlosen Widerstandsaktionen das Selbstbewußtsein seiner Landsleute. Er wiegelte die indischen Arbeiter in den Industrien Natals zum Streik gegen ihre Arbeitgeber auf. Er gründete eine Zeitung und ein Krankenhaus und ließ sich – angetan mit Vatermörder und Stehkragen – mehrfach in weißen Eisenbahnabteilen verhaften.

Gandhis Feldzug gegen die Unterdrücker war nicht ungefährlich. Bei der Rückkehr von einer Indien-Reise, die er zu heftigen Ausfällen gegen die Buren und Engländer genutzt hatte, wurde er in Durban von einer lynchlustigen Menge empfangen. Der Mob richtete ihn böse zu, und nur das Eingreifen der Polizei bewahrte ihn im letzten Moment vor dem Strick.

Durbans Polizeichef Alexander rettete Gandhi am selben Tag ein zweites Mal, indem er den blutrünstigen Pöbel vor Gandhis Haus solange ablenkte, bis der durch die Hintertür entschlüpft war. Alexander reckte im Verein mit der aufgebrachten Menge die Fäuste gegen das Haus und skandierte munter mit: »Hängt den alten Gandhi an den Sauerapfelbaum.« Währenddessen verkleidete sich der Mahatma mit einer Polizistenuniform und einem eisernen Kochtopf als Helm in einen Polizeikonstabler und schlich sich unerkannt aus dem Haus.

Die Strategie des Mahatma zielte lediglich auf die Befreiung der eigenen Rasse. Die Schwarzen waren ihm herzlich gleichgültig. Deshalb kam es auch nie zu der braunschwarzen Aktionseinheit, die die Legende später um ihn herumgestrickt hat. »In diesem Land der schwarzen und weißen Kaffern«, knurrte er bei der Ausreise im Jahr 1915, »wird

man die Sprache der Freiheit niemals verstehen.« Und es steht zu vermuten, daß er seine Landsleute in dieses böse Verdikt mit einschloß.
Gandhi stand auch bei seiner Abreise aus Südafrika noch mit beiden Füßen fest auf dem Boden des britischen Imperialismus, dessen Geist man ihm während seines Studiums in London eingetrichtert hatte. Er hatte im letzten Burenkrieg freiwillig auf britischer Seite als Feldwebel mitgefochten. Indien und Großbritannien waren für ihn zwei Hälften eines einzigen Heimatlandes, der Rest der Erde eine Welt voll Barbaren – Buren und Neger selbstverständlich eingeschlossen.
Nach Gandhi kam lange Zeit gar nichts mehr. Die Opposition gegen den Klassenstaat, der sich bei seinem Abgang legalistisch zu konturieren begann, bekam erst durch Albert Luthuli und Gatsha Buthelezi wieder neue Impulse. Wäre der Mahatma ein paar Jahre länger am Kap geblieben, dann wäre vielleicht Indien heute noch Kolonie und Südafrika eine Demokratie. Wer weiß...

Verfassungsalchimisten

Die 18 Millionen Schwarzen sind durch die Bildung der halbautonomen Bantustans – zumindest verfassungstheoretisch – neutralisiert. Nun müssen noch zweieinhalb Millionen *Coloureds* und eine Dreiviertelmillion Inder in Piet Bothas Rassen-Utopia plaziert werden. John Vorster hat den Weg dahin bereitet. Nach den Vorstellungen seiner Verfassungsalchimisten, die die Botha-Administration weitgehend übernommen hat, sollen die *Coloureds* und Asiaten in eigenen Parlamenten über ihre eigenen Angelegenheiten bestimmen. Die zwei Kammern wiederum, so ist es vorgesehen, werden in einem braunweißen »Zentralen Exekutivrat« anteilig an der politischen Macht beteiligt. Der elfköpfige Exekutivrat soll aus sechs Weißen, drei *Coloureds* und zwei Asiaten bestehen. Für den Fall, daß sich ein weißer Quisling in das höchste Regierungsgremium einschleichen sollte, haben die Väter der Verfassungsnovelle eine Umverteilung der Macht zugunsten des Staatspräsidenten vorgesehen, der selbstverständlich von der weißen Bevölkerungsmehrheit gestellt wird.

Zwei Tage nach dem Ausbruch der Soweto-Unruhen erschien in Kapstadt der »Theron-Report«, eine Art Richtungspapier, das eine Untersuchungskommission unter Führung der Abgeordneten Erika Theron in einer ganzjährigen Studie erarbeitet hatte. Die Theron-Kommission empfahl im Grunde nicht mehr und nicht weniger als die gesetzliche Gleichstellung der *Coloureds* mit den Weißen, im einzelnen die Abschaffung des *group areas act*, des *mixed marriage act*, der den Weißen den Geschlechtsverkehr mit *Coloureds* untersagt, und die soziale Gleichstellung von farbigen und weißen Arbeitnehmern. Die Regierung reagierte auf die Vorschläge der Theron-Kommission mit einem eilig zu Papier gebrachten Donnerwetter. Nach Tische aber sah man's anders.

Die von Vorster vorgelegte Verfassungsnovelle geht in wesentlichen Punkten sogar über die Vorschläge der Theron-Kommission hinaus. Soweto und die geistigen Folgen haben in Pretoria und Kapstadt die Erkenntnis reifen lassen, daß die weiße Rasse in Südafrika das farbige Element stärker als bisher in ihre Zukunftspläne mit einbeziehen sollte. Wenn das Bantustan-Kalkül nicht aufgeht, läßt sich mit Hilfe der *Coloureds* – wenn auch nur numerisch – das Mißverhältnis zwischen dem weißen und dem schwarzen Bevölkerungselement halbwegs ausgleichen.

Augenwischerei, Verfassungsmanipulation...? Selbst Helen Suzman, die wackere Streiterin gegen die Burenhegemonie, hält das trirassiale Verfassungsmodell für einen »Schritt in die richtige Richtung«. In den Plänen der *Progressive Federal Party* (PFP), die ihre Politik – wie schon der Name andeutet – für das Nonplusultra progressiver Rassenpolitik hält, tauchen Elemente auf, die denen von Piet Bothas Reformkonzept recht ähnlich sind.

Die Progressiven wollen den künftigen südafrikanischen Staat von einem Zentralparlament regieren lassen, das aus zwei nach dem Verhältniswahlrecht zusammengesetzten Kammern besteht. Hier soll über nationale Fragen der Außen-, Verteidigungs- und Finanzpolitik entschieden werden. Die Gesetzgebung für Zweit- und Drittrangiges wie Soziales und Regionales ist Sache der Parlamente in den einzelnen Provinzen.

Damit die Weißen nicht von den Farbigen majorisiert werden können, haben auch die Progressiven in ihr Zukunftsmodell konstitutionelle Sicherungen eingebaut. Politische Gruppen, die über mindestens zehn Prozent der Sitze im Zentralparlament verfügen, so sieht es das Verfassungskonzept der Progressiven vor, sollen jedes Gesetz durch ihr Veto blockieren können. Ein wahrhaft bestechender Plan. Nur leider nicht praktikabel. Er setzt eine interfraktionelle Harmonie voraus, die es nur in totalitären Pseudoparlamenten gibt.

BANTUSTANS

Deponien für Menschenmüll

Als Schwarzer in einem weißen Gebiet zu leben, das ist das Zweitschlimmste, was einem in Südafrika passieren kann. Noch schlimmer ist es, als Schwarzer in einem der schwarzen Gebiete der *Bundus* zu leben. 1975, im Jahr vor der Unabhängigkeit des ersten Bantustans, wohnten gut acht Millionen Afrikaner in den Reservaten, die ihnen 1936 durch eine Novelle des *native land act* zugestanden worden waren. Aus den rund 200 Fragmenten sollen insgesamt neun Bantustans entstehen. Aus optischen Gründen hat Pretoria die drei wirtschaftlich solidesten *homelands* zuerst in die Unabhängigkeit entlassen: die Transkei im Südosten, Venda im Norden und Bophutatswana im Nordwesten. Die weniger solventen Halbstaaten sollen später folgen, wenn das Interesse der Weltöffentlichkeit nachgelassen hat.

In Venda, Bophutatswana und der Transkei reicht es zum Überleben, in anderen *homelands* dagegen oft nicht.

Die statistischen Prahlereien der Bantu-Behörden über den im Vergleich zu Restafrika exorbitant hohen Lebensstandard der südafrikanischen Schwarzen unterscheiden nicht zwischen städtischer und ländlicher Bevölkerung. Sie erfassen propagandistisch den schwarzen Haste-was-biste-was-Wohlstand von Pioneer Avenue in Soweto, aber nicht das bittere Elend der acht Millionen in den *homelands*.

Wer im *homeland* wohnt, gehört zum Schrott, zum nicht mehr oder noch nicht für das Wirtschaftswachstum verwertbaren Ausschuß: alte Leute, Krüppel, Invaliden, Kleinkinder. Sie leben von den Apanagen ihrer arbeitsfähigen Verwandten in den Städten.

Wie viele Menschen von Staats wegen entwurzelt wurden, hat keine Behörde je erfaßt. Das Bantu-Ministerium führt über derlei Trivialitäten nicht Buch. Das unabhängige »Institut für Rassenbeziehungen« schätzt, daß von Mitte der fünfziger Jahre bis heute mindestens sechs Millionen Menschen Opfer der Massendeportation wurden. Wie viele davon heimlich zurückgekehrt sind und heute außerhalb der Legalität in den Slums am Rande der Großstädte leben, ist allerdings nirgendwo festgehalten.

Trotz aller Restriktion und Repression wollen sich die Schwarzen aus den weißen Gebieten einfach nicht zurückziehen. Weil die Afrikaner sich so schnell vermehren, kann die Regierung nicht so schnell deportieren, wie die Schwarzen nachwachsen.

Nach Piet Koornhof, dem als progressiv eingeführten Minister für Bantu-Angelegenheiten, stellt sich die Botha-Partei den schwarzweißen Bevölkerungsproporz Südafrikas im Jahr 2000 so vor: sechs Millionen Schwarze und acht Millionen Weiße in der Republik, achtzehn Millionen Schwarze in den Bantustans. Doch die immensen Geburtenraten in den schwarzen Gettos lassen wenig Hoffnung auf Planerfüllung. Piet Koornhof räumt immerhin ein: »Es sind unsere Optimalzahlen. Man muß da flexibel bleiben.«

Um die »schwarze Flut« einzudämmen, war der Regierung – zumindest zu Vorsters Zeiten – nahezu jedes Mittel recht. Weiße Ärzte an schwarzen Krankenhäusern, so berichtete 1976 der deutschstämmige Gynäkologe Martin Wolf, hätten bei Routineoperationen massenhaft ahnungslose schwarze Patientinnen vermittels Tubenligatur sterilisiert. Wer die meisten Neger unfruchtbar mache, so habe ihm ein Kollege am Hospital in Krugersdorp gesteckt, bekomme eine Goldmedaille vom Premierminister, fürwahr eine recht fragwürdige Methode, ärztliches Schaffen zu belohnen.

Bei der letzten Volkszählung im Jahr 1970 lebten in den städtischen Regionen acht Millionen Afrikaner, ebensoviele wie in den *homelands*. Und weil der Arbeitskräftebedarf schneller gewachsen ist als die Bevölkerung, kann sich das Verhältnis kaum spürbar verändert haben. In den *townships* wohnen allein zwei Millionen Wanderarbeiter ohne Familien, ein Teil freilich aus Mosambik, Swasiland, Botswana, Lesotho und Malawi.

Der Konstanzer Historiker und Südafrika-Kenner Hans Bilger schätzt, daß in Südafrika rund acht Millionen Menschen von den Auswirkungen des Wanderarbeitersystems betroffen sind: Frauen ohne Ehemänner, Kinder ohne Väter. Und die Architekten der Apartheid scheuen sich nicht, die Abfallgruben für menschlichen Müll auch noch *homelands* zu nennen – Heimatländer...

Wo man nur noch heulen kann

Die *homelands*, schrieb Jim Hoagland, der langjährige Südafrika-Korrespondent der »Washington Post«, das sind »places for weeping«, Orte, an denen man nur noch heulen kann. Sie liegen meist in entlegenen Ecken des Landes, die nur schwer zugänglich sind und wenig Aussicht haben, je den Anschluß an die wirtschaftliche Entwicklung der städtischen Gebiete zu finden. Die Menschen leben von der Rudimentärlandwirtschaft. Sie bauen auf meist kollektiv bewirtschafteten Äckern Mais ausschließlich zum Eigenbedarf an. Handelsaustausch findet praktisch nicht statt. Die *homelands* haben nichts zu bieten. Zum Beispiel Dientje.

Man kann Dientje von der Schnellstraße aus sehen, die an dem berühmten Blyde River Canyon entlangläuft. Das unterscheidet Dientje von den meisten anderen *townships*, die irgendwo im wegelosen Busch liegen. Hin und wieder kommen Europäer zu Besuch, die Anschauungsmaterial über den Apartheid-Alltag suchen. Der Zutritt zu *townships* ist zwar ohne besondere Erlaubnis der Behörden und ohne Begleitung eines »Dolmetschers« nicht erlaubt. Aber wer trotzdem hingeht, riskiert höchstens die Ausweisung.

Die Gründung von Dientje fällt ins Jahr 1960. Die Neusiedler waren Opfer der ersten großen Umsiedlungswelle. Sie wurden auf Lastwagen verladen und draußen im *Veld* wieder abgeladen. Pro Familie gab es ein Grundstück, knapp zwanzig Meter im Quadrat. Darauf sollten sie künftig leben. Es reichte gerade für eine Hütte und einen kleinen Acker, auf dem man Mais, Maniok, Bohnen und Kartoffeln anbauen konnte. Eine Vier-Wochen-Ration, nicht mehr.

Die erste Nacht wird Lucas Mokoni nicht vergessen. Es regnete in Strömen, als sie ankamen. Das Vieh, das sie auf der Farm südöstlich von Pretoria besessen hatten, hatte zurückbleiben müssen. Man hatte ihnen gesagt, sie könnten es später nachholen. Aber daraus wurde nichts. Hinterher hieß es, das Vieh sei krank gewesen und gestorben. Wer kann das prüfen?

Wie stand es mit der Entschädigung?

Lucas lächelt müde: »Wenn in Transvaal ein schwarzer Landarbeiter einem weißen Farmer mit einem Entschädigungsprozeß droht, dann ist das so, als ob die Transkei der Republik Südafrika mit Krieg droht.«

Lucas Mokoni und seine Frau Esther besaßen nichts als zwei Pappkoffer mit Kleidungsstücken und die nötigsten Utensilien: ein Bett, zwei Kochtöpfe, ein gerahmtes Bild der Jungfrau Maria, ein bißchen Krimskrams. Es regnete, als sie von dem Laster kletterten. Bereits ein paar Minuten nach ihrer Ankunft waren sie bis auf die Haut durchnäßt. Es war Herbst. Über den Witwatersrand pfiff ein eisiger Wind. Der Fahrer des Lastwagens, mit dem sie gekommen waren, hatte ihnen ein Stück Zeltplane zurückgelassen. Das reichte gerade, um die Kinder vor dem Regen zu schützen. Lucas und Esther verbrachten die Nacht im Freien.

Am nächsten Tag besorgte Lucas von einer Müllhalde in der Nähe ein großes Stück Wellblech. Dann grub er mit ein paar Männern ein Loch und deckte es mit dem Blech ab. Das half über die ersten Tage hinweg. Wasser mußten sie aus einem zwei Kilometer entfernten Dorf holen. Weil es auf dem kahlen *Veld* kein Brennholz gab, bastelte Lucas aus einem rostigen Ölkanister einen Petroleumofen zum Kochen. Sie hatten knapp hundert Rand gespart, genug, um ein paar Wochen zu überleben. Es gab nichts als *Papp*, gesalzenen Maisbrei ohne Fleisch. Aber viel besser hatten sie auf der weißen Farm auch nicht gegessen.

Nach zwei Wochen starb Ezekiel, der Jüngste, am Fieber. Sie hatten für zwei Rand fünfzig extra einen Zulu-Medizinmann aus dem Nachbardorf kommen lassen. Doch der hatte auch nicht helfen können. Der schwarze Doktor, der den Totenschein ausstellte, sagte, sie hätten den Kleinen retten können, wenn sie rechtzeitig einen richtigen Arzt konsultiert hätten. Lucas versprach, nächstens umsichtiger zu sein,

obwohl er wußte, daß Ärzte in Dientje in der Regel nicht zu den Lebenden kommen.
Dientje ist inzwischen von damals knapp fünfzig auf über tausend Einwohner gewachsen. Lucas Mokoni und seine Familie wohnen in einem festen Steinhaus. Lucas arbeitet als Hilfsarbeiter in einem Sägewerk. So kommen sie ganz gut über die Runden. Allerdings ist Lucas 13 Stunden am Tag unterwegs. Zehn Stunden Arbeit, zwei Stunden Busfahrt, eine Stunde Fußmarsch. Er klagt nicht. Die meisten anderen Männer in Dientje wären froh, wenn sie seinen Job hätten. Jeder zweite ist arbeitslos. Und von den Arbeitslosen wiederum hat kaum jeder zweite eine reelle Chance, je wieder eine Stellung zu finden. Die Farmen, auf denen sie früher gearbeitet haben, sind wegsaniert. Und der Arbeitsmarkt in den Städten ist übersättigt.

Dientje und die weißen Christen

Von Dientje aus kann man den Rand des Canyons sehen. Die Weißen kommen oft Hunderte Kilometer weit her, um sich daran zu ergötzen. Drei Kilometer von Dientje entfernt hat die Provinzregierung von Transvaal ein Feriendorf für Weiße gebaut mit Kino, Swimmingpool, Tennisplätzen und Supermarkt. Und in Dientje müssen Kinder nach schlechten Ernten gekochte Kartoffelschalen essen, weil es nicht mal mehr zum obligaten Maisbrei langt.
Vor ein paar Jahren war mal ein Landwirtschaftsberater aus dem Bantu-Ministerium da, um die Ertragsfähigkeit des Bodens zu prüfen und Ratschläge für den Anbau von Feldfrüchten zu geben. Er hat sehr sorgenvoll dreingeschaut und gemeint, mit einem guten Kunstdünger sei auch aus diesem Boden noch etwas herauszuholen. Ja, gewiß. Aber guter Kunstdünger kostet gutes Geld. Man muß eben nehmen, was der Boden ohne Kunstdünger hergibt.
Bis vor ein paar Jahren gab es auch Rinder und Ziegen in Dientje. Weil sie nur wenig Gras zwischen den Hütten fanden, waren sie ziemlich mager. Aber man hatte wenigstens Milch und dann und wann auch mal ein ordentliches

Stück Fleisch im Topf. Doch dann wurde Dientje reklassifiziert, von der Landwirtschaftsgemeinschaft zur *township* umfunktioniert, in der kein Vieh gehalten werden durfte. Die Leute von Dientje mußten ihre Kühe und Ziegen schlachten.

Die Richtnorm für das Leben in Dientje ist das Existenzminimum. Niemand muß wirklich hungern. Wenn es ganz schlecht um die Ernährung steht, greift die Regierung mit Lebensmittellieferungen ein. Ansonsten gelten die Bedürfnisse der Bevölkerung als befriedigt, solange die Bewohner nicht verhungern. Es gibt fließendes Wasser – eine Zapfstelle für rund tausend Menschen. Es gibt feste Häuser – zwanzig Quadratmeter für sechs bis acht Personen. Es gibt eine Volksschule mit vier Klassen. Und es gibt genug zu essen – immer gerade eben genug.

Dientje hat schon längst seinen ursprünglich geplanten Umfang überschritten. Doch der Zuzug geht weiter. Die Bevölkerung muß immer enger zusammenrücken. Es kommen immer mehr Alte und Kranke, die in der Stadt nicht mehr gebraucht werden, junge Mädchen, die ihren Job verloren haben, weil sie geschwängert worden sind – menschlicher Abfall für den Müllhaufen. »Ich glaube nicht, daß die meisten Weißen wissen, wie es uns hier geht«, sagt Lucas Mokoni. »Sie sind Christen wie wir. Und ein Christ würde das nicht dulden.«

Aber die Beamten vom *Bantu Resettlement Board* sind auch Christen. Trotzdem zwingen sie schwarze Arbeiter, die nicht mehr arbeiten können, ihren Lebensabend fern von ihren Kindern und Freunden allein in einem erbärmlichen Drecknest zu verbringen. »Warum«, so fragt sich Fred Froneman von der *Bantu Affairs Commission*, »sollen wir die Alten nicht umsiedeln? Warum sollen wir nicht auch die Kinder umsiedeln? In den weißen Gebieten arbeiten sie nicht. Nichts tun aber können sie genauso gut in ihren eigenen Gebieten.« Und Mijnheer Froneman ist auch Christ.

Dientje ist nur eines von Hunderten dieser Elendsdörfer. Und es ist nicht einmal das schlimmste.

Katholische und anglikanische Missionare sowie Politiker der

Oppositionsparteien haben in der Presse und im Parlament die haarsträubenden Zustände in *homelands* und *townships* an die Öffentlichkeit gebracht. So berichtete die Zeitschrift »The Black Sash« über Sada, einen Ort, etwa 25 Meilen von Queenstown in der Kapprovinz: »Ursprünglich war es ein Transitlager. Dann wurde es in eine *township* für die Umsiedlung von Pensionären und unerwünschten Personen umgewandelt. Es ist jetzt die Heimat von Afrikanern, die die Städte verlassen mußten oder die von Farmen vertrieben wurden, weil sie nicht mehr arbeiten konnten. Der Name ist eine Abkürzung und bedeutet soviel wie ›Endlich haben wir einen Platz‹. Wie Namen lügen können...«
In Sada leben 500 Familien unter der Aufsicht eines weißen Aufsehers und eines schwarzen Schreibers. Die meisten Frauen sind Witwen und ledige Mütter. Die Fertighäuser sind im Winter kalt und im Sommer brüllend heiß. Die besseren sind aus Holz, die schlechteren ganz aus Wellblech. Sie haben Zement- oder Lehmfußböden, aber keine festen Dächer. Sie bestehen alle nur aus einem Raum von zwölf mal fünfzehn Fuß (rund zwanzig Quadratmeter).
Letztes Jahr gab es noch keine Schule in Sada. Inzwischen müßten zwei Grundschulen und eine weiterführende Schule fertig sein. Die nächste Klinik ist in Shiloh, wo eine schwarze Krankenschwester Dienst tut und wo manchmal ein Arzt aus Queenstown für zwei Stunden zur Visite kommt. Es gibt keine Arbeit dort. Wer arbeiten will, sagt die Regierung, soll es anderswo als Wanderarbeiter tun. An Miete müssen die Bewohner 1,45 Rand im Monat bezahlen, aber nur diejenigen, die Geld haben. Die anderen wohnen umsonst.

»Komische Vögel« und »weiße Schurken«

Die meisten Umsiedlungsaktionen werden durchgezogen, ehe noch die Öffentlichkeit Kenntnis davon bekommen kann. Aber manchmal mißlingt die Verschleierung. Überdurchschnittliche Publizität zog der Fall Limehill auf sich. Weil sich Geistliche aller in Südafrika vertretenen Konfessionen – außer der reformierten Kirche – des Schicksals der Leute von Limehill annahmen, ist die Umsiedlung durch Parlamentsdebatten und Presseveröffentlichungen üppig dokumentiert.

Es fing damit an, daß die Schulkinder von Meran, einer *township* bei Dundee in Natal, vormittags nach Hause geschickt wurden, damit sie sich auf die bevorstehende Umsiedlung vorbereiten könnten. Das war am Freitag. Tags darauf wurde die ins Haus stehende Operation auch den Erwachsenen amtlich mitgeteilt.

Am Montagfrüh gegen sieben Uhr hielten zwanzig Lastwagen der Regierung im Ortskern von Meran. Auf Befehl der begleitenden Polizisten mußten die Bewohner ihre Habe auf die Laster verladen und aufsitzen. Es ging alles zügig. Gegen Mittag war Meran leer.

21 Meilen von Meran entfernt wurden die Umsiedler abgeladen. Man sagte ihnen, dies sei Limehill, ihre neue Heimat. Und jeder solle es sich so bequem wie möglich machen.

Heimat – das war ein fünfzig Hektar großes kahles Feld ohne Häuser, Läden, Wasserleitung, sanitäre Anlagen. Latrinen mußten sich die Einwohner von Limehill selbst graben. Wasser gab es in einem Bach, der in der Nähe vorbeifloß. Für etwa die Hälfte der Menschen waren Zelte geliefert worden. Die anderen mußten im Freien übernachten. Für die ersten sechs Tage hatte das Bantu-Ministerium pro Familie drei Pfund Maismehl und ein Pfund Milchpulver zur Verfügung gestellt. Umsonst, wie später Bantu-Minister Michiel Botha im Parlament ausdrücklich betonte.

Damit wenigstens alle Kinder ein Dach über dem Kopf hatten, schafften weiße Priester der katholischen Gemeinde von Dundee Zelte her. Minister Botha konnte sich noch Wochen danach vor Heiterkeit kaum halten, als er den Parlamentariern in Kapstadt berichtete, wie »diese komischen Vögel in ihren langen weißen Gewändern sich vergebens bemühten, die Zelte aufzustellen«.

Allein, es war nicht alles eitel Frohsinn in Limehill. Nicht mal für Michiel Botha. Der Minister hatte bei einer persönlichen Inspektion auch »ein tragisches Beispiel« dafür entdeckt, »wie weiße Schurken, die von draußen kommen,

allerhand bösartige Agitation unter die Bantus tragen«. Weiße Schurken, das waren die Priester und Abgeordnete wie Helen Suzman, die in Limehill auf ihre Weise Tatchristentum geübt hatten. Die Diskussion kam in Schwung, als bekannt wurde, daß in Limehill in weniger als fünf Monaten 73 Menschen an Typhus gestorben waren. Der Abgeordnete Eric Winchester von der *United Party* konstatierte, daß »jeder Südafrikaner sein Haupt vor Scham beugen« müsse, nach all dem, was in Limehill passiert sei.
Doch zu der von der Opposition geforderten Untersuchung der Schuldfrage kam es nicht. Wozu auch? Nicht einmal die Regierungsfraktion hatte den leisesten Zweifel daran, daß die Todesfälle in Limehill ursächlich auf die vom Bantu-Ministerium zu verantwortenden hygienischen Zustände zurückzuführen waren. Aber Minister Botha hatte versichert, ein nach Limehill entsandter Bevollmächtigter habe keinerlei Mißstände feststellen können. Damit war der Fall erledigt. Heute wohnen in Limehill 1500 Menschen.

Die Charlestown-Story

Die Weißen behaupten gern, die Afrikaner hätten gar kein Interesse an gehobenem Wohnkomfort. Blumen vor dem Fenster, ein Rasen vor dem Haus, das gäbe es nur bei Europäern. Doch das ist nur richtig, solange man die Maßstäbe von Soweto zugrunde legt. In Charlestown hat es nicht gestimmt.
Charlestown war eine kleine Stadt an der Grenze zwischen Natal und Transvaal, ein *black spot*, wie man ihn wegen seiner überwiegend schwarzen Bevölkerung nannte. Die Afrikaner hatten sich den Boden nach und nach von den ehemaligen weißen Grundstückseignern zusammengekauft. Aus den vielen kleinen Parzellen war ein eigenes Stadtviertel zusammengewachsen. Es konnte sich natürlich nicht mit denen der Weißen messen. Man sah ihm an, daß seine Bewohner arm waren. Die meisten Häuser waren gerade eben so groß wie die Gartenhäuser der Weißen. Es gab nicht überall fließendes Wasser und elektrischen Strom. Und die

Straßen waren auch nicht alle gepflastert. Aber Charlestown war eine saubere, farbenfrohe, freundliche Stadt, in der Schwarze und Weiße friedlich nebeneinander lebten. Sie hatte nur einen Nachteil: Sie lag mitten in einem ansonsten rein weißen Siedlungsgebiet. Und dieser Umstand wurde ihren schwarzen Bewohnern letzten Endes zum Verhängnis.
Vielleicht hätte sich Selby Msimang, ein Mitglied des *Native Representative Council*, nicht bei der Regierung über die Benachteiligung der Afrikaner in Charlestown beschweren sollen. Aber Herr Msimang war ein engagierter Bürgerrechtsstreiter und wollte nicht einsehen, daß die Schwarzen bei allem und überall stets das Nachsehen hatten. Sie waren nicht im Stadtrat von Charlestown vertreten. Ihre Wohnstraßen waren im Gegensatz zu den Straßen der Europäer nachts nicht beleuchtet. Sie kamen immer als letzte dran, wenn Wasseranschlüsse verteilt oder Straßen asphaltiert wurden. Und schließlich, so gab der Beschwerdeführer in seiner Eingabe an die Provinzregierung von Natal zu bedenken, zahlten die Schwarzen ja ebenso pünktlich ihre Steuern wie die Weißen – nur weniger.
Die Regierung zauderte nicht. Sie handelte. Aber nicht, wie es sich Herr Msimang vorgestellt hatte. Statt Abhilfe zu schaffen, schickte sie den schwarzen Bürgern von Charlestown die Ausweisungsverfügung ins Haus. Laut amtlichem Beschluß hatten sie nach Buffalo Flats zu übersiedeln, einem Flecken, der etwa 60 Kilometer von Charlestown entfernt lag.
Die Nationalisten waren damals noch nicht lange an der Regierung. Die Apartheid-Gesetze waren noch ganz frisch. Deshalb traf es die schwarzen Bürger Charlestowns wie ein Schock. Sie mochten nicht an die Ernsthaftigkeit der Verfügung glauben. Schließlich hatten sie ja ihre Grundbuchauszüge, die sie als Besitzer ihrer Häuser auswiesen. Die Regierung konnte sie doch nicht so einfach enteignen und wie geprügelte Hunde davonjagen. Aber natürlich konnte sie das.
Eines Vormittags fuhren die Lastwagen vor. Wer seinen Besitz nicht im Stich lassen wollte, mußte aufladen. In ein paar Stunden war alles vorbei.

Den Haus- und Grundbesitz kauften die Weißen. Die Preise richteten sich nach dem Materialwert. Wer zehn Prozent des Verkehrswertes bekam, hatte noch Glück.
Der weiße Bürgerrechtskämpfer und Schriftsteller Alan Paton hat den Leidensweg der Bürger von Charlestown nachgezeichnet. Seine »Charlestown Story« ist, wie er im Begleitkommentar schreibt, »eine trostlose Geschichte, eine Geschichte voller Gemeinheit, voll menschlichem Versagen, voller Enttäuschung und voller Kummer«.
Der »Held« der Story, der schwarze Schmied Abraham Ngwenya, ist gleichsam als Symbolfigur des von der Rassentrennung verursachten menschlichen Leids in die westliche Literatur eingegangen, eine Art Onkel Tom der *townships*. Abraham war der erste Afrikaner, der sich in Charlestown niederließ. 1911 gründete er eine Schmiede, in der er Pflüge und Fuhrwerke der Farmer aus der Umgebung reparierte. Das Haus, in dem er über vierzig Jahre wohnte, hatte er von einem Weißen gekauft. Als sie es ihm wieder fortnahmen, war er achtzig Jahre alt, »zu alt, um wieder hochzukommen«, sagte er zu Alan Paton. Und: »Ich würde gern sterben, um dieses bittere Ende meines harten, aber glücklichen Lebens nicht länger ertragen zu müssen.«

Das Elend der *homeland*-Witwen

In den *homelands* hat sich eine neue Kategorie von Unterprivilegierten gebildet, die Kaste der »Wanderarbeiter-Witwen«. Weil sie ihre arbeitenden Männer nicht in die Städte begleiten dürfen, müssen sie sich mit ihren Kindern allein durchs Leben schlagen. Sie müssen Häuser bauen, Äcker bestellen und ihren Kindern Vater und Mutter gleichzeitig sein. Ein *homeland*-Mädchen ist mit dreißig Jahren eine alte Frau. Ihre Männer sehen sie ein- bis zweimal im Jahr. Dann zeugen sie Nachwuchs für die Arbeiterheere in den Minen und auf den weißen Farmen.
Im übrigen beschränkt sich der Kontakt zwischen den Eheleuten auf die monatliche Geldsendung. Acht Frauen kommen in den *homelands* durchschnittlich auf einen Mann. In

den Arbeitslagern der Städte ist es umgekehrt, ein System, das »aus Menschen Tiere macht«, schreibt die südafrikanische Autorin Phyllis Ntantala.

Sie gehören zu den dominierenden Eindrücken auf dem *Veld*, die Frauen an den Straßenrändern, die riesige Holzbündel auf den Köpfen nach Hause schleppen, die Frauen, die mangels anderen Zugviehs Pflüge und Ackerwagen ziehen, die Frauen, die mit einem Baby auf dem Rücken in sengender Sonne mit der Hacke die Scholle bearbeiten. Die Männer in ihrem Leben, das sind der *Mfundisi* (Lehrer), die Krüppel, Blinden, Alten, ein paar reiche schwarze Dandys aus der Stadt, die am Wochenende auf dem Land ihre Bettgenossinnen rekrutieren.

Ein Besuch in der Stadt erfordert einen umständlichen Papierkrieg. Eisenbahnfahren ist in Südafrika weit billiger als in Europa. Für die meisten Schwarzen aber ist es ein Luxus, den man sich nicht alle Jahre leistet.

Die lähmende Einsamkeit fördert Kurzschlußreaktionen. Jedes Jahr werden Tausende von Frauen festgenommen, die ohne das glückseligmachende Zertifikat den Weg in die Stadt zu ihren Männern suchen. Für gutaussehende junge Frauen ist es nicht ganz so schwierig. In den *townships* gibt es immer Männer mit guten Beziehungen, die für eine kleine Gunst Papiere beschaffen können. Wer geschnappt wird, zahlt seine Strafe und wird wieder abgeschoben – in sein »Heimatland«, wo, wie Phyllis Ntantala schreibt, »jeder Tag wie der vorhergehende ist – ein eintöniger Gesang von summenden Fliegen, kranken Babys, verendendem Vieh, Hunger und Tod«.

Dem Wanderarbeiter-System in Südafrika werden weit weniger Schlagzeilen gewidmet als beispielsweise den Auswüchsen der Rassentrennung in den Städten. Gleichwohl ist es die mörderischste Komponente der Apartheid – und die wohl dauerhafteste, weil sie die Basis für die ganze südafrikanische Wirtschaft liefert, diejenige, die sich am schwersten wird ausrotten lassen.

In der Ablehnung sind sich alle in Südafrika vertretenen Kirchen einig. Sogar die Holländisch-Reformierten, die sonst noch alles abgesegnet haben, was die Nationalisten sich an repressiven und diskriminierenden Gesetzen haben einfallen lassen, finden, daß »ein Krebsgeschwür, das derart im Leben der Bantu-Bevölkerung wütet, notwendigerweise das gesamte soziale und religiöse Leben aller Rassen in unserem Vaterland beeinträchtigt« (so ein Bericht des ›Komitees für aktuelle Angelegenheiten‹).

Die katholischen Bischöfe riefen 1972 gar zum offenen Widerstand gegen das Wanderarbeiter-System auf: »Für uns kann es nur eine Antwort darauf geben: das Engagement für die Beseitigung der Übel dieses Systems. Dies Problem soll ein wichtiger Bestandteil unserer Diskussionen und unserer Arbeit werden.«

Wanderarbeiter-Probleme gibt es auch in anderen afrikanischen Staaten. In Nairobi und Abidjan sehen schwarze Gastarbeiter ihre Ehefrauen und ihre Kinder auch nicht häufiger als einmal im Vierteljahr. Und weil sie meist schlechter bezahlt werden als die Minenarbeiter in Transvaal, ist in Kenia und an der Elfenbeinküste das Dasein der Wanderarbeiter-Witwen eher noch unerfreulicher als in Südafrika. Soweto ist ein kleines Paradies im Vergleich zu den Bidonvilles im übrigen Afrika. In der *Cité* von Kinshasa, im Mathare Valley bei Nairobi, in Ikeja, dem Horror-Vorort von Lagos, lebt es sich weit unbequemer als in Südafrikas Negergettos.

Nur tritt die Regierung in Pretoria mit einer erheblich höheren ethischen Wertvorgabe an als die in Nairobi und Abidjan. Sie versteht sich immerhin als vorgeschobener Posten der abendländischen Zivilisation. Und das verpflichtet.

Gewiß, an Sanierungsversuchen hat es in den letzten Jahren nicht gefehlt. Anerkennung aber haben die Sanierer nicht geerntet. Das mag am falschen Instrumentarium liegen. Im Kapstädter Farbigen-Vorort Cross Roads etwa ließen sie Planierraupen zum Kampf gegen das Slumelend anrollen, noch ehe die Bewohner alle neue Unterkünfte gefunden hatten. Ein Aufschrei der Empörung ging um die Welt. Dabei geht's auch in Nairobi nicht zimperlicher zu, wenn Rollkommandos mit Caterpillars und Brandfackeln zum Sanieren nach Mathare Valley ausschwärmen.

»Sie wissen nicht, was Sie tun, Sir«

Die Hoffnungslosigkeit in den *homelands* fördert psychische Abnormitäten, die sonst nur aus der Überflußgesellschaft der westlichen Welt bekannt sind. In Dimbaza, einer zehntausend Einwohner großen *township* im Osten der Kapprovinz, stellte etwa der Anglikanerpfarrer David Russel bei Reihenuntersuchungen eine merkwürdige Freßsucht fest.

Weil sich der Boden in und um Dimbaza weder zum Ackerbau noch zur Viehhaltung eignet, liefert die Regierung den Einwohnern kostenlos jeden Monat eine Überlebensration aus Mais, Weizen, Bohnen und Milchpulver. Obwohl die Zuteilung relativ großzügig bemessen ist, kommen die Empfänger nicht damit aus. Stets eine Woche vor Ultimo bricht in Dimbaza der Hunger aus, weil die Vorräte aufgegessen sind. Pastor Russel, selbst studierter Psychologe, ging dem Syndrom auf den Grund. Das Resultat seiner Beobachtungen faßte er in einem offenen Brief an Bantu-Minister Botha zusammen. Weil ihm alle übrigen Funktionen genommen seien, so hieß es in dem Schreiben, fordere der menschliche Körper eine Überbefriedigung seiner Elementarbedürfnisse wie Essen, Schlafen und Trinken. Die Menschen äßen schlicht aus Frustration. Und zwar mehr, als sie brauchen, um satt zu werden. Wie alternde Kaffeetanten, die sich drei Stück Sahnetorte reinschieben, obwohl der Appetit nur für eins reicht.

Russels Schreiben schließt mit dem Satz: »Die Wahrheit, Herr Minister, ist die, daß sie die Afrikaner so billig wie möglich in die Bantustans abschieben wollen, selbst wenn sich ihre Existenz auf schlichtes Überleben beschränkt. Ist das nicht eine sehr subtile Form von Gewalttätigkeit? Möge Gott Ihnen verzeihen, Sir. Denn offenbar wissen Sie nicht, was Sie tun.«

Vor allem katholische Geistliche haben sich um die Publizierung des Elends in den Reservaten verdient gemacht. Die erschütterndste Dokumentation über die Misere der Entwurzelten hat der Franziskanerpater Cosmos Desmond zusammengestellt. In seinem Buch »The Discarded People« (die Vertriebenen) beschreibt er die Leidenswege schwarzer

Familien von den städtischen Slums in die *homelands*. Er stellte an Fallstudien dar, wie ein ganzes Volk auf den Müllhaufen wanderte.
Pater Desmonds Buch wurde ein Bestseller, noch ehe die Zensur es verbieten konnte. Weil die meisten Buchhändler die »Discarded People« boykottierten, mußte Desmond den Vertrieb selbst organisieren. Er packte seinen Volkswagen voll und lieferte die heiße Ware an Freunde und Glaubensbrüder aus, die dann den weiteren Vertrieb organisierten. Pater Desmond ging zwangsläufig den Weg fast aller südafrikanischen Oppositionellen. 1971 schickte ihm die Regierung die *banning order* ins Haus, die ihn unter Hausarrest stellte und ihm verbot, Bücher oder Artikel zu veröffentlichen, mit Journalisten zu sprechen oder öffentliche Reden zu halten. Sein Buch allerdings, so prophezeite die sonst eher leidenschaftslose Londoner »Times«, »wird noch vielen, vielen Weißen in Südafrika viele, viele unangenehme Stunden bereiten«.

Der Selfmademan aus Pondoland

Wie in Soweto gibt es auch in den Bantustans Neger zum Vorzeigen. Auf Fahrten durch die Transkei beispielsweise kehren die Fremdenführer gern bei Dr. Khotso ein, dem berühmtesten Medizinmann der Xhosas. Dr. Khotso ist mehrfacher Millionär. Sein schneeweißer Palast mit den zwei steinernen Löwen am Hauptportal erhebt sich wie ein protziges Monument des Wohlstands aus den Bergen von Lusikisiki in Pondoland.
Der Gast wird empfangen von zwei 1,90-Meter-Recken in bunter Kluft mit Löwenfellen an den Hüften. Im Vorhof intoniert ein Frauenchor zart ein Willkommenslied. Und dann erst der Maître selbst – eine biblische Seniorengestalt in farbenprächtigem Putz mit einem mächtigen Federbusch auf dem Kopf, flankiert von einem Dutzend Ehefrauen, über sich an der Wand die englische Queen, vor sich in einer mächtigen Waschschüssel bündelweise Geld in großen Scheinen, das Patienten ihm gespendet haben.

Dr. Khotso handelt mit einem Wunderelixier, das, auf Flaschen gezogen, bis nach Johannesburg exportiert wird. Sein namenloses Wässerchen wird sogar von weißen Patienten geschluckt. Es ist gut gegen fast alles: Schnupfen, Hitzepikkel, Durchfall, wenn man will auch gegen Krebs, Schweißfüße und schlechtes Wetter – man muß nur daran glauben.
Dr. Khotso wird vom Finanzministerium der Transkei auf ein Barvermögen von gut zwei Millionen Dollar geschätzt, wobei seine diversen Cadillacs, Farmen und der private Badestrand in Kilroe Beach nicht berücksichtigt sind.
Dr. Khotso beschränkt die Diskussion aufs Wesentliche. Fragen der Besucher bescheidet er schlicht mit der wiederkehrenden Floskel: »I great man.« Muß wohl sein. Die Anhäufung von soviel Luxus in so trübseliger Umgebung erfordert schon eine gute Portion Größe.
Die weiße Regierung sieht das Wirken des Dr. Khotso nicht ungern, obwohl es strafrechtlich eindeutig den Tatbestand des Betrugs erfüllt. Dr. Khotso beweist: Auch aus Negern kann was werden, wenn man ihnen gestattet, sich im Rahmen ihrer Gewohnheiten und Traditionen zu entfalten.
Die *homelands*, aus denen sich die Bantustans entwickeln sollten, sind das geistige Produkt der Nationalen Partei. Die Kap-Liberalen der *United Party*, die bis 1948 die Regierung in Pretoria stellten, hatten tatenlos zugesehen, wie sich Schwarze, *Coloureds* und Weiße unter dem Einfluß von Industrialisierung und Verstädterung immer mehr auf eine vielrassige Mischgesellschaft zuentwickelten. Damit war es aus, als die »Nats«, die Nationalisten, die Regierungsgewalt übernahmen. »Südafrika«, verkündete Wahlsieger und Protestantenpastor Daniel François Malan, »gehört wieder uns.« Das sollten besonders die Schwarzen zu spüren bekommen. Südafrika, so versicherten die Nationalisten, sollte wieder »Witmansland« werden, das Land des weißen Mannes. Die Schwarzen sollten aus den Gebieten der Weißen – zumindest konstitutionell – verdrängt werden.
Der Psychologieprofessor und Parlamentsneuling Hendrik Verwoerd verkündete damals das Credo der neuen Regierungspartei: »Südafrika ist das Land des weißen Mannes, und der Weiße muß der Herr in diesem Land bleiben.« Der

rassenstrenge Professor, Abkömmling eines holländischen Wanderpredigers und Chefredakteur der Parteizeitung »Die Transvayler«, avancierte schnell zum Chefbüttel des Regimes. Zwei Jahre nach dem Sieg der Nationalisten wurde Eisenfresser Verwoerd Minister für Bantu-Angelegenheiten. Seine Erfolge als oberster Exekutor der Rassentrennung brachten ihm 1958 das Amt des Ministerpräsidenten ein.
Hendrik Verwoerd ist neben Jan Smuts die entscheidende Schlüsselfigur der neueren südafrikanischen Geschichte. Er hat das von Smuts ersonnene System der Ungleichheit der Rassen kodifiziert. Unter seiner Herrschaft wuchs die Apartheid zum Totalitarismus heran. Kaum zu glauben, daß er manchen Weißen noch nicht einmal konsequent genug war. Verwoerd wurde am 6. September 1966 von dem griechischen Parlamentsdiener Demetrios Tsafenas im Parlament von Kapstadt erstochen. Im Verhör soll Tsadenas gesagt haben, für ihn sei Verwoerd ein Verräter gewesen, weil er die Europäer nicht intensiv genug gegen die Ansprüche der Schwarzen und damit gegen die soziale Deklassierung geschützt habe.

»Puppentheater im Hinterhof«

Der Fluchtpunkt, nach dem sich alle Rassengesetze ausrichten, ist die »Politik der getrennten Entwicklung«, wie es schönfärberisch in der amtlichen Diktion heißt. Der Terminus »Apartheid« ist schon lange verpönt. Die getrennte Entwicklung dient im wesentlichen dazu, der weißen Zivilisation die schwarzen Arbeitskräfte zu erhalten, ohne sie mit der daraus erwachsenden sozialen Fürsorgepflicht für die Schwarzen zu belasten. Diese Grundidee bestimmt auch die von Hendrik Verwoerd und seinem Chefideologen Werner Max Eiselen konzipierte Bantustan-Politik.
1968 verkündete Fred Froneman, der Vizedirektor der *Bantu Affairs Commission*, das Nahziel seines Gremiums. Von den sechs Millionen Afrikanern in den städtischen Gebieten seien lediglich zwei Millionen als »aktive Arbeitseinheiten zu bewerten«. Die anderen vier Millionen mußten weg.

Einzelheiten regelten Umsiedlungsdurchführungsverordnungen. Zum Beispiel das Zirkular 25/67 aus dem Sekretariat für Bantu-Verwaltung und -Planung. Dort heißt es: »Beständig müssen die Bezirksbeamten in Zusammenarbeit mit den lokalen Behörden Druck ausüben, um Personen, die nicht qualifiziert sind und nicht dazu bereit, die Umsiedlung in Ortschaften ihrer Homelands zu akzeptieren, davon zu überzeugen, daß sie sich aus ethnischen Gründen umsiedeln lassen müssen... Es muß hier betont werden, daß absolut alles daranzusetzen ist, daß die Umsiedlung bei allen nichtproduktiven Bantus, die jetzt in weißen Gebieten leben, erreicht wird.«

Ohne Druck ging es dort, wo sich das Schwarz-Weiß-Problem durch die schlichte Änderung des juristischen Statuts erzielen ließ. Städtische Siedlungsgebiete wurden, sofern keine weißen Flecken das einheitliche Schwarz störten, in *homelands* umbenannt. Die meisten von ihnen liegen in unmittelbarer Nachbarschaft der industriellen Ballungsräume. Der Vorteil ist offenkundig: Die Bevölkerung der stadtnahen *homelands* bleibt als Arbeitskräftereservoir disponibel, ohne den weißen Behörden soziale Verpflichtungen aufzubürden.

Für die schwarzen Trabantenstädte wie Soweto gibt es die *influx control*, die Kontrolle von Zu- und Abgängen in den städtischen Gebieten. Um der »unzweckmäßigen Verwestlichung und Verstädterung« (so Werner Max Eiselen) entgegenzuwirken, werden – zumindest theoretisch – immer nur soviele Afrikaner in die Städte gelassen, wie die städtische Industrie benötigt. Das alles natürlich nur, weil der weiße Vater nicht will, daß seine schwarzen Söhne arbeitslos dahindarben. Die amtliche Nomenklatur scheut sich nicht, diese besonders ausgebuffte Form der Ausbeutung des Menschen durch den Menschen auch noch karitativ zu verbrämen.

Nach dem Urteil der früheren *United Party* erinnert der *bantu law amendment act*, der die *influx control* regelt, an die »Gesetzgebungspraktiken der Sowjetunion unter Stalin«. Helen Suzman, die Chefin der *Progressive Party*, kommentierte das Gesetz so: »Es ignoriert alle fundamentalen

Begriffe von der Würde des Menschen. Es beraubt den Afrikaner jedes Anspruchs darauf, in dem Lande seiner Geburt ein freier Mensch zu sein.« Würde des Menschen... Das ist was für Weiße. Was den Weißen nützt, bedeutet alles in Südafrika, was den Schwarzen nützt, bedeutet fast gar nichts.

Bantustan – Land des schwarzen Mannes. Das jedenfalls suggeriert der Terminus. Für die Kritiker sind Bantustans »Puppentheater in Südafrikas Hinterhof« (»Der Spiegel«), »Halbstaaten von Südafrikas Gnaden« (»Jeune Afrique«), »Zentren des Rassenkonflikts« (so die »Evangelische Arbeitsgemeinschaft für Weltmission«). Die Bantustan-Masche – von ihren Konzipienten auch »große Apartheid« genannt – ist der völkerrechtliche Hacketrick, mit dem die Weißen die schwarze Mehrheit der Bevölkerung neutralisieren wollen. Bis Mitte der achtziger Jahre sollen alle Schwarzen formell aus der Republik ausgebürgert werden. Für die südafrikanische tauschen sie die Staatsbürgerschaft eines der neun Bantustans ein, die bis dahin gegründet werden sollen.

Das Bantustanbürgerrecht erhält automatisch jeder Schwarze, der in einem *homeland* geboren ist oder dessen Vater aus einem *homeland* stammt oder dessen Vater Bantustan-Bürger ist, weil wiederum dessen Vater dort geboren wurde. Diese Bedingungen treffen auf gut 99 Prozent der schwarzen Bevölkerung zu. Immerhin bleibt die – wenn auch akademische – Frage offen, was dann mit dem letzten Prozent geschehen soll, das nicht in dieses Schema paßt.

Die Bantustans sind quasi halbautonome Republiken, deren Territorien sich mit denen der bis dahin von Südafrika abhängigen *homelands* weitgehend decken. Sie haben weitreichende Freiheiten im Innern, sind aber außen- und verteidigungspolitisch von Südafrika abhängig. Das Verfassungskonzept erinnert in der Machart an das der südsibirischen Sowjetrepubliken, die der zaristische Kolonialismus den Bolschewiken hinterlassen hat.

Bantustan-Flickwerk

Ob Bantustan oder Turkmenistan, unabhängig sind sie beide nicht. In Südafrika freilich ist die Halbfreiheit durch eine Reihe geographischer und rechtlicher Absurditäten zusätzlich befrachtet. Alle neun Bantustans zusammen umfassen nicht mehr als eine Fläche von rund 160 000 Quadratkilometern, dreizehn Prozent des südafrikanischen Staatsgebiets. Dreizehn Prozent für rund 80 Prozent der Bevölkerung. Acht der neun Halbstaaten bestehen aus zusammengestoppelten Landflicken. Nur Basotho-Qwaqwa, mit 475 Quadratkilometern Fläche das kleinste Bantustan, ist aus einem Stück. Die Transkei setzt sich dagegen aus drei Teilen zusammen. Gatsha Buthelezis Kwazulu im Norden der Provinz Natal wirkt mit seinen rund zwei Dutzend Landesteilen »wie ein Leopardenfell« (so das Nachrichtenmagazin »Africa«) – oder wie ein mit der Schrotflinte auf die Landkarte geschossenes Archipel.
Die Lage der Bantustans richtet sich angeblich nach den historisch gewachsenen Stammesgebieten. Nach dieser Theorie haben fast alle Stämme in Natal und Transvaal gesiedelt, im Oranje-Freistaat und in der fruchtbaren Kapprovinz dagegen fast überhaupt keine. Versteht sich, daß auch das Kerngebiet des Witwatersrand mit seinen immensen Bodenschätzen und die Weinanbaugebiete am Kapland weiß bleiben sollen.
Im amtlichen Jahrbuch der Republik Südafrika wird die Legitimation der Bantustan-Politik so formuliert: »In Anbetracht der multinationalen und historischen Realitäten Südafrikas ist die Mehrheit der Weißen davon überzeugt, daß die Beziehungen zwischen der weißen Nation und den verschiedenen schwarzen Völkern nicht in einem einzigen, alles umfassenden Superstaat geregelt werden können, sondern eher auf der historisch erprobten Grundlage separater Nationalstaaten, das heißt in einem System politischer Unabhängigkeit, verbunden mit wirtschaftlicher Interdependenz. Diese Politik – entstanden aus einer Philosophie, die von den Realitäten aus mehr als drei Jahrhunderten geformt und bestimmt wurde – bezeichnet man sowohl im offiziellen als

auch im alltäglichen Sprachgebrauch als getrennte oder multinationale Entwicklung.«
Superstaat, historisch erprobte Grundlage, wirtschaftliche Interdependenz... schon die Terminologie ist von Grund auf unehrlich. Und das wissen ihre Apologeten. Hendrik Verwoerd war da ehrlicher. »Überleben werden wir nur«, so hat er einmal mit entwaffnender Offenheit gesagt, »wenn es uns gelingt, das Teile-und-herrsche-Prinzip weiterzupraktizieren.« Von diesem Leitsatz haben sich die Konstrukteure der Bantustans leiten lassen. Die kulturelle und politische Zersplitterung der schwarzen Bevölkerung in staatenähnliche Gemeinwesen mit eigenen Sprachen und Parteien belebt längst entschlafene Animositäten und zementiert die Herrschaft der Weißen.
Natürlich gibt es ständig Reibereien zwischen den Schwarzen. In Soweto, in den *homelands*, in den Minen-Compounds. Aber das ist kein Argument für die Bantustans. Wenn zwei Fan-Rotten vom FC Liverpool und von Borussia Mönchengladbach aneinandergeraten, geht es kaum sanfter zu als am Samstagnachmittag in den Quartieren der Mineure von Kimberley. Aber es ist bislang noch niemandem eingefallen, derlei Zeiterscheinungen als Argument gegen die Einigung Europas zu verwenden.

Warum keine weißen Bantustans?

Auch die Afrikaner im unabhängigen Afrika haben sich zusammenraufen müssen. Hier und da ist reichlich Blut geflossen. Aber nur selten ist es so blutig zugegangen wie in den Burenkriegen, die trotz allem schließlich zur Integration von Buren und Engländern führten. Und dies wird gern übersehen: Zwischen Sahara und Limpopo gibt es – je nachdem, wie man sie klassifiziert – 500 bis 2000 verschiedene schwarze Volksstämme, in Südafrika nur ein halbes Dutzend verschiedene weiße. Und niemand ist je auf den Gedanken gekommen, in Südafrika getrennte »Heimatländer« für Engländer, Buren, Deutsche, Franzosen und Juden

einzurichten, obwohl das mindestens genauso logisch wäre wie die Gründung der Bantustans.
Die Apartheid-Rabulistik entwickelt neben allerlei sonstigem Philanthropismus auch Respekt vor dem kulturellen Erbe der schwarzen Rasse. Max Eiselen etwa, ehemals Chefdenker in Hendrik Verwoerds Kabinett, hat gelehrt, man dürfe »dem Bantu nicht von oben her repräsentative Körperschaften aufzwingen«. Sondern? »Es werden Stammesherrschaften aufgebaut, etwa in der alten Form der Bantu-Ratsversammlung, deren Beschlüsse vom Häuptling nicht ignoriert werden durften. Selbstverwaltungskörperschaften werden in völliger Harmonie mit den Bräuchen der Bantu, soweit sie mit den Erfordernissen der Zivilisation in Einklang stehen, arbeiten.« Zu deutsch: Teile und herrsche. Wahrhaftig, der Mann hat seinen Cäsar brav studiert.
Eiselens Begriff von Freiheit kennt man auch aus dem progressiven Lager. Linke europäische Humanisten neigen ebenfalls dazu, Absurdes und Abschreckendes in der Dritten Welt mit dem Argument zu verteidigen, man dürfe anderen Kulturen nicht die westliche Zivilisation aufzwingen.
In der Geringschätzung der geistigen und sozialen Errungenschaften der abendländischen Kultur sind sich südafrikanische Rassentheoretiker auf erstaunliche Weise mit Dritte-Welt-Gruppen in der Bundesrepublik einig. Sie unterscheiden sich nur durch eine Kleinigkeit. Die Demokraten der freien Welt wollen westliche Demokratie für die Neger in Südafrika und mehr Toleranz gegenüber dem oft eigentümlichen Demokratieverständnis der Schwarzafrikaner im heute schon »freien« Afrika. Die Autokraten am Kap wollen es genau andersherum: Demokratie für die Untertanen von Nyerere und Mobotu, mehr Toleranz gegenüber den Lebensformen und -bedürfnissen der südafrikanischen Bantus – wobei die Buren unterstellen, daß sie die Bedürfnisse »ihrer« Schwarzen am besten kennen.
Das Ausmaß der Freiheiten, die Pretoria den Selbstverwaltungsorganen der *homelands* zugedacht hatte, hat Werner Max Eiselen 1965 in der Südafrika-Anthologie »Kap ohne Hoffnung« (erschienen bei Rowohlt) definiert. Die Bantu-Behörden haben nach Eiselen »sehr wichtige Aufgaben«. Als da

sind: »Vorschläge und Eingaben dem Minister einzureichen, die alle Angelegenheiten der Bevölkerung der Region betreffen; Einziehung der Steuern für Schulen, Brücken, Bewässerung, Bodenpflege und Forstwirtschaft; Bekämpfung von Viehseuchen durch Bau von Desinfektionsanlagen; Bau von Krankenhäusern und Polikliniken. Auch atmen durften sie ganz ohne Genehmigung.

Immerhin ist der Anfang der sechziger Jahre verabschiedete Autonomie-Katalog inzwischen um ein großes Paket Eigenständigkeit erweitert worden. Heute läßt sich der Wert des Verwoerdschen Modells auch empirisch beurteilen. Was die schwarzen Südafrikaner von der Unabhängigkeit nach dem Bantustan-Muster zu erwarten haben, das zeigt die Verfassungswirklichkeit in der Transkei und in Bophutatswana, den zwei ersten Halbstaaten, die nacheinander 1976 und 1977 die Unabhängigkeit erhielten.

Die *homelands*, so hatte Mitte der fünfziger Jahre die Tomlinson-Kommission ermittelt, können maximal 2,3 Millionen Menschen ernähren. Aber inzwischen leben allein in der Transkei an die zwei Millionen. Tatsächlich sind die Bantustans durchaus nicht alle die unmenschlichen Wüsteneien, als die ihre Gegner sie gern sehen würden. Nur, über »die besten landwirtschaftlichen Nutzflächen Südafrikas«, wie Max Werner Eiselen behauptete, verfügen sie ganz gewiß auch nicht. Nach amtlicher Lesart ist allein die Menge des jährlichen Regenfalls für die landwirtschaftliche Qualität der Bantustan-Territorien ausschlaggebend. Und bei Maßgabe dieses Kriteriums, so heißt es, lägen 42 Prozent der fruchtbaren Ackergebiete in den Bantustans. Dann stünde das Verhältnis bei 42 Prozent zu gut 80 Prozent. Die Weißen hätten dann nur noch ein dutzendmal soviel Kulturland pro Kopf der Bevölkerung wie die Schwarzen.

In der Transkei besitzen 95 Prozent aller Familien weniger als die 4,3 Hektar, die von der Regierung in der Hauptstadt Umtata als existenznotwendig betrachtet werden. Doch auch unterhalb dieser Schwelle läßt sich existieren. In Kenia reicht knapp ein Hektar, um eine Familie zu ernähren. Und viel schlechter sind die Boden- und Klimabedingungen in der Transkei auch nicht.

Sind schwarze Bauern faul?

Anson Lloyd, Vorsitzender der »Südafrikanischen Zuckerrohrgesellschaft« und Berater der Vorster-Regierung in Agrarfragen, hat Ende der siebziger Jahre das landwirtschaftliche Potential der größeren *homelands* unter die Lupe genommen. Nach seinen Ermittlungen wäre etwa die Transkei – optimale Bedingungen vorausgesetzt – in der Lage, jährlich drei Millionen Tonnen Mais zu produzieren. Tatsächlich wurden aber nur hunderttausend Tonnen geerntet. Bophutatswana, so Lloyd, nutzt seine Kulturfläche – gemessen am Ausstoß – nur zu acht Prozent. In Kwazulu liegen vier Fünftel von drei Millionen Hektar Ackerland mehr oder minder brach.

Neutrale ausländische Fachleute kamen zu einem ähnlichen Urteil: Der »Times«-Agrarexperte Jerome Caminada hat die *homelands* bereist und abgeschätzt, welche ökonomischen Chancen sie ihren Bewohnern bieten. Sein Urteil: »Ich habe wieder und wieder Beweise dafür gefunden, daß das Land völlig unzureichend genutzt wird. Es ist einfach nicht das Problem, daß die Weißen das beste und die Schwarzen minderwertiges Land hätten. Es liegt nur an der unterschiedlichen Nutzung.« Wobei freilich Bodennutzungsintensität und Selbstbestimmungsrecht nicht als korrelierende Größen verstanden sein wollen.

Ernährungswissenschaftler der Stellenbosch-Universität haben ausgerechnet, daß Kwazulu ganz Südafrika mit Weizen versorgen könnte, wenn seine Bauern ebenso rationelle Ackerwirtschaft betreiben würden wie die Farmer in Transvaal und im Oranje-Freistaat. Dabei sind die Plattland-Buren nicht einmal die emsigsten. Trotz extrem günstiger Produktionskosten erwirtschaftet ein südafrikanischer Bauer nicht einmal halb soviel wie ein Landmann im Agrarstaat Dänemark. In den Bantustans hingegen liegen die Erträge so erbärmlich niedrig, daß der Ackerbau an nutzlose Kräfteverschwendung grenzt.

An der Chancenungleichheit allein kann es nicht liegen. In der Siedlerrepublik Rhodesien, dem späteren Zimbabwe, etwa wurde auf den Großfarmen der Weißen vor der endgültigen Unabhängigkeit ein zwanzigmal so hohes Sozialprodukt erwirtschaftet wie auf den Farmen der Schwarzen bei einer numerischen Überlegenheit der Schwarzen von 2000 Prozent. Ein unakkurater Vergleich, gewiß. Die Europäer hatten mehr und besseres Land, mehr Hilfskräfte, mehr Maschinen, besseren Dünger. Aber bei einem Proporz von rund 1:400 bleibt nach Abzug aller Ungleichheiten ein krasses Manko, das sich nicht fortdisputieren läßt.

Wer die Ursachen recherchiert, stößt schnell an die Grenzen, die die Rassismusdiskussion der Ökonomie gesetzt hat. Schuld hat wohl das Phänomen, das Afrikaner inmitten üppiger tropischer Vegetation – wie in Zaïre, Angola und Guinea – hungern läßt, während 600 Millionen Chinesen auf kargerer Scholle satt werden.

Die geschwind fortschreitende Verkarstung nagt weiter an der Substanz. Ackerland wird immer knapper. Die Dürrekatastrophen der letzten zehn Jahre, die antiquierten Ackerbaumethoden der schwarzen Farmer, Brandrodung und Kahlschlag laugen den Boden aus.

Die Weißen haben recht: Natürlich treiben die Schwarzen Raubbau an der landwirtschaftlichen Substanz. Aber kaum einer zeigt ihnen, wie es richtig gemacht wird. In einem Land, in dem alles reglementiert ist, mischt sich keine Behörde ein, wenn mangelnder Sachverstand jedes Jahr ein paar hunderttausend Hektar Ackerland in Wüste verwandelt. Die Regierung in Pretoria prahlt mit ihrer Entwicklungshilfe für die Bantustans. Aber sie kann nicht einmal garantieren, daß die Bewohner in den stadtnahen ländlichen Gebieten alle satt werden.

Die Fürsorgebereitschaft der Weißen ist nicht sehr belastungsfähig. »Viele Anhänger der Apartheid«, schrieb 1978 Percy Qoboza, der schwarze Exchefredakteur der verbotenen Johannesburger »World«, »würden anders über die Rassenfrage denken, wenn sie das Elend sehen könnten, das die Apartheid verursacht. Aber sie wollen es nicht sehen, weil es ihre Politik ist, die Schwarzen möglichst alle unsichtbar zu machen.« Vor allem die Fußkranken der Gesellschaft, die Alten und Invaliden, die schwarzen Massen, die zum Wohle der Konjunktur nichts mehr beitragen können. Wer nicht mehr arbeiten kann, wird ins Bantustan zurückgeschickt. Ex und hopp. Das ist kein spezifisch südafrikanisches Phänomen. Auch andere Industriegesellschaften neigen dazu, alles aus dem Blickfeld zu entfernen, was den Anblick des Wachstumsglücks stört: Alte, Kranke, Obdachlose. Nur, in Südafrika ist die Unmenschlichkeit Gesetz.

Mehr Land für die Bantustans

Die meisten Bantustans sind wirtschaftlich total von Pretoria abhängig. Die großzügigen Industrieinvestitionen, die ihnen Vorster in Aussicht gestellt hat, sind – von der Transkei abgesehen – in der Regel dünner als angekündigt ausgefallen. Die südafrikanischen Industriebosse holen sich ihre Arbeitskräfte lieber ins weiße Südafrika und schicken sie nach Gebrauch zurück, als in den Bantustans zu investieren.
Der »Tomlinson-Report« zeichnete die Rahmenrichtlinien für die künftige Entwicklung in den *homelands* vor. Danach sollte die Regierung an den Rändern der schwarzen Wohngebiete Anreize für Industriebetriebe schaffen, um so konjunkturelle Dämme gegen die Landflucht zu errichten. Trotz veritablen Drucks auf die Industrie aber sind die Säume der *homelands* öde geblieben. Die Wirtschaft hat statt dessen immer weiter in die Gegenrichtung expandiert. Zwangsläufige Folge: Die Ballungsräume haben sich bis zur Unerträglichkeit weiter verdichtet.
Die wirtschaftliche Abhängigkeit von dem übermächtigen Nachbarn ist freilich kein Argument gegen die staatliche Souveränität der *homelands*. Mindestens ebenso abhängig von Südafrika nämlich sind auch Botswana, Lesotho, Swasiland, Mozambique und Zimbabwe, ohne daß deswegen ihre staatliche Unabhängigkeit in Zweifel gezogen würde. Als einziges Bantustan verfügt Bophutatswana über eine solide Grundlage an Rohstoffen. In seinem Boden ruhen Asbest, Eisen, Kupfer und Chrom in abbauwürdigen Mengen.
Um der Welt das Bantustan-Konzept schmackhaft zu machen, hat Pretoria drei Fünf-Jahres-Pläne entworfen, die vor allem die landwirtschaftliche Struktur in den *homelands*

verbessern und die Bildung von ständigen schwarzen Betrieben fördern soll. Die *Bantu Investment Corporation* will bis Ende 1981 insgesamt 25000 neue Betriebe unter schwarzem Management gründen. In der Transkei sind durchaus gesunde Ansätze für eine einheimische Kleinindustrie vorhanden. Die Südafrikaner haben sich die Sanierungsmaßnahmen in ihrem Parade-*homeland* allerlei kosten lassen. In zehn Jahren wurden allein 2500 neue Schulen eröffnet.

Allen gegenteiligen Proklamationen zum Trotz haben die meisten der von Pretoria handverlesenen Führer der Bantustans die Balkanisierung Südafrikas stillschweigend akzeptiert. Zulu-Führer Gatsha Buthelezi will »nehmen, was ich kriegen kann, um zu bekommen, was ich will«. Transkei-Innenminister Stella Segcau gibt zu bedenken, »daß wir den Südafrikanern 18000 Quadratmeilen Heimatland aus den Klauen gerissen haben«.

Den Bantustan-Chefs liegen auch Vorschläge vor, die das Südafrikanische Büro für Rassenfragen (Sabra) erarbeitet hat. Das Sabra-Projekt sieht vier große *homeland*-Blöcke vor, die sich um das Industriegebiet im Witwatersrand gruppieren sollen. Danach würden die acht Teilstücke Bophutatswanas zu einem geschlossenen Block zusammengefügt werden. Kwazulu soll sich an Swasiland anschließen. Venda, Lebowa, Gazankulu und Ndebele sollen zu einem durchgehenden Landstreifen vereint werden. Und im Süden sollen Transkei und Ciskei einen Einheitsstaat mit Lesotho bilden.

Der Plan bietet politische und wirtschaftliche Vorteile. Aber schon jetzt melden die Landesfürsten partikularistisch inspirierte Bedenken an. Sie wollen lieber, jeder allein, vor sich hinwursteln und soviel für sich rausschlagen, wie drin ist. Bophutatswanas Lucas Mangope glaubt, daß sein Staat »ein Katalysator für Veränderungen in Südafrika sein wird«. Die Bürger seines Landes, darauf will Mangope hinarbeiten, sollen auch im weißen Südafrika »ihre menschliche Würde zurückerhalten«. Ein schöner Traum. Weiße Südafrikaner werden in Bantustans selbstredend wie Respektspersonen behandelt, Bantustan-Bürger im weißen Südafrika nach wie vor als Menschen zweiter Klasse.

Die Macht lockt. Deshalb neigen die Moderaten vom Schlage Buthelezis dazu, die Bantustan-Lösung als Kompromiß hinzunehmen. Nur mit dem von Pretoria ausgearbeiteten Verteilerschlüssel sind sie nicht einverstanden. Sie wollen mehr Land. Lucas Mangope etwa, der Chef der Ende 1977 unabhängig gewordenen Republik Bophutatswana, verlangt von der weißen Regierung die »Wiedervereinigung« der sechs Landesteile seines Staates. Und Kaiser Matanzima brach gar die diplomatischen Beziehungen zur Hauptstadt ab, weil Pretoria sich geweigert hatte, die Ansprüche der Transkei auf Ost-Griqualand anzuerkennen. Vorsters Kommentar zu Matanzimas Affront: »Er hat sein Bett gemacht. Jetzt soll er sehen, wie man darin schläft.« Offenbar nicht sehr gut. Die Transkei ist inzwischen wieder unter die Fittiche der Mutterrepublik zurückgekrochen.
Für Pretoria hatte der Eklat sogar noch positive Seiten. Denn die Rebellion der Transkei-Regierung unterstreicht im Grunde ihre Souveränität. »Die Transkei«, sagte Vorster, »ist so unabhängig wie jede andere Republik in jedem Teil der Welt. Sie kann tun und lassen, was sie will, selbst wenn es zu ihrem Nachteil ist.« Kurzum: Wenn Matanzima die Beziehungen nicht abgebrochen hätte, so hätte man ihn förmlich darum bitten müssen.
Matanzima und Mangope haben leicht regieren im Vergleich zu Gatsha Buthelezi, dessen Kwazulu aus 44 Fragmenten besteht. Wenn die Weißen alle territorialen Ansprüche der schwarzen *homeland*-Führer erfüllen würden, müßten sie noch einmal rund 250 000 Quadratkilometer Land abgeben. Dann hätten die Schwarzen und die Weißen ungefähr dieselben Siedlungsgebiete wie zu Anfang des 19. Jahrhunderts. Doch auch dieser Preis ist den meisten Europäern noch zu hoch. Und natürlich hat bislang auch niemand die breite Masse der Schwarzen gefragt, wie sie zu der Kompromißbereitschaft der Bantustan-Chefs stehen.
Die Opposition hat, wo sie sich artikulieren darf, ihr Urteil über die Aussichten der Politik der Stärke, wie sie Kaiser Matanzima versuchte, gefällt. Nach dem diplomatischen Eklat zwischen Pretoria und Umtata höhnte Matanzima-Opponent Cromwell Biko im Parlament: »Wer sind Sie

denn, Sie kleiner Mann? Was sind Sie denn für ein Herrscher, Sie haben ja nicht mal ein Land.«
Ähnlich denkt die Außenwelt. Außer Südafrika hat kein Staat die Bantustans bisher anerkannt. Gewiß, sie sind trotz aller Rückständigkeit wirtschaftlich nicht weniger lebensfähig und nicht weniger demokratisch als die Mehrzahl der afrikanischen Staaten jenseits des Limpopo. Sie lehnen die Apartheid ab wie alle anderen. Aber das ist nun mal kein völkerrechtliches Kriterium.
Eine gewisse Ernsthaftigkeit bei den Bemühungen um Frontbegradigung ist Pretoria in der Tat nicht zu bestreiten. Im September 1980 traten die Buren zum Zeichen des guten Willens die historische Stadt Mafeking an Bophutatswana ab. Und Mafeking, wo sich im ersten Burenkrieg ganze Hundertschaften von Buren und Engländern ausbluteten, ist schließlich nicht irgendeine Stadt, sondern, wie Piet Botha vermerkte, »ein Flecken, der Afrikaanderherzen pochen läßt«.

Das Rührei auseinanderrühren

Wenn auch die Bantustans in ihrer gegenwärtigen Form nicht akzeptabel sind, so wird das Kernkonzept von den Moderaten beider Seiten doch als diskussionsfähig empfunden. Durch Teilung statt Integration haben schließlich schon andere Nationen mit auseinanderstrebenden Religions-, Volks- oder Interessengruppen ihre nationalen Probleme gelöst: Zypern, Pakistan, Libanon zum Beispiel. Gewaltsam zwar, aber wo Völkerschaften, die sich partout nicht vertragen, gewaltsam beieinandergehalten werden, da geht es in der Regel noch schlechter.
Die Südafrikanische Union wurde vor gut einem halben Jahrhundert aus mehreren heterogenen Teilen zusammengefügt. Kein Grund, sie nicht wieder in selbständige Teilstaaten zu zerlegen, diesmal eben nicht in einen burischen und einen englischen, sondern in einen weißen und einen oder mehrere schwarze, die sich dann nach Belieben zu einer Art Commonwealth zusammenschließen könnten.

Der sowjetische Expansionismus hat nach dem Zweiten Weltkrieg in Osteuropa mehr als zehn Millionen Deutsche entwurzelt, die nach weniger als gut einem Dutzend Jahren mehr oder minder im Westen integriert waren. In Afrika wurden in den knapp zwei Jahrzehnten seit dem Ende der Kolonialära 15 bis 20 Millionen Menschen aus ihrer Heimat vertrieben. Nicht einzusehen, warum nicht auch eine oder anderthalb Million Weiße unter geordneten Umständen einen Standortwechsel vornehmen sollten.
Es wäre ja auch nicht ihr erster Treck. Die schwarzen Südafrikaner sind durch die Politik der »getrennten Entwicklung« ohnehin so gründlich durcheinandergewirbelt worden, daß einer Gebietsneuordnung zumindest keine Heimatgefühle im Wege stünden.
Die Schwierigkeit, »to unscramble the egg«, das Rührei wieder in Dotter und Eiweiß auseinanderzurühren, wie es die Kap-Briten nennen, ist technischer Natur und somit nicht unlösbar. Schwieriger zu erreichen sind die psychologischen Prämissen der großen nationalen Gütertrennung. Und dazu scheint die Politikergarde, die derzeit in Pretoria das Sagen hat, nicht sonderlich geeignet. Botha und seine Anhänger wollen Rassentrennung und Integration gleichzeitig – Apartheid bis zum Wecken. Deswegen ist die Debatte über eine Teilungslösung bisher nicht vom Fleck gekommen.
Die Nationalisten haben sich auch schon über die ferne Zukunft Gedanken gemacht. Eines Tages sollen die schwarzen *homelands* und das weiße *homeland* namens »Vrystaat«, »Suidland« oder »Republic of Good Hope« zu einem südafrikanischen Commonwealth zusammenwachsen, dessen Bewohner getrennte Staatsbürgerschaften, aber einheitliche Pässe haben werden. Die »nationale Identität« der einzelnen Teilstaaten freilich muß gesichert sein. Darunter tun sie's nicht.
Jedoch, um diese nationale Identität zu sichern, bestehen sie darauf, achtzig Prozent der Bevölkerung zu ihren Wasserträgern zu degradieren. Und die besten Stücke aus dem Kuchen wollen sie natürlich auch. Vom moralischen Anspruch ist das so, als wollten die Bayern ganz Restdeutschland in bayernabhängige Satellitenstaaten aufteilen und für sich

zusätzlich den Hamburger Hafen, das Rhein-Main-Dreieck, die Weinstraße und das Ruhrgebiet requirieren. Wenn die Weißen sich auf das Kapland oder den Oranje-Freistaat zurückziehen und den Schwarzen den Rest überlassen würden... Aber sie wollen ja alles auf einmal.

Der jüngste und präziseste – aber nicht sehr aussichtsreiche – Teilungsplan stammt von dem Erzafrikaner Robert van Tonder. Nach seiner Vorstellung soll der Burenstaat aus den Provinzen Transvaal und Oranje bestehen. Die Rumpfrepublik soll über einen Korridor mit einer weißen Kap-Enklave verbunden werden, die van Tonder als »überlebensnotwendig« für den weißen Staat erachtet. Ein zweiter Korridor erstreckt sich nach diesem Plan von Oranje/Transvaal bis in die Umgebung von Durban. Der burische Kernstaat soll eingebettet werden in ein gemischtrassiges *homeland*.

Weil die Umsiedlung Geld kostet, hat sich van Tonder auch schon Gedanken über die Finanzierung gemacht. Er schlägt vor, die Briten zur Kasse zu bitten. Großbritannien soll 75 Milliarden Rand Reparationen für seine während der Burenkriege begangenen Kriegsverbrechen zahlen.

Undenkbar ist fast nichts. Das haben die drei südafrikanischen Psychologen William Hudson, Gideon François Jacobs und Siemon Biesheuvel in einer Experimental-Enquete zur Rassenfrage dokumentiert. Die drei Wissenschaftler, Mitarbeiter des *National Institute of Personal Research*, gehen davon aus, daß den Schwarzen die politische Mitbestimmung auf die Dauer nicht vorenthalten werden kann. Deswegen schlagen auch sie vor, die Nation zu teilen. Besonderer Clou: Sie wollen später die Teilstaaten zu einem Staatenbund mit gemeinsamer Schwarz-Weiß-Regierung wiedervereinigen. Die zündende Idee kam ihnen beim Studium der amerikanischen Senatsverfassung. Hudson, Jacobs und Biesheuvel haben nachgezählt und dabei festgestellt, daß 22 US-Bundesstaaten, deren Gesamtbevölkerung geringer ist als die des Stadtstaates New York, insgesamt 40 Vertreter in den Senat entsenden, währen den zehn Millionen New Yorkern nur zwei zustehen. So was wünscht sich das Partikulantentrio auch für Südafrika. Eher ein Denkanstoß, gewiß. Aber das ist für Südafrika schon viel.

SOWETO

Jährlich 500 namenlose Mordopfer

In der »Bar zum himmlischen Frieden« war die Hölle los. Flaschen flogen, Stühle wirbelten. An der Wand klebten die Überreste einer Maisbreimahlzeit. Zwei Teenager-Gangs lieferten sich über Mülltonnen und umgekipptes Mobiliar hinweg eine klirrende Massenrauferei.
Niemand wußte hinterher, wie es angefangen hatte. Man wußte nur, daß David, der achtzehnjährige Sohn des Schreiners Absalom Sopela, plötzlich mit zerschmettertem Schädel vor der Theke lag. Aus seinem Mund sickerte Blut. Man sah ganz klar, daß er tot war. Unnötig, einen Arzt zu rufen. Zwei Mann schleppten die Leiche weg. Dann wurde aufgeräumt. Zwanzig Minuten später herrschte wieder das gewohnte fröhliche Treiben in der »Bar zum himmlischen Frieden«.
Sie haben ihn irgendwo verscharrt, irgendwo zwischen Moletsane und Senaoane im Osten Sowetos. Über den Fall David Sopela gibt es keine Gerichtsakte. Der Polizeibericht von Johannesburg vermeldete an diesem Wochenende die Namen von 14 Menschen, die bei Gewalttätigkeiten umgekommen waren. Davids Name war nicht auf der Liste der Opfer. Er war einer der rund 500 namenlosen Ermordeten, die im Laufe des Jahres spurlos in Soweto verschwanden. Sie werden in keiner Statistik geführt. Ein Verfahren wird nur eröffnet, wenn jemand Anzeige erstattet. Der alte Sopela aber zog es aus Angst vor der Rache der Mörder vor zu schweigen.
David Sopela hatte einen guten Job als Tischler. 130 Rand (350 Mark) verdiente er im Monat. Ein ausgezeichneter Lohn für einen Schwarzen. Doch dann machte seine Firma pleite.

Der Gettoaufstand im heißen Sommer 1976. Ein weißer Soldat nimmt einen demonstrierenden Schüler in Soweto fest.

Eine neue Anstellung fand David nicht. Und ohne Arbeitspapiere durfte er nicht in Johannesburg bleiben. Denn nur wer als Arbeitskraft benötigt wird, hat ein Recht auf Existenz in den weißen Gebieten Südafrikas.
Wohnrecht in Soweto hat nur, wer entweder in Soweto oder einem anderen schwarzen Siedlungsgebiet Johannesburgs geboren wurde und dort sein Leben lang gewohnt hat, wer zehn Jahre lang bei einem einzigen weißen Arbeitgeber beschäftigt war oder wer fünfzehn Jahre lang in einer *township* gelebt hat und ununterbrochen erwerbstätig war. David Sopela erfüllte keine dieser drei Bedingungen.
Sie hätten ihn unweigerlich in sein *homeland* ausgewiesen, in seine Heimat, wie sie es nannten, eine Heimat, die er nie gesehen hatte und die er auch nicht sehen wollte. Arbeit gibt es nicht in Soweto. Weil David aber auch seinem Vater nicht auf der Tasche liegen wollte, schloß er sich einer Bande von *Tsotsis* an, jugendlichen Straßenräubern, die hauptsächlich in den östlichen Teilen Sowetos operierten.
Die anderen Typen waren junge Burschen wie David. Fast alle hatten mal einen Job gehabt. Und alle hatten sie ihn verloren, einige durch eigene Schuld, die meisten durch die wirtschaftliche Rezession. Sie knackten Autos, überfielen Spaziergänger und brachen in Geschäfte ein. Die Beute brachten sie in den *shebeens* durch, illegalen Kneipen, die sich von den staatlich lizensierten Wirtshäusern dadurch unterscheiden, daß sie schärferen Stoff ausschenken als das von der Regierung gestattete Marela oder »Kaffernbier«.
Marela ist gesund. Es hat den gleichen Nährwert wie Kuhmilch. Es gibt eine Menge Leute in Soweto, die fast ausschließlich davon leben. Aber Marela hat nur drei Prozent Alkoholgehalt. Die Drinks, die in den *shebeens* ausgeschenkt werden, haben achtzig Prozent und mehr.
Der Name *shebeen* kommt nicht von der »Queen of Sheba«, der Königin von Saba, wie einige ihrer Apologeten vermuten. *Shebeens* nannte man im 12. Jahrhundert die Schmugglerkneipen im Südwesten Irlands.

Kneipen sind überall auf der Welt Fluchtburgen der Unterprivilegierten. In den Shebeens trinkt man »Kaffernbier« gleich aus Eimern.

Saufen fördert die Konjunktur

Kneipen sind Fluchtburgen des Vergessens. In Soweto wie überall auf der Welt. An der Theke sind die Gäste keine Kaffern, keine namenlosen Arbeitstiere, die in ihren Stall geschickt werden, wenn die Arbeit getan ist. Auf den grob zusammengeschusterten Bretterbänken hat jeder seinen Stammplatz. Hier werden die Gäste mit »Mister« angeredet. Die Kneipen sind eherne Säulen der Konjunktur in Soweto. Der *West Rand Bantu Affairs Administration Board* (WRBAAB) kassiert Provision von jedem Blechnapf Bantu-Bier, der legal in Soweto verkauft wird. »Wenn die Schwarzen weniger saufen«, mokierte sich nach dem Schüleraufstand im Sommer 1976 der weiße Johannesburger Stadtverordnete Sam Moss, »kürzt man ihnen die städtischen Leistungen.« Saufen fördert in Soweto die Asozialität und das Gemeinwohl gleichzeitig.

Von den lizensierten Kneipen gibt es ein paar Dutzend in Soweto. Von den unlizensierten *shebeens* gibt es ein paar hundert. Die Polizei kennt sie alle. Aber sie greift nur selten ein. Denn die *shebeens* haben eine konsolidierende Funktion im Sozialgefüge der Gettos. Sie sind Überdruckventile, durch die Dampf abgelassen wird. In den staatlichen Wirtshäusern ist der Ausschank von Alkoholika einem strikten Reglement unterworfen. In den *shebeens* kann sich jeder besaufen, so schnell und womit er will. Das ist auch eine Art von Freiheit, wenn es schon an der großen Freiheit fehlt. Die Wertschätzung der *shebeens* drückt sich schon in der Anrede für ihre Besitzer aus. Man nennt sie »Kings«, »Queens« oder liebevoll »Auntie« (Tantchen).

Die Johannesburger »Sunday Times« hat die *shebeens* so beschrieben: »Sie sind das Gegenstück zum Pub des weißen Mannes. Sie bringen Wärme und Abwechslung ins Leben.« Vor allem Abwechslung. Zum Schnaps werden ergänzende Rauschmittel gereicht: Dagga, Methyläther aus Flaschen oder einfach Blechnäpfe mit Benzin, über denen man solange inhaliert, bis man weg ist. Dazu gibt es »Patha Patha«, auf einer Blechtrommel intensiv geschlagene Tanzrhythmen.

Natürlich gibt es in Soweto auch ganz gewöhnliche Feierabendkneipen, wo man in Ruhe seinen Schoppen nimmt und die Welt vergißt. Aber da verkehrten David Sopela und seine Freunde nicht. Sie hatten kernigere Stammlokale. Die »Vereinigten Nationen« zum Beispiel, ein lärmendes, rauchiges Loch, das seinen Namen der Nachkommenschaft der Wirtin verdankte: Sis Lou hatte drei verschiedenfarbige Kinder, ein schwarzes, ein kaffeebraunes und ein fast weißes. Niemand hat sie jemals nach den Ursachen dieser ethnischen Vielfalt gefragt. Sie sprach auch nicht darüber. Der Braune und der Weiße, so hieß es, waren von einem weißen Polizisten, der drei Jahre lang in Soweto stationiert war und dann überraschend nach East London versetzt wurde. Aber die Leute reden viel.

Wenn David und die anderen *Tsotsis* nicht bei Sis Lou waren, dann waren sie in der »Bar zum himmlischen Frieden«. Der Laden gehörte Jonathan Korogwe, den sie in Anlehnung an den legendären Zulu-Führer und Burenfresser »Shaka, den Zulu« nannten, weil er im Suff gern erzählte, wie er angeblich einen weißen Baas niedergeschlagen oder eine weiße Frau vergewaltigt hatte.

Bei Shaka alias Jonathan war immer was los. Nicht nur samstags, wenn die Arbeiter bei ihm ihren Lohn durchbrachten. Für Stimmung sorgten schon die *Tsotsis*, die ebenfalls regelmäßig bei ihm verkehrten. An der Theke in der »Bar zum himmlischen Frieden« hat es David erwischt. Er starb an der Stelle seines größten Triumphes, da, wo er Piggy Face Xhaluaba, einen der fähigsten Trinker von Moletsane, unter den Tisch gesoffen hatte.

Soweto – Metropole des Verbrechens

Der westdeutsche Soweto-Porträtist Markus Braun hat in seiner Studie über das »schwarze Johannesburg« einen Ursachenkatalog zur Schwerstkriminalität der urbanen Schwarzen zusammengesellt. Er sieht die Gründe für die exorbitant

Seiten 116/117: Die Schülerrevolte von Soweto endete mit einem Blutbad. Denn der weiße Mann hat alle Gewehre.

hohe Verbrechensrate unter anderem in der Verwahrlosung der Kinder, die mangels Schulpflicht nie gelernt haben, sich einer Ordnung zu unterwerfen, in den durch Überbelegung der Häuser gestörten Familienverhältnissen, in der Gewöhnung an Straffälligkeit durch eine Unzahl von rassendiskriminierenden Gesetzen, in der nachlässigen Strafverfolgung, in fehlenden Telefonanschlüssen (ein Apparat auf 1500 Menschen) und in der schlechten Straßenbeleuchtung.

Soweto hat – die nigerianische Hauptstadt Lagos ausgenommen – die höchste Kapitalverbrechensrate des Kontinents. Im Monatsdurchschnitt werden 80 Morde registriert. Dazu kommen die unregistrierten. Im internationalen Vergleich ist Südafrika ganz vorn. Wenn man die Verbrechensquote auf die Gesamtbevölkerung bezieht, dann werden in Südafrika viermal soviele Morde und dreimal soviele Notzuchtverbrechen verübt wie in Nordamerika.

Im Zentralgefängnis von Pretoria, wo der einzige Galgen des Landes steht, knüpft der Henker alle drei bis vier Tage einen Menschen auf. Südafrika hält seit Jahren – Ostblock eingeschlossen – den Weltrekord an amtlichen Hinrichtungen, wobei freilich zu berücksichtigen ist, daß Hinrichtungen als Folge von Strafverfahren im internationalen Vergleich eher zu den kultivierten Formen staatlich autorisierter Tötung gerechnet werden. Die Folterregimes der Dritten Welt pflegen die Namen ihrer Opfer nicht im Staatsanzeiger zu veröffentlichen.

In Südafrika sind in 95 Prozent der Mordfälle Schwarze und *Coloureds* sowohl Opfer als auch Täter. »Der von der weißen Machtgruppe auferlegte Zwang«, weiß der deutsche Soziologe Heribert Adam, »wird zunehmend durch Aggression gegen die eigenen Gruppenangehörigen kompensiert.« Das klingt nahtlos logisch. Aber es gibt zu denken, daß in den Ballungsgebieten der unabhängigen schwarzafrikanischen Staaten Mord und Totschlag nur deshalb nicht so häufig in der Statistik auftauchen, weil dort die Polizei ineffizienter ist als in Südafrika. Außer der von weißen Unterdrückern oktroyierten Aggressionslust müssen wohl noch andere gewichtige Tatmotive mit im Spiel sein.

Keine Frage, daß die Instabilität das Verbrechen fördert.

Weil sie sich außerhalb der Slums nicht sehen lassen dürfen und ohne Paß keine Arbeit bekommen, holen sich die illegalen Zuzügler in Soweto das, was sie zum Leben brauchen, mit Gewalt von ihren Mitbürgern.

Nachts sind die Straßen leer in Soweto. Denn nachts gehören die Straßen den *Tsotsis.* Aber sie jagen auch bei Tageslicht. Die Methoden sind, weil die Gefahr der Entdeckung gering ist, denkbar einfach. Vier, fünf von ihnen umringen einen einzelnen Passanten und nehmen ihm die Geldbörse ab. Wer sich sofort wehrt, der stirbt. Er bekommt beispielsweise das »eiserne Rückgrat« zu spüren, eine angespitzte Fahrradspeiche, die am Genick ins Rückenmark eingestochen wird. Diese Tötungsmethode ist sicher und fast unblutig. Deshalb hat sie sich durchgesetzt. Beinahe jedes zweite Mordopfer stirbt am »eisernen Rückgrat«.

Die *Tsotsis* haben eine eigene Ehrengerichtsbarkeit. Verrat wird mit dem Tod bestraft, mit einem ganz besonderen Tod, der je nach Schwere des Delikts und dem Erfindungsreichtum der Henker variiert. Einen Hilfsbriefträger aus Dube, der fahnenflüchtig geworden war, führten sie vor seiner eigenen Haustür ihrer spezifischen Gerechtigkeit zu. Sie nagelten ihn nackt an die Türbohlen und schlitzten ihm mit einem Klappmesser den Leib auf. Nachdem sie ihn zu Tode gefoltert hatten, schnitten sie ihm den Penis ab und schoben ihn der Leiche in den Mund.

Einen anderen Abtrünnigen banden Gang-Genossen im Hof einer *shebeen* an eine Regentonne und zwangen ihn, Benzin zu schlucken. Dann jagten sie ihr Opfer mit einem Streichholz in die Luft.

Kriminelle Delikte werden in den *townships* in der Regel nur dann geahndet, wenn sie die Stabilität oder die Autorität des Systems gefährden. Die Einhaltung der Paßgesetze wird strikter kontrolliert als die Befolgung der Hygienebestimmungen. Darauf achten die Rollkommandos aus schwarzen Hilfswilligen, *Blackjacks*, wie die Bevölkerung sie wegen ihrer schwarzen Jacken getauft hat. Die *Blackjacks* sind verhaßter als die weißen Cops. Sie scheren sich nicht um Vorschriften, wenn sie morgens um fünf auf der Jagd nach Paßgesetzbrechern in die Häuser eindringen. Sie schlagen zu, bevor sie

Fragen stellen. Auch die Staatssicherheitsbehörden bedienen sich bei Untersuchungen gegen schwarze Sabotageverdächtige gern der Verhörkünste der »Blackjacks«. Auf dem Höhepunkt des Soweto-Aufstands zog das Innenministerium die schwarzen Hilfspolizisten von der Gettofront ab und ersetzte sie durch weiße Beamte. Die Weißen wirkten weniger provozierend auf die rebellischen Massen als die schwarzen Hiwis.

Die große Mehrheit der südafrikanischen Schwarzen ist unpolitisch bis in die Knochen. Sie beugt sich mehr oder weniger ergeben dem alttestamentarischen Diktat des weißen Mannes. Was indes auch die Friedfertigen verwirrt: Die Weißen nehmen ihre Fürsorgepflicht nicht sonderlich ernst. Falschparken wird in Soweto ohne Antrag strafrechtlich verfolgt, Totschlag nicht. Deshalb konnten während der Krawalle im Sommer 1976 Zulu-Terrortrupps zum Teil unter den Augen der Polizei – oder der *Blackjacks* – Hunderte von Sothos, Ndebeles und Xhosas umbringen.

Gesetz des Dschungels

Weil die Justiz die Rechtspflege schleifen läßt, solange nur Schwarze die Opfer von Rechtsbrechern sind, hat sich Soweto seine eigene Gerichtsbarkeit geschaffen. Einfache Straftaten werden, sofern sie nicht formell gerichtsnotorisch geworden sind, von *Kgotlas* geahndet, Amateurtribunalen, die nach dem Stammesrecht der Zulus urteilen.

Die Rechtsfindung vor den *Kgotlas* folgt allzu geradlinigen und deshalb umstrittenen Prozeduren. Der Angeklagte hat kein Recht auf Verteidigung. Er hat stumm der Anklage und dem Urteil zu lauschen und sich hernach der Vollstreckung zu unterwerfen, ohne zu mucken. Die Strafe wird meist mit der Nilpferdpeitsche vollstreckt. Für Diebstahl gibt es zehn Schläge, für Verstöße gegen die Stammesordnung bis zu

In Soweto, der schwarzen Vorstadt von Johannesburg, fehlt es an Strom, Wasser, befestigten Straßen. Nur Polizisten gibt es genug.

fünfzig. Der Vollzug findet in der Regel vor großem Publikum statt.
Die Behörden lehnen »das Gesetz des Dschungels« (so die »Rand Daily Mail«) rundheraus ab. Formell jedenfalls. Expolizeimeister Jimmy Kruger fand die Auspeitschungen »einfach barbarisch«. Dabei wird auch in den Strafanstalten ganz legal ausgepeitscht. Wie die meisten schwarzafrikanischen Staaten mag auch Südafrika auf die Prügelstrafe als Züchtigungsmittel nicht verzichten.
Es geht im Knast nur etwas hygienischer und zackiger zu als bei den *Kgotlas*. Staatliche Prügelknechte müssen sich durch einen Test qualifizieren. Und für den Fall, daß doch einer mal danebenhaut, werden die Nieren des Delinquenten mit ledernen Manschetten abgedeckt. Die Opfer der Prügelorgien von Soweto landen nicht selten im Krankenhaus.
Soweto – in Langschrift »South Western Township« – liegt nur eine knappe halbe Stunde vom mondänen Johannesburger »Carlton Center« entfernt, draußen im *Veld*, wo auch im Sommer oft ein eisiger Wind pfeift. Ein schmutzig-graues Meer aus winzigen Einfamilienhäusern, über dem abends der Smog aus über 100000 Schornsteinen hängt. Dazu 250 Sportplätze, 154 Kirchen, sieben Krankenhäuser und 130 Schulen. Die Straßen sind schnurgerade und übersichtlich, so übersichtlich, daß zwei gut bewaffnete Kompanien Soldaten die ganze Millionenstadt in Schach halten können.
Soweto ist, ethnologisch gesehen, ein Mikrokosmos Südafrikas. Alle Stämme des Subkontinents sind hier vertreten; Ndebele, Venda, Tswana, Tsonga, Sotho, Zulus, Xhosa, Swasi, Pedi. Dominierend sind die Zulus, der vitalste Stamm Südafrikas, dessen Häuptlinge den Treckburen im 18. und 19. Jahrhundert den hartnäckigsten Widerstand entgegensetzten. Die Zulus geben in Soweto den Ton an. Sie stellen die meisten Hilfspolizisten, die meisten Händler und auch die meisten *Tsotsis*. Ihre Lingua franca ist Fanagaloon, ein verballhorntes Derivat der Zulusprache, vermischt mit eigenwilligen Anglizismen. Ein Flugzeug nennen sie »breath lorry«, Pustelaster. Ein Mensch, der zu Subordinanz gegenüber seinen weißen Vorgesetzten neigt, ist ein »Yes-baas-

muntu«, ein Jawohl-Chef-Mensch – Arschkriecher auf deutsch.
Die Nummer eins sind die Zulus nur innerhalb Sowetos. In der Stadt sind sie Muschkoten wie alle anderen Schwarzen, seelenlose Arbeitstiere, die die Millionenstadt Johannesburg im Zehn-Stunden-Takt aufsaugt und wieder ausspuckt.

Permanentes Provisorium

Soweto ist eine Schlafstadt für Parias. Jeden Morgen um fünf Uhr, wenn die Weißen sich noch einmal auf die andere Seite drehen können, strömen 350000 Schwarze ins weiße Johannesburg. Die Vorortzüge sind so voll wie die Hamsterzüge der deutschen Nachkriegszeit. Abends um fünf ebbt die Flut zurück. Um zehn Uhr abends darf sich kein Schwarzer im weißen Johannesburg mehr auf der Straße zeigen. Johannesburg ist »white by night«.
In Soweto wohnen 1150 Menschen auf dem Quadratkilometer. Das sind tausend mehr als in Manhattan. Aber in Soweto wohnen sie alle parterre. Wie das »Institut für Rassenbeziehungen« ermittelte, stehen einem weißen Einwohner Johannesburgs im Schnitt mehr als zehnmal soviele Quadratmeter Wohnraum zur Verfügung wie einem schwarzen. Nur jeder zweite Haushalt in Soweto hat fließendes Wasser, nur jeder vierte einen Stromanschluß. Im heißen Sommer 1976 gingen viele Lizenzkneipen in Flammen auf und damit auch die Hoffnungen auf Sanierung. Ohne Schnaps keine Steuern. Ohne Steuern keine Elektrizität.
Drüben im Westen hat der WRBAAB Bäume anpflanzen lassen. Er hat einen Wettbewerb für den schönsten Garten ausgeschrieben. Aber die Neger haben Pflanzen und Bäume ausgerupft. Nicht weil sie Brennholz brauchten, nein, aus schierer Zerstörungswut.
Und streunende Hunde und Katzen gibt es nur deshalb so wenige in Soweto, weil sie gleich weggefangen und aufgegessen werden.
Es ist wahr: Die Mehrheit der Bewohner von Soweto hat ein unterentwickeltes ästhetisches Bewußtsein, wenn man weiße

Maßstäbe anlegt. Sie kippen ihren Unrat einfach vor die Haustür. Sie streichen ihre Häuser selten oder nie. Die meisten haben auch keine Gardinen vor den Fenstern.
Daß in Soweto der Sinn für das Schöne und Edle verkümmert, hängt mit dem Rechtsstatut seiner Einwohner zusammen. Die Schwarzen werden als Arbeitskräfte in den weißen Gebieten benötigt. Aber sie haben dort nur eingeschränktes Wohnrecht. Soweto ist ein permanentes Provisorium. Die Bantustan-Politik der Regierung macht die gesamte Bevölkerung Sowetos Zug um Zug zu Ausländern. Wer Arbeit hat, kann auch nach der »Unabhängigkeit« seines »Heimatlandes« bleiben, nur mit noch weniger Rechten als vorher. Wer seinen Job verliert, muß mit Ausweisung rechnen.

Der allerletzte Dreck

Am schlimmsten geht es Wanderarbeitern wie David Sopela in den staatlichen Asylen. Sie sind der Abschaum der Unterprivilegierten, die *Isicasas*, Bauerntrampel, wie die städtischen Schwarzen sie nennen. Sozusagen der allerletzte Dreck. Und so werden sie auch behandelt.
Die *hostels*, in denen die *Isicasas* wohnen, sind im Schnitt ein Vierteljahrhundert alt. Der Wohnkomfort hat den Standard mittelalterlicher Kasematten. Die meisten waren als Provisorien konzipiert. Schon damals nannten die Bewohner sie *Sfasonke*, zu deutsch etwa den »Ort, an dem wir sterben werden«.
Das größte und schlimmste ist das »Meadowlands Hostel«. Hier hausen über zehntausend Menschen am Rande von Gulag-Bedingungen, nur ohne Stacheldraht. Toiletten und Duschen ohne Trennwände, meist Pappe statt Glas vor den Fenstern, 16 Mann in einem Zimmer. Dreck, Gestank, Diebstahl, Schlägereien. Jeder hat ein Bett auf einem Betonsockel und einen Spind, in dem auch gekocht wird. Wer hier schlafen will, muß eiserne Nerven haben. Bis nachts um

Wars jour pass, Kaffir? Der Knüppel ist immer noch das wichtigste Instrument der südafrikanischen Exekutive.

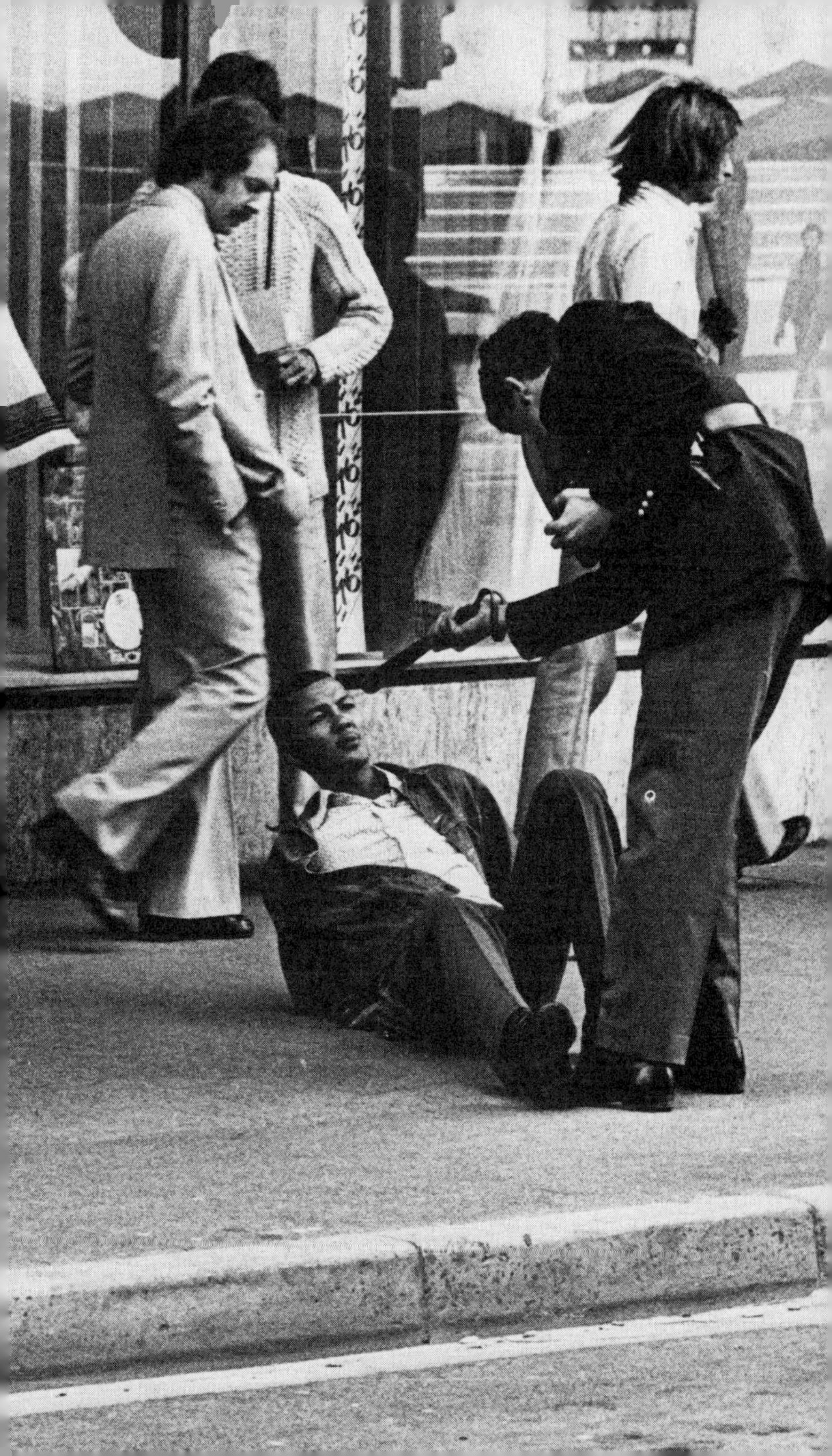

zwei lärmen die Betrunkenen. Morgens um vier macht sich die Frühschicht fertig.

Am Wochenende kommen die Nutten. »Männer sind Männer«, sagt Xhlango Lutwan aus Natal. »Aber ich muß dann raus. Ich bin noch nicht lange genug hier, um das zu ertragen.« In Meadowlands gibt es auch ein paar Einzelzimmer. Doch da kommt man nur 'ran, wenn man die richtigen Leute kennt.

Lutwan war früher Lehrer. Als er seine Stellung verlor, ging er in die Minen. Er will nur solange arbeiten, bis er ein paar Morgen Acker daheim in Zululand kaufen kann. Er verdient nicht mal den achten Teil eines »weißen« Steigergehaltes. Aber er ist zuversichtlich. Er wird es schaffen – wenn er Soweto solange aushält. Soweto ist für ihn schlimmer als die Arbeit im Bergwerk.

Es gibt auch Schwarze, die sich in Soweto heimischer fühlen als im weißen Johannesburg. Dr. Constance Sarili, Frauenärztin aus Natal, sagt warum: »Ich habe es satt, von weißen Ladenmädchen beim Einkauf als Nanny angeredet zu werden. Soweto ist die Hölle. Aber man kann die Vorhänge zuziehen, wenn man allein sein will.«

Um 1880 lebten mehr Europäer als Afrikaner in und um Johannesburg. Erst mit der systematischen Ausbeutung der Goldfelder am Witwatersrand begann der schwarze Treck in die »City of Gold«. Um 1900 siedelten 55000 Schwarze an den Stadträndern. 50000 Männer und 5000 Frauen. Damals gab es noch keine Rassentrennung.

Jeder baute sein Haus, wo Platz war. Erst 1913 wurden Heimat- und Aufenthaltsrechte der Afrikaner gesetzlich reglementiert. Mit dem *native land act* begrenzte die Unionsregierung die Siedlungsrechte der Schwarzen auf die *homelands*, die damals etwa sieben Prozent der Fläche Südafrikas ausmachten.

Landflucht und Arbeitskräftebedarf machten später eine Gesetzesnovelle erforderlich. Im *native urban act* wurden die Kommunalbehörden der »weißen« Gebiete ermächtigt,

Soweto-Expreß. Jeden Morgen rollt ein Heer von Hunderttausenden schwarzer Muschkoten in überfüllten Zügen nach Johannesburg.

3

Schwarzen vorübergehende Aufenthaltsrechte einzuräumen. Die schwarze Stadtrandbevölkerung degenerierte zum Energiereservoir, das man mit Hilfe von Verordnungen je nach Konjunktur aufdrehen oder abbauen konnte.
1955 ließ die Regierung Strijdom auf Anregung des damaligen Bantu-Ministers Hendrik Verwoerd die Slums rings um die Großstädte abreißen und die Einwohner in festen Auffanglagern zusammenfassen, die Schwarzen von Kapstadt in Wynberg, die von Durban in Kwa Mashu, die von Pretoria und Johannesburg in Soweto.
Soweto war für damalige Begriffe eine mustergültige Siedlung. Es gab – wenn auch nicht für alle – fließendes Wasser, elektrischen Strom, feste Straßen, Krankenhäuser. In Sophiatown, wo die meisten der Soweto-Neubürger bis dahin gewohnt hatten, mußte man das Wasser vier Meilen weit aus der nächstgelegenen weißen Siedlung heranschaffen, zum Preis für einen Penny den Eimer sauberen und einen halben Penny für den Eimer schmutzigen Wassers. Damals rissen sich die Schwarzen um eine Wohnung in Soweto. Inzwischen hat sich die Bevölkerung versechsfacht, ohne daß die Infrastruktur auch nur annähernd Schritt gehalten hätte. Vor fünfzehn Jahren noch mag Soweto im gesamtafrikanischen Vergleich recht gut abgeschnitten haben. Aber heute ist das schwarze Johannesburg auf weiten Strecken eine Metropolis des Elends, wenn auch nicht ganz so schlimm wie Lagos, Kinshasa, Luanda, Maputo, Accra und Kairo.

»Wars jou pas, Kaffir?«

Als Damm gegen die Überbevölkerung der schwarzen Satellitenstädte hat die Nationale Partei die *influx control* erfunden, ein legalistisches Drosselventil, mit dem Zugänge und Abgänge reguliert werden können. Wichtigstes Instrument der *influx control* ist das Paßgesetz. Es verpflichtet jeden

Mit Taschentuch und Spucke kriegt das Koppelschloß den letzten Schliff. Vorbereitungen zur Parade schwarzer Polizisten im Stadion von Soweto.

schwarzen Einwohner Südafrikas über sechzehn Jahre, jederzeit und an jedem Ort außerhalb der *homelands* ein »reference book«, vom Volksmund kurz »Paß« oder »Dompaß« genannt, bei sich zu tragen. Wer sein »reference book« nicht auf Verlangen und sofort vorzeigen kann, handelt sich Strafen von fünf Rand bis zu einem Jahr Gefängnis ein. Jedes Jahr werden etwa 500000 Schwarze wegen Verstoßes gegen das Paßgesetz abgeurteilt, die meisten zu Minimalstrafen in Höhe von zehn oder zwanzig Rand. »Ich glaube nicht«, sagte im Juni 1964 Nelson Mandela in seiner berühmt gewordenen Verteidigungsrede während des Rivonia-Prozesses, »daß es in ganz Südafrika einen erwachsenen Schwarzen gibt, der nicht irgendwann einmal wegen seines Passes mit der Polizei Ärger hatte.«

Die Bürgerrechtlerin Helen Suzman hat dem Parlament in Kapstadt berichtet, wie ein Polizeibeamter ihre Hausangestellte aus ihrem Garten heraus verhaftet hatte. Weil es ihr während der Gartenarbeit warm geworden war, hatte das Mädchen den Kittel mit dem Paß in der Seitentasche ausgezogen und an einen Haken an der Tür des Gartenhauses gehängt. Deshalb trug sie den Paß nicht »bei sich«, wie das Gesetz es vorschreibt. Ausflüchte ließ der Beamte nicht gelten. Er gestattete ihr auch nicht die drei, vier Schritte bis zum Kittel. Verstoß gegen das Paßgesetz. Sie mußte mit zur Wache kommen und von ihrer Chefin ausgelöst werden.

»Wars jou pas, Kaffir?« – Wo ist dein Paß, Kaffer? Das ist die Standardformel, mit der in Südafrika konservative Amtspersonen ihre Dialoge mit Afrikanern zu eröffnen pflegen.

Die Kaffernpässe haben eine lange Tradition. Schon die holländische Ostindien-Kompanie gab vor 250 Jahren an die Kap-Hottentotten Pergamentpässe aus, die die Träger als Nichtsklaven auswiesen. Diesen emanzipatorischen Stempel trägt der Paß schon lange nicht mehr. Im Gegenteil: Heute dient er eher dazu, den Paßinhaber an die Kette zu legen.

Der Paß ist gleichzeitig Abstammungsnachweis, Arbeitsbuch und gerichtliches Führungszeugnis.

Er ist das allgegenwärtige und verhaßte Attribut der Unmündigkeit der schwarzen Rasse. Ohne Paß keine Arbeit, keine Wohnung, kein Existenzrecht außerhalb der Bantustans. Der Terminus suggeriert Normalität. Einen Paß haben auch freie Menschen. »Was ist so schlimm dabei?« fragte Exjustizminister Jimmy Kruger in einer Debatte des Parlaments in Kapstadt. Schlimm ist zunächst, daß die Weißen keinen Paß brauchen, um sich da aufzuhalten, wo sie arbeiten oder geboren sind. Schlimm ist ferner, daß der weiße Arbeitgeber mit einem nicht anfechtbaren Eintrag im Paß seines Arbeitnehmers dessen Existenz ruinieren kann. Am schlimmsten ist, daß eine Behörde unter Ausschluß des Rechtsweges und ohne Angabe von Gründen den Paß einziehen und damit den Träger zum Ausländer machen kann. Eine effektivere Art der Erpressung ist kaum denkbar.

Der Fall des Justus Nguni ist einer von hunderttausenden. Der Vorgang ist für Südafrika so normal wie anderswo in der Welt die Erteilung eines Strafmandats für falsches Parken.

Justus Nguni war in Alexandra bei Johannesburg geboren. Als er siebzehn Jahre alt war, schickten ihn seine Eltern zu Verwandten nach Port Shepstone in Pondoland. Auf dem Land sollte er sein Asthma auskurieren. Justus war nicht eben kerngesund, als er zwei Jahre später nach Johannesburg zurückkehrte. Aber seine wirtschaftlichen Verhältnisse zwangen ihn, Geld zu verdienen. Sein Vater hatte ihm einen guten Job als Baggerführer bei einem Bauunternehmen besorgt. Alles bestens. Aber dann kam der kalte Guß. Die Behörden verweigerten Justus Nguni den Paß. Man gab ihm 72 Stunden, um Johannesburg zu verlassen. Ein paar Wochen hielt er sich illegal in Soweto auf. Dann lief er beim Einkaufen einer Gruppe von *Blackjacks* in die Hände. Sie verprügelten ihn und nahmen ihn mit zur Wache. Ein weißer Richter verurteilte ihn im Schnellverfahren – Dauer: dreieinhalb Minuten – zu zehn Rand Strafe. Weil Justus nichts weiter riskieren wollte, reiste er zurück nach Port Shepstone. Da sitzt er seit Anfang 1975, schreibt Eingaben, die alle abschlägig beschieden werden, und wartet auf bessere Zeiten.

Justus Nguni ist ein unpolitischer Mensch. Man hat ihm schon früh beigebracht, daß die Weißen die Bosse im Lande sind. Er hat das auch nie in Zweifel gezogen. Aber seit seiner Ausweisung aus Johannesburg glaubt er nicht mehr, daß die

Vorherrschaft des weißen Mannes in Südafrika von Gott gesegnet ist.
Exlehrer Xhlango Lutwan aus Zululand glaubt das freilich noch immer. Er bewohnt ein Bett im »Meadowlands Hostel«, obwohl er das Haus von Freunden hätte übernehmen können, die freiwillig in ihr *homeland* ziehen wollten. Er hätte die Sache hintricksen können wie soviele andere. Aber ein Mann wie er hält auch dem Staat noch die Treue, der ihn schnöde im Stich gelassen hat. Schließlich war er mal im Staatsdienst tätig. Und wenn Zululand autonom wird, dann wird er vielleicht auch wieder in seinem alten Beruf arbeiten können. Deswegen will er keine krummen Touren. Seine Frau und die zwei Kinder sieht Xhlango Lutwan nur alle drei, vier Monate.

Parieren und sonst gar nichts

Die Chance, als Illegaler in Soweto geschnappt zu werden, ist nicht sehr groß. Und Soweto ist beinahe ein Paradies im Vergleich zu vielen *homelands*. Wer Verwandte hat, wird schon irgendwie durchgezogen. Das ist das Risiko wert.
Ab und zu durchkämmen schwarzweiße Rollkommandos im Morgengrauen die Häuser auf der Suche nach Illegalen. Wer seinen Paß nicht in Ordnung hat, wird festgenommen. Die Verhafteten werden aneinandergekettet und von Haus zu Haus mitgeschleift. Wenn eine Lastwagenladung beisammen ist, bringen die Ordnungshüter ihre »Delinquenten« zum Präsidium am »Vorster Square«.
Wenn es um die Pässe geht, ist die Polizei sehr effizient. Durchsuchungsbefehle, Intimsphäre – das sind Vokabeln aus dem Wörterbuch für Weiße. In Soweto wird pariert und sonst gar nichts.
Wie man zu einem Paß kommt, hat der schwarze Schriftsteller Can Temba geschildert, der 1968 nach mehrjährigem Exil in Swasiland starb. Auszug: »Nackt. Erniedrigt. Bei Gott

Die »Blackjacks«, die in Soweto als Ordnungskräfte fungieren, werden wegen ihrer Brutalität mehr gefürchtet als die weißen Polizisten.

hoffend, daß die Zeit schnell vorbeigeht; ... große Geschäftsleute, studierte Leute, ganz gewöhnliche Leute kommen, um einen Paß zu kriegen, stehen ausgezogen im Warteraum... Drinnen triffst du auf Angestellte und Arzthelfer in weißen Kitteln, die dich anbrüllen, du solltest dich in eine Schlange stellen, die zu einem Raum mit grünen Vorhängen führt... Herr John Raditsebe, wohnhaft in Victoria Road Nr. 71, Sophiatown, Johannesburg, ist Uhrmacher... ›Dieser Paß‹, sagt er, ›ist so wertvoll, daß man die Augen zumacht und dieses gräßliche Erlebnis erträgt.‹«
Für weiße Südafrikaner sind Nachrichten aus Soweto wie Nachrichten aus Übersee. Kaum einer von hundert Johannesburgern war jemals da. Fremde können beim WRBAAB eine Besichtigungstour buchen – vorausgesetzt, daß sie zu keiner suspekten Berufsgruppe gehören wie Journalisten, Theologen und Pädagogen. Das Eintrittsgeld wird für mildtätige Zwecke verwandt.
Der Fremdenführerjargon färbt die graue Barackenstadt zartrosa. Wo sonst haben es Schwarze so gut in Afrika? Soweto-Einwohner haben ein fünfmal so hohes Einkommen wie Werktätige im übrigen Afrika. Weil die Schwarzen fast keine Steuern zahlen, muß die Regierung fast alle Kosten für Gemeinschaftseinrichtungen aus der Staatskasse decken, berichtet der Führer. Nirgendwo sonst in Afrika gibt es ein Automobil auf zehn Einwohner. Die Analphabetenquote ist mit die niedrigste des ganzen Kontinents.
Die Besichtigungsfahrten enden meist in der Pioneer Avenue, der Villengegend von Soweto. Hier wohnen die reichen Schwarzen, die Schnapshändler, die Wahrsager und andere erfolgreiche Freiberufler. Hier hat das schwarze Johannesburg einen weißen Saum. Ausladende Bungalows mit englischem Rasen davor. Livrierte Chauffeure, Nannys mit Spitzenhäubchen. Sogar einen Debütantinnenball haben sie hier einmal im Jahr. Dem Tüchtigen gehört die Welt. Das ist der Beweis.

Freie Bahn dem Tüchtigen

Einer der schwarzen Erfolgsmenschen von Pioneer Avenue ist Jacob Ndungunya. Er könnte für die Schnapsreklame vor dem Bahnhof von Mhzimlope im Norden der Vorstadt Modell gestanden haben. Forsch, locker, erfolgreich, im Gesicht wesentlich heller als der Durchschnitt. Jacob Ndungunya ist Millionär. Hinter ihm liegt eine richtige Tellerwäscher-Karriere. Er kam mit seinem Vater Anfang der fünfziger Jahre nach Johannesburg, in der Sturm- und Drangperiode der Industrialisierung. Ein halbes Jahr arbeitete er als Lampenzünder und Kaffeeholer bei einer Baugesellschaft. Das war ein beschaulicher Job. Aber Jacob war ein vitaler junger Mann. Er fühlte sich nicht ausgelastet. Und er hatte Ideen. Eine davon hat ihn reich gemacht.

Das Startkapital war ein Leinensäckchen mit bunten Steinen, die Jacob aus seiner Heimat am Mkuze-Fluß im Norden von Zululand mitgebracht hatte. Mit den Steinen hatte schon sein Großvater ein Vermögen gemacht. Die Leute waren von weit hergekommen, um sich von ihm behandeln zu lassen. Der alte Ndungunya nahm nur Erfolgshonorare. Wer nicht geheilt wurde, brauchte auch nicht zu zahlen. Ein nahezu perfektes System. Denn gut ein Drittel aller Krankheiten sind psychosomatisch. Viele davon sind mit Sprüchen und ein bißchen stilvollem Hokuspokus zu kurieren. Und wer geheilt ist, fragt nicht nach der Ursache des Heilerfolgs. Er zahlt.

Nach demselben System ist auch Jacob Ndungunya reich geworden. Er hat sein Instrumentarium inzwischen stark erweitert. Neben den wundertätigen Steinen hat er heilkräftige Affenknochen, rheumawirksame Schlangenhäute und Naturpräparate auf Kot- und Pflanzenbasis gegen ein weitgefächertes Spektrum von Infektionskrankheiten im Repertoire. Er kann Ratten und Schlangen aus Menschenleibern fortzaubern und durch Handauflegen werdenden Müttern zum Wunschkind verhelfen, weiblich für zwanzig, männlich für fünfzig Rand. Bei Geschlechtstherapien wird Vorkasse geleistet. Man braucht nur bei Nichterfüllung die Abschlagzahlung zurückzuerstatten. Das ist statistisch in fast jedem

zweiten Fall erforderlich, weil sich die Geburten von Jungen und Mädchen ungefähr die Waage halten.
In Soweto gibt es mindestens tausend solcher Quacksalber und Wunderdoktoren. Sie haben ihre Funktion wie der Krämer, der Milchmann und die Müllabfuhr. Nicht nur, daß sie Kranke gesund machen, die gar nicht krank sind. Für viele verkörpern sie die Geborgenheit ihrer ländlichen Heimat, die ihnen in der Großstadt Soweto abhanden gekommen ist. Deshalb haben sich Aberglauben und Spökerei viel unverwässerter in den *townships* erhalten als die anderen ländlichen Lebensformen.
Keine Frage, daß Jacob Ndungunya und seine Kollegen, strafrechtlich betrachtet, Betrüger sind. Aber das trifft auch für viele Randexistenzen der westlichen Medizin zu. Und die dürfen auch praktizieren. Und schließlich ist Jacob Ndungunya keiner von den »harten« Hexenmeistern, den Exorzisten und Leichenschändern, den Predigern des »Muti«-Kults, die den Teufel mit der Peitsche austreiben, frisch Verstorbene ausgraben und sie stückchenweise als Fetische verkaufen. Die Muti-Männer ziehen lebendigen Menschen die Haut vom Leibe und zerstückeln kleine Kinder, um die Geister der Finsternis freundlich zu stimmen. Nein, so einer ist Jacob Ndungunya nicht. Das hat er gar nicht nötig.
Nur wenigen bringt die Quacksalberei soviel ein. Jacob ist ein begnadeter Absahner. Zu ihm kommen sogar Weiße aus Hillbrow und uptown Jo'-burg. »Wissen Sie, Medizin, das ist doch zum großen Teil eine Frage von Glauben und Parapsychologie«, sagt Jacob. Sein Wartezimmer ist immer voll. Er macht im Schnitt 150 Rand am Tag, mehr als ein weißer Fabrikdirektor.
Die Kinder leben im Ausland. Eine Tochter studiert in Cambridge. Zwei Söhne, im Alter von 14 und 16 Jahren, gehen in Swasiland zur Schule. In Soweto mußten sie Pedi und Tswana lernen, zwei Eingeborenenidiome, die weder Jacob Ndungunya noch seine Frau verstanden. Afrikaans hätten sie noch geschluckt. Aber was macht man mit Pedi im Berufsleben? Die Kinder sollen es einmal besser haben als die Eltern. Margarete, die Älteste, will Ärztin werden. Die zwei Jungen sind technisch begabt und wollen Maschinen-

bau studieren. Die Ndungunyas können sich eigentlich nicht beklagen.
Jacob könnte sich leicht eine Villa in Hillbrow leisten, wenn es den *group areas act* nicht gäbe, der ihn zwingt, in Soweto zu leben. Immerhin, er hat es sich hübsch gemacht. Sein Garten ist von einer zwei Meter hohen Mauer umgeben. In seinen vier Wänden hat Jacob angehäuft, was er für den Ausbund von Zivilisation hält: ledergebundene Bücher auf deutsch und französisch, ein paar tausend Flaschen Wein, vorwiegend Kreszenzen der gehobenen Kategorie, Möbel aus massiver Kapeiche und allerhand blinkendes, summendes Elektronikzeugs wie Diagnoseapparate, Stereoanlagen und ein ferngesteuertes Männekenpis, das auf Knopfdruck Whisky abläßt. Jacob hat fünf Mann Personal und ein beheiztes Schwimmbad, zwei schottische Ridgeback-Hunde, einen Jaguar und einen »Audi 80 super« für seine Frau.
Jacob Ndungunya ist für seine Umgebung eine Respektsperson. Nur, für den WRBAAB ist er ein gewöhnlicher Nigger wie zwanzig Millionen andere. Wie die übrige Million Halbbürger von Soweto ist er ein Fremder im eigenen Land. Für sein Gewerbe braucht er eine Lizenz (Kostenpunkt: fast 500 Rand), die jedes Jahr erneuert werden muß. Sein Haus gehört ihm ebensowenig wie der Grund, auf dem es steht. Er darf es ohne Genehmigung der Regierung weder verkaufen noch weitervermieten, es nicht einmal leerstehen lassen, wenn ihm danach wäre.
Weil Jacob Ndungunya ein vorsichtiger Mann ist, will er sich nicht über politische Fragen äußern. Sein Freund Ephraim Tshabala ist mutiger. Er sagt es frank und frei heraus, was er über die Apartheid denkt: »Rassentrennung ist von Gott gewollt. Sogar die wilden Tiere haben Rassentrennung. Jede Gattung bleibt unter sich, die Löwen bei den Löwen, die Tiger bei den Tigern.« Man muß dazu wissen, daß auch Ephraim Tshebala Rand-Millionär ist und daß seine Tankstelle in Soweto mehr Umsatz macht als jede andere Tankstelle in Südafrika.

»Wir wollen keinen Dialog«

Nach einer Studie des südafrikanischen Wirtschaftsforschungsinstituts ist über die Hälfte der rund fünf Millionen städtischen Schwarzen in den Gettos geboren. 40 Prozent leben bereits in der zweiten und dritten Generation in den *townships*. Im Jahr 2000 sollen, wenn kein politisches Beben die statistische Berechnungsbasis erschüttert, zwischen 20 und 30 Millionen Schwarze in den städtischen Gebieten wohnen – als Gastarbeiter in den *townships* oder als Bürger der stadtnahen Bantustans. Johannesburg soll dann nach dem Willen der Bevölkerungsplaner wieder eine überwiegend weiße Stadt sein. Trotz des zu erwartenden Zuzugs sollen dann wieder zwei Weiße auf einen Schwarzen kommen – wie um die Jahrhundertwende.

Der Gettoaufstand von Soweto hat das Konzept in Frage gestellt. Nicht, daß sich die Weißen wirklich bedroht gefühlt hätten. Aber der heiße Sommer hat Energien freigesetzt, die nicht mehr unter Kontrolle zu bringen sind. »Wir verfluchen den Tag, an dem der erste weiße Mann seinen Fuß auf afrikanischen Boden gesetzt hat«, steht auf der Wandtafel in der Schule von Orlando. Schüler und Lehrer lassen die weißen Besucher ihre Feindschaft spüren. Weiße sind Weiße, ganz gleich, wie liberal sie sich auch gebärden. »Wir wollen keinen Dialog. Wir wollen kämpfen«, sagt der junge Lehrer. »Das sind wir der schwarzen Rasse schuldig. Wir werden nicht versagen wie unsere Eltern.« Pathos hin, Pathos her. Es tut sich was in Soweto.

Helen Kuzwayo, die legendäre »Mutter von Soweto«, die als einzige Frau im beratenden Bürgerbeirat, dem berühmt gewordenen »Komitee der Zehn«, sitzt, hat erläutert, warum die schwarzen Kinder die Weißen hassen und ihre Väter verachten: »Sie haben erlebt, wie die *Blackjacks* ihre Mutter im Morgengrauen nackt aus dem Bett zerrten, um sie zu verhaften, ... während der Vater tatenlos und furchtsam zusah. Zuerst haben sie sich gefürchtet und sind traurig gewesen. Aber jetzt sind die Kinder von Soweto nur noch zornig.«

Das gilt nicht für alle. Mutter Kuzwayo hat auf dem Höhepunkt des Gettoaufstands zu 1500 Studenten gesprochen. Sie hat mitten im Aufstand Frieden gepredigt. Und sie hatte Erfolg. »Sie hätten eine Stecknadel fallen hören können, als ich zu ihnen über das Christentum in Soweto sprach. Und dann kam ein donnernder Applaus. Nein, die jungen Leute hier sind nicht gegen das Christentum. Sie hassen die Gewalt. Aber die Weißen wollen dieses Potential nicht wahrhaben.«

Doch, einige Weiße haben das Potential erkannt und versuchen, es für eine friedliche Lösung des Rassenproblems zu aktivieren. Aber die weißen Moderaten sind zwischen die Mahlsteine geraten. Denn die schweigende Mehrheit der friedfertigen Schwarzen überläßt die Artikulation des schwarzen Freiheitswillens den Radikalen. Und das macht es den weißen Radikalen so leicht, die Vermittlungsbemühungen von Männern wie Dr. Melville Edelstein als Kapitulantentum zu denunzieren.

Melville Edelstein war *Chief Welfare Officer* von Soweto. Er nahm sein Wohlfahrtsmandat ernst. Warum mit der Verabreichung mildtätiger Gaben dem Elend von Soweto nicht beizukommen war, hatte er ein paar Jahre zuvor in Einzelheiten in seiner Dissertation ausgeführt. Er hatte vor allem vor den Gefahren der zunehmenden Verrohung unter den entwurzelten Jugendlichen gewarnt. Und wenn man dem Problem nicht mit wirksamen Sanierungsmaßnahmen entgegentrete, so Edelstein, werde sich die aufgestaute Frustration in einer furchtbaren Explosion entladen.

Die Explosion der Frustration traf als einen der ersten einen ihrer erstesten Propheten. Am 6. Juni 1976, dem Tag, an dem der Aufstand von Soweto in eine blutige Metzelei ausartete, wurde Melville Edelstein von schwarzen Jugendlichen zu Tode gesteinigt.

Revolutionen fördern Mythenbildung. Die Zielprojektion heiligt die Legende. So war es auch in Soweto. Gewiß, der Kinderkreuzzug gegen die Weißen hat der südafrikanischen Rassenproblematik weltweit auf breiter Front zum Bewußtseinsdurchbruch verholfen. Natürlich ging es auch um die Sache der Freiheit. Nur, »das, was für die Franzosen der Sturm auf die Bastille war« (so das Nachrichtenmagazin

»Jeune Afrique«) oder eine »tödliche Konfrontation für die Weißen«, das war Soweto ganz gewiß nicht.
Es begann mit dem Streit über die Frage, ob die Kinder in den Grundschulen von Soweto englisch oder auf Afrikaans unterrichtet werden sollten. Englisch oder Afrikaans, das ist kein reiner Formalismus. Die Buren hätten das eigentlich am allerbesten wissen sollen. Aber sie haben noch nie irgendwelche Lehren aus ihrer eigenen Geschichte gezogen. Deshalb haben sie auch den historisch relevanten Teil des Aufstands von Soweto in seiner Substanz nie ganz erfaßt.

Die Sprache der Unterdrücker

»Die Sprache der Unterdrücker in den Mündern der Unterdrückten ist die Sprache der Sklaven.« Das sagte anno 1915 Marthinus Steyn, Präsident der Burenrepublik und hingebungsvoller Kämpfer gegen den »englischen Kulturimperialismus in Südafrika«. Auf den Transparenten, die die Demonstranten in Soweto Anfang Juni 1976 vor sich hertrugen, las es sich ähnlich: »Afrikaans – eine gefährliche Droge« und »Wir sprechen nicht die Sprache unserer Unterdrükker«. Nur richtete sich der Protest diesmal nicht gegen die englische Sprache, sondern gegen das Afrikaans, »die taal van die Verdrukker«, die Sprache der Unterdrücker. »Afrikaans«, so soll Burenverächter Lord Kitchener gewitzelt haben, »das ist, wie wenn ein Epileptiker holländisch spricht.« Ein gutturales, vokalarmes Rachenidiom, gegen das andere germanische Sprachen geradezu melodiös klingen.
Aber die Schwarzen lehnen Afrikaans nicht aus phonetischen Gründen ab. Afrikaans ist für sie das Symbol kultureller Bevormundung und – weil es außerhalb Südafrikas nirgendwo verstanden wird – ein Zwangskorsett, das die geistige Bewegungsfreiheit einschnürt. Bereits 1974 hatte das Erziehungsministerium in Pretoria die Schulleiter in Soweto dazu verpflichtet, das Lehrprogramm, das bis dahin weitgehend in Englisch vermittelt wurde, zur Hälfte auf Afrikaans umzustellen. Doch die Pädagogen nahmen es nicht so ernst mit der Sprachregelung und unterrichteten weiter auf Eng-

lisch, schon deshalb, weil die Mehrheit ihrer Schüler kein Afrikaans verstand und englischsprachige Lehrmittel leichter und billiger zu bekommen waren. Im Mai griff das Erziehungsministerium durch. Es gab den Lehrern drei Monate Zeit, den Unterricht nach dem verordneten Proporz umzupolen. Wer nicht spurte, sollte fliegen.
Ressortminister Michelie Botha fand nichts dabei, das Curriculum auf Afrikaans umzutrimmen. Sein Ministerium, so ließ er verlauten, sei nur daran interessiert, die gleichen Ziele durchzusetzen wie jedes andere Erziehungsministerium, nämlich »die Begabung der ihm anvertrauten Kinder auf das Bestmögliche zu fördern«. Die Lehrpläne seien in allen südafrikanischen Schulen identisch. Botha: »Wenn wir schon Geld für den Unterricht der Bantus ausgeben, dann bestimmen wir auch, was unterrichtet wird.«
Ja, gewiß, Geld gibt die weiße Regierung in Pretoria natürlich auch aus für die Erziehung ihrer schwarzen Bürger. Nur der Proporz zwischen Schwarz und Weiß hat abenteuerliche Schlagseite. Wenn man ihn auf die Anzahl der Schüler umlegt, dann lassen sich die Weißen die Ausbildung eines weißen Schülers immer noch gut ein Dutzendmal soviel kosten wie die eines schwarzen. Und das bleibt nicht ohne Auswirkungen auf das Pensum. Die Lehrpläne in den schwarzen Schulen sind nur so gleich wie nötig und möglich. In den schwarzen Grundschulen Transvaals etwa konzentriert sich der Geographieunterricht auf die Kenntnis der südafrikanischen Stammesgebiete. Die Welt jenseits des Limpopo (des südafrikanischen Grenzflusses) wird souverän ignoriert. In den Oberschulen werden statt europäischer Fremdsprachen Stammessprachen wie Sotho, Xhosa und Zulu gelehrt.
Die von ihm neu abgesteckten Rahmenrichtlinien für die Bantu-Erziehung hatte Expremier Hendrik Verwoerd schon Anfang der fünfziger Jahre definiert: »Der Bantu muß dazu angehalten werden, seiner eigenen Gemeinschaft zu dienen. In der europäischen Gesellschaft gibt es für ihn – abgesehen von gewissen Formen der körperlichen Arbeit – keine Existenzberechtigung. Das bisherige Schulsystem hat... ihm fälschlicherweise die grünen Wiesen der Europäer gezeigt,

auf denen er nicht grasen durfte.« Auf gut deutsch: Wozu den Negern höhere Bildung eintrichtern. Das belastet nur beim Toilettenschrubben.
Die schwarzen Schulen haben Mühe genug, selbst den durch seine soziale Funktion begrenzten Lehrstoff zu vermitteln. Für weiße Kinder gibt es die Schulbücher umsonst. Schwarze Schüler müssen ihre Bücher selbst bezahlen. In den meisten Schulen wird in zwei und drei Schichten unterrichtet, in Soweto muß ein Lehrer im Schnitt 53 Kinder betreuen, im weißen Johannesburg nur 22. Und wenn es für schwarze Kinder die allgemeine Schulpflicht gäbe wie für die weißen, sähe das Verhältnis noch ungünstiger aus. Jedes Jahr kommen 200000 schwarze Schulkinder dazu. Und nun noch der Afrikaans-Erlaß.

Seit Sharpeville nichts dazugelernt

Wann genau der Funke übersprang, der das Pulverfaß entzündete, und warum, ist noch heute umstritten. Der schwarze Fotograf Alf Khumalo, der am 16. Juni 1976 gegen elf Uhr vormittags in Soweto eintraf, um über den Demonstrationszug der zehntausend Oberschüler zu berichten, sah es so: »Da liefen ein paar tausend Kinder durch die Straßen mit Protestplakaten. Dann kam plötzlich die Polizei. Die Cops sprangen aus ihren gepanzerten Fahrzeugen und richteten Schußwaffen auf die Kinder. Die Kinder lachten und machten Scherze. Für sie war alles ganz harmlos. Dann schoß einer Tränengas auf die Kinderdemonstranten. Die Kinder warfen ein paar Steine zurück. Und plötzlich ging es los. Es dauerte Sekundenbruchteile, bis ich begriff, daß die Polizei gezielt schoß. Rechts von mir fiel ein 13jähriger um. Hector Petersen hieß er. Gleich neben ihm ein kleines Mädchen. Beide hatten Kopfschüsse. Sie waren sofort tot. Andere Kinder fielen um, getroffen. Sie wälzten sich im Blut und schrien verzweifelt.«
Andere sahen es anders. Der »Time«-Korrespondent wußte lediglich von einem Opfer zu berichten, das bei der Massendemonstration des 6. Juni umkam. Andere Auslandskorre-

spondenten sahen die Polizei in einer Notwehrsituation. Nach ihren Beobachtungen war die Demonstration durchaus nicht so friedfertig, wie Reporter Khumalo es empfunden hatte. Die Polizisten sollen auch dann noch über die Köpfe der Demonstranten hinweggeschossen haben, als bereits mehrere Beamte von Steinen getroffen worden waren.
Sicher ist, daß die südafrikanische Polizei seit dem Massaker von Sharpeville, bei dem 1960 Sicherheitsbeamte demonstrierende Afrikaner mit Maschinengewehren niedermähten und 69 von ihnen töteten, nicht viel dazugelernt hat. Doch auch europäische Polizeichefs begriffen ihr Pensum für den Umgang mit Demonstranten ja erst nach vielen blutigen Zusammenstößen mit rebellierenden Studenten.
Die ersten gezielten Schüsse entfachten den Protest zum Aufstand. In Gruppen zu hundert und zweihundert Mann zogen die Demonstranten durch die Straßen von Soweto und zerstörten, was ihnen in die Quere kam. Sie steckten Autobusse, Schulen und *shebeens* in Brand, warfen Personenwagen um und machten »Kollaborateure der Weißen« nieder. Ein weißer Beamter wurde aus seinem Wagen gezerrt und mit Knüppeln totgeschlagen. Drei weiße Kameraleute konnten von einem schwarzen Taxifahrer nur in rasender Schußfahrt vor der Wut des Mobs gerettet werden. Ein anderer Europäer fand über Nacht Unterschlupf bei einer schwarzen Familie und wurde am nächsten Tag vom Hausherrn im Kofferraum seines Wagens aus der Gefahrenzone geschmuggelt.
Am Mittag des zweiten Tages zählte man 25 Tote. Die meisten davon waren nicht der Polizei, sondern den marodierenden Schülern zum Opfer gefallen. Tags darauf zogen die Ordnungsstreitkräfte gleich. Sie ließen 1500 schwarze und weiße Polizisten nach Soweto einschwärmen und auf alles schießen, was ihnen Widerstand entgegensetzte. Nun stand der Eskalation der Gewalt nichts mehr im Weg. Nimrod Mkele, der Direktor des »institute of black studies«, schwärmte begeistert: »Die Kinder haben die Situation sehr gut in der Hand. Sie sagen ihren Eltern, wann sie zu Hause bleiben sollen. Schon die Zwölfjährigen sind mit dabei.«

Die Zulus sind keine Wald- und Wiesenkaffern

Chief Gatsha Buthelezi, die umstrittene Vaterfigur der gemäßigten schwarzen Opposition, versuchte, in einem dramatischen, vielleicht zu paternalistischen Appell, die blindwütige Rebellion zu stoppen. Über die Rundfunksender Transvaals mahnte er zur Mäßigung: »Welche Arroganz von euch zu behaupten, ihr wüßtet, was gut für uns ist. Ihr nennt die Leute, die euch bis dahin gebracht haben, wo ihr jetzt seid, ›Onkel Tom‹. Aber ihr wißt nicht, was ihr tut. Welche Art von Freiheit habt ihr anzubieten? Euer Bruderkrieg bringt uns Schwarze der Erfüllung nicht näher.«

Doch Buthelezis Maßhalteappell stieß auf taube Ohren. Der Aufstand war seinen Initiatoren längst entglitten und hatte sich zur allgemeinen Metzelei ausgeweitet. Jetzt führten *Tsotsis* und Zulus das Kommando. Jugendliche Gangsterbanden brandschatzten und plünderten Kneipen und Geschäfte. Die Zulus aus den Hostels tobten, ungebremst von der Polizei, ihre unterdrückten Kriegslüste aus. Mit Pangas, halbmeterlangen Haumessern, beglichen sie alte Rechnungen. Drake Koka, der Generalsekretär der *Allied Workers Union*, will sogar beobachtet haben, wie Zulu-Schlägerkolonnen mit Polizeiautos zum Einsatz gebracht wurden. Am Bahnhof Phomolong in Orlando-West richteten Arbeiter unter Jugendlichen, die versuchten, sie am Einsteigen zu hindern, ein Blutbad an – mit oder ohne Hilfestellung der Polizei, das ist nicht überliefert.

Das Teile-und-herrsche-Prinzip auf der Grundlage des schwarzen Stammespartikularismus der schwarzen Bevölkerung ersparte der südafrikanischen Polizei viel erkennungsdienstlichen Aufwand. Die Zulus erledigten ein Gutteil der Dreckarbeit. Die Zeitungen veröffentlichten tagelang großformatige Fotos von den zerhackten Opfern des Zulu-Furors. Trend: Seht her, wie recht wir haben mit unserer Bantustan-Politik. Sie vertragen sich ja nicht einmal, wenn sie Haus an Haus wohnen. Um sie voreinander zu schützen, muß man sie trennen.

Die Zulus genießen als stärkste ethnische Gruppe Sowetos nicht nur unter den Schwarzen eine gewisse Vorrangstellung. Auch für die Weißen stehen sie über dem gewöhnlichen Wald- und Wiesen-Kaffer. Die Zulus unter König Shaka und König Dingaan haben den Buren in der Voortrekker-Zeit während des 18. Jahrhunderts mehr Kummer gemacht als die Engländer. Sie sind Kämpfer, ebenso rassenstolz wie die Buren. Noch heute ist die schwarze der weißen Herrenrasse auf eine schwer faßbare, subkutane Art geistesverwandt, was selbstverständlich beide Seiten energisch bestreiten, wenn sie darauf angesprochen werden.

In ihrer Feindschaft gegenüber den rebellischen Schülern waren sich weiße Polizisten und Zulu-Arbeiter unterschwellig einig. Keine Frage, die Zulus brauchten nicht den Nachweis zu liefern, daß sie die Freiheit mehr lieben als die anderen Stämme Südafrikas. Und von einer Horde wildgewordener Teenager brauchten sie sich ihren Freiheitsbegriff schon gar nicht definieren zu lassen.

Die Haltung der Zulus zur Schülerrevolte ist durch eine umstrittene Deklaration dokumentiert, die die zehntausend Zulu-Arbeiter des Hostels Mzimhlophe als Replik auf den Vorwurf veröffentlichten, sie hätten sich von der weißen Polizei als Mordwerkzeuge mißbrauchen lassen. Text: »Sie (die Schüler) schrien auf uns ein, als wir zur Arbeit fahren wollten. Aber weil uns niemand aufgeklärt hatte, wußten wir nicht, worum es ging. Mehrere von uns wurden angegriffen, in Brand gesteckt und niedergestochen. Deshalb mußten wir uns wehren... Wir sind hergekommen, um für Geld und für unsere Kinder zu arbeiten. Und wenn wir nicht arbeiten, sondern streiken, können wir kein Geld verdienen.« Daß es allerdings die schiere Defensive war, aus der die Zulus handelten, wurde von den meisten Augenzeugen glaubhaft und anhand konkreter Beispiele bestritten.

Das Fazit der ersten Aufstandswoche war makaber: gut hundert Tote, mehr als tausend Verletzte, 600 Festnahmen. 136 von 137 Schulen lagen in Schutt und Asche, ebenso sämtliche Regierungsgebäude, die meisten Kneipen und viele Lebensmittelgeschäfte, bemerkenswerterweise jedoch keine einzige der über 200 Kirchen. Und das zehn Meter lange Pappschild am Bahnhof von Dube mit der Aufschrift »Smirnoff vodka – the spirit of freedom«, Smirnow-Wodka,

der Geist der Freiheit, hatten die Vandalen ebenfalls nicht angetastet.
Wenn die schwarze Emanzipation in Südafrika nicht vom Fleck kommt, dann liegt es unter anderem auch daran, daß sich naive Agitprops wie Drake Koka an ihre Spitze zu setzen vermochten. Sein politisches Credo hat Koka in einem Gespräch mit der deutschen Journalistin Gisela Albrecht formuliert. In seinem Bekenntnis heißt es unter anderem: »Sie (die ›gutwilligen‹ Weißen) sollten im Hintergrund bleiben und uns von dort unterstützen. Opfern müssen wir uns selbst. Wir werden die sein, die erschossen werden. Unser Blut wird vergossen werden. Wir sind darauf vorbereitet, uns preiszugeben, uns allem entgegenzustellen.«
Drake Koka wurde nicht erschossen. Er setzte sich nach London ab, als es brenzlig wurde. Auch Tsietsie Maschinini, der neunzehnjährige »Che Guevara von Soweto« (so das Nachrichtenmagazin »New African Development«), der die ersten Anti-Afrikaans-Demonstrationen mitorganisiert hatte, machte sich davon, als seine Anhängerschaft zu bröckeln begann.
Die Gettorevolte hat nicht nur Tote und Trümmer zurückgelassen. Sie hat immerhin auch Impulse für eine Neuordnung der politischen und administrativen Kompetenzen in Soweto ausgelöst. Bis er sich unter dem Druck der Schüler selbst auflöste, hatte der *Urban Bantu Council* bescheidenen Einfluß auf die Entscheidung der weißen Soweto-Verwalter ausüben können. An seine Stelle ist das »Komitee der Zehn getreten«, eine eher pragmatische Aktionsgruppe, die sich weniger dem politischen Umschwung als der Verbesserung der Lebensbedingungen verpflichtet fühlt.
Die Zehn fordern: eine Einschränkung von Neuzugängen, mehr Wasserleitungen, mehr Elektrizität, mehr Ordnungskräfte. Die schwarze Elendsmetropolis soll menschlicher und dadurch bewohnbarer werden. Sie soll Grünanlagen und Gemeinschaftseinrichtungen erhalten und schließlich einen von den Bewohnern zu wählenden Stadtrat.
Zukunftsmusik? Der Johannesburger Magistrat hat den forschen Zehn vorgerechnet, daß die Verwirklichung ihrer Pläne sechs Milliarden Dollar kosten würde. Doch die Stadt

Johannesburg steckt bis zu den Ohren in Schulden. Nein, ökonomisch ist das Problem Soweto auch nicht zu lösen, jedenfalls nicht, solange die Nationalen den Ton in Pretoria angeben. Und »die schönste Stadt Südafrikas«, die Bantu-Minister Mulder aus ihr machen wollte, wird sie so schnell wohl auch nicht werden.

DIE OPPOSITION

Der Schock beginnt zu wirken

Soweto war ein Schock für die Europäer. Zum erstenmal war die schwarze Flut an die Hochburg der wirtschaftlichen Macht der Weißen geschwappt. Zwar hatte die Regierung die Lage bis auf wenige Momente ständig unter Kontrolle. Aber die politischen Folgen wurden erst allmählich deutlich. Die Bilder von blutüberströmten schwarzen Kindern und von revolverschwingenden weißen Polizisten haben das Südafrika-Bild selbst hartnäckiger weißer Bollwerk-Apologeten ins Wanken gebracht.

Und es scheint, als sei die schwarze Getto-Bevölkerung der Grenze nahegekommen, die Alexis de Tocqueville in seinem Requiem auf das Ancien Régime in Frankreich so formuliert hat: »Geduldig ertragen, solange es sich jenseits aller Einflußmöglichkeiten befindet, wird ein Elend unerträglich, sobald die Möglichkeit, es zu beseitigen, die Grenzen des Bewußtseins kreuzt.« Auch im Bewußtsein der Nationalisten in Pretoria hat Soweto allerhand in Bewegung gebracht. 1978 entschloß sich Pretoria, einem Teil der *township*-Bewohner unter gewissen Bedingungen lebenslängliches Wohnrecht einzuräumen. Außerdem darf, wer in Soweto wohnt, seitdem eine Art permanentes Nutzungsrecht – wenn auch kein Eigentumsrecht – an Immobilien erwerben.

Den Gedanken, die sich der weiße Mann von der Straße zum Thema »Soweto« macht, ist John Burns, der Sonderkorrespondent der »New York Times«, nachgegangen, als alles vorbei war. Das Ergebnis seiner Reiheninterviews ist schlicht erstaunlich. Wie das gesunde Volksempfinden der Weißen in Supermärkten, Universitäten, Eisenbahnen und auf Baustellen reagiert, das muß selbst Optimisten nachdenklich stimmen, die die Lösung der Südafrika-Frage dem Automatismus der Geschichte überlassen möchten, weil sie glauben, daß sich am Ende die Vernunft durchsetzen wird.

Martinus Schoeman, Schaffner auf der Bahnstrecke Johannesburg-Beit Bridge: »Was, weicher hätte die Polizei zurückschlagen sollen? Nein, Mann, ich sage härter. Wenn wir weich werden, passiert es morgen wieder.«
Schoeman-Kollege Martinus Schutte: »Jetzt haben sie Angst. Und das ist das einzige, was sie im Zaum hält... Wir haben sie lange genug verhätschelt. Leute wie wir haben ihr Leben lang acht Stunden täglich gearbeitet. Mit unserem Geld sind all die Schulen, Bierhallen und Krankenhäuser gebaut worden. Sie haben sie in Brand gesetzt. Okay. Sollen sie sie auch wiederaufbauen.«
Robert Lagrange, neunzehnjähriger Student der Witwatersrand-Universität: »Ich habe ein ungutes Gefühl, daß, wenn es soweit ist, wir alle, die Liberalen und Mr. Vorster und sein Kabinett, uns verbarrikadieren werden. Es ist wirklich sehr traurig...«
Ein Lagrange-Kommilitone namens Cliff: »Lassen Sie es sich sagen. Es war eine kleine Minderheit, eine winzige Minderheit.«
Elektriker Steve Ennep aus Pretoria: »Es wäre nicht passiert, wenn die Regierung strenger mit ihnen gewesen wäre.«
Ein deutscher Kaufmann aus Johannesburg, der seinen Namen nicht genannt sehen wollte: »Ihr Amerikaner habt es gerade nötig. Alles Heuchelei. Wer hat denn die Atombombe auf Hiroshima geworfen?«

Den Schwarzen ihren Platz zeigen

Soweit das gesunde Volksempfinden. Und was hat die Regierung aus dem Fall Soweto gelernt? Polizeiminister Jimmy Kruger focht Soweto gar nicht an. Er konstatierte unverzagt: »Nach 300 Jahren haben sich Schwarze und Weiße in Südafrika gründlich kennengelernt. Der Schwarze kennt jetzt seinen Platz. Und wenn er ihn nicht kennt, dann werde ich ihn ihm schon zeigen.« Um künftige Revolten gleich im Keim zu ersticken, hat Kruger eine »Riot Police« aufstellen lassen, eine Hau-drauf-Truppe, die, so Kruger, »gesetzestreue Bürger um jeden Preis vor Rechtsbrechern

schützen« soll. Wie 1960 dem Massaker von Sharpeville folgte dem Soweto-Aufstand ein Rattenschwanz von Strafprozessen mit drakonischen Urteilen.
Die historische Wendemarke, das Signal zum Aufstand der entrechteten Massen, das die Analytiker hineininterpretierten, das war Soweto sicher nicht. Genausowenig wie 1960 die Revolte von Sharpeville.
»Das Massaker von Sharpeville«, menetekelte seinerzeit das Londoner Massenblatt »Daily Sketch«, »ist erst der Anfang. Wenn die freie Welt nicht eingreift, werden in Kürze die größten Metzeleien der jüngeren südafrikanischen Geschichte passieren.«
Cyrill Dunn, damals Korrespondent des britischen »Observer«, erinnerte sich zehn Jahre später in einem Gedenkartikel: »Ich glaubte wirklich, die Revolution, das allgemeine Blutbad würde nun beginnen. Ich legte mir Lebensmittelvorräte an. Ich kaufte mir Gasflaschen, um Reserveenergien zu haben. Wir blieben alle zu Hause, weil wir glaubten, es würde stündlich losgehen. Und dann passierte nichts. Überhaupt gar nichts...«
Die Regierung Vorster nahm das Blutbad lediglich zum Anlaß, die schwarze Opposition noch fester in den Griff zu nehmen. Das war das einzige Signal, das Sharpeville auslöste.

Holiday in Sharpeville

Die Gloriole, die Ad-hoc-Historiker Helden und Opfern von Sharpeville geflochten haben, steht – wie im Fall Soweto – dem Blick auf das historisch Wesentliche im Wege. Und wesentlich ist neben der Tatsache, daß die weiße Polizei Dutzende von Unschuldigen kaltblütig abknallte, auch die Tatsache, daß schwarze Agitatoren diese Morde schon vorher eiskalt ins Kalkül gezogen hatten.
Schlüsselfigur des Desasters von Sharpeville war – der inzwischen verstorbene – Robert Sobukwe, damals Vorsitzender des radikal-sozialistischen *Pan African Congress* (PAC). Er hatte seine schwarzen Landsleute aufgerufen, ihre Pässe

zu verbrennen und in Massen vor die Polizeistationen zu ziehen, um sich wegen Verstoßes gegen die Paßgesetze verhaften zu lassen. Für Hunderttausende, so kalkulierte Sobukwe, war kein Platz in den Gefängnissen. Wenn man sie aber nicht einsperren konnte, dann mußte die Polizei irgendwie anders mit ihnen fertigwerden. Mit Gewalt zum Beispiel.

Das wußte wie Sobukwe auch Albert Luthuli, der gemäßigte Führer des *African National Congress«* (ANC). Er warnte eindringlich vor den unabsehbaren Folgen der Kampagne. Doch »der Scharfmacher Sobukwe« (so damals der »Spiegel«) ließ sich nicht stoppen. Am Vormittag des 21. März 1960 wälzten sich ganze Heerwürmer von protestierenden Arbeitern durch die Städte. Vor der Polizeistation von Sharpeville südlich von Johannesburg kam es zur Katastrophe. Der Anglikanerbischof Ambrose Reeves veröffentlichte nach dem blutigen Montag eine Dokumentation, mit der er beweisen wollte, daß die Demonstration absolut friedlich verlaufen sei, ehe Polizeibeamte – so Reeves – »ohne jeden Grund« das Feuer eröffneten. Die dem Dossier beigefügten Fotos zeigten friedliche Menschen »in einer entspannten Holiday-Atmosphäre«.

Was Bischof Reeves nicht dokumentierte, gleichwohl von Zeitungsreportern recherchiert wurde: »Einzelne Neger zogen Revolver hervor« (so der »Spiegel«). Ob sie geschossen haben, ist nicht mehr zu ermitteln. Es würde zumindest einige Ungereimtheiten erklären.

Objektiv erhärtet sind nur folgende Zahlen: 75 Polizeibeamte verschossen innerhalb einer Minute (von 1.40 Uhr bis 1.41 Uhr) 700 Schuß Munition. Dabei starben 69 schwarze Demonstranten. Hundert weitere Afrikaner wurden verwundet. Um vier Uhr wurde der Platz vor der Polizeiwache von einem Wasserwerfer gesäubert. So steht's im Tagesbericht der Polizei.

Seiten 152/153: Protest gegen die Gewalt. Ein Demonstrant läßt sich von einem Kameraden mit einer eisernen Kette um den Hals »abführen«.

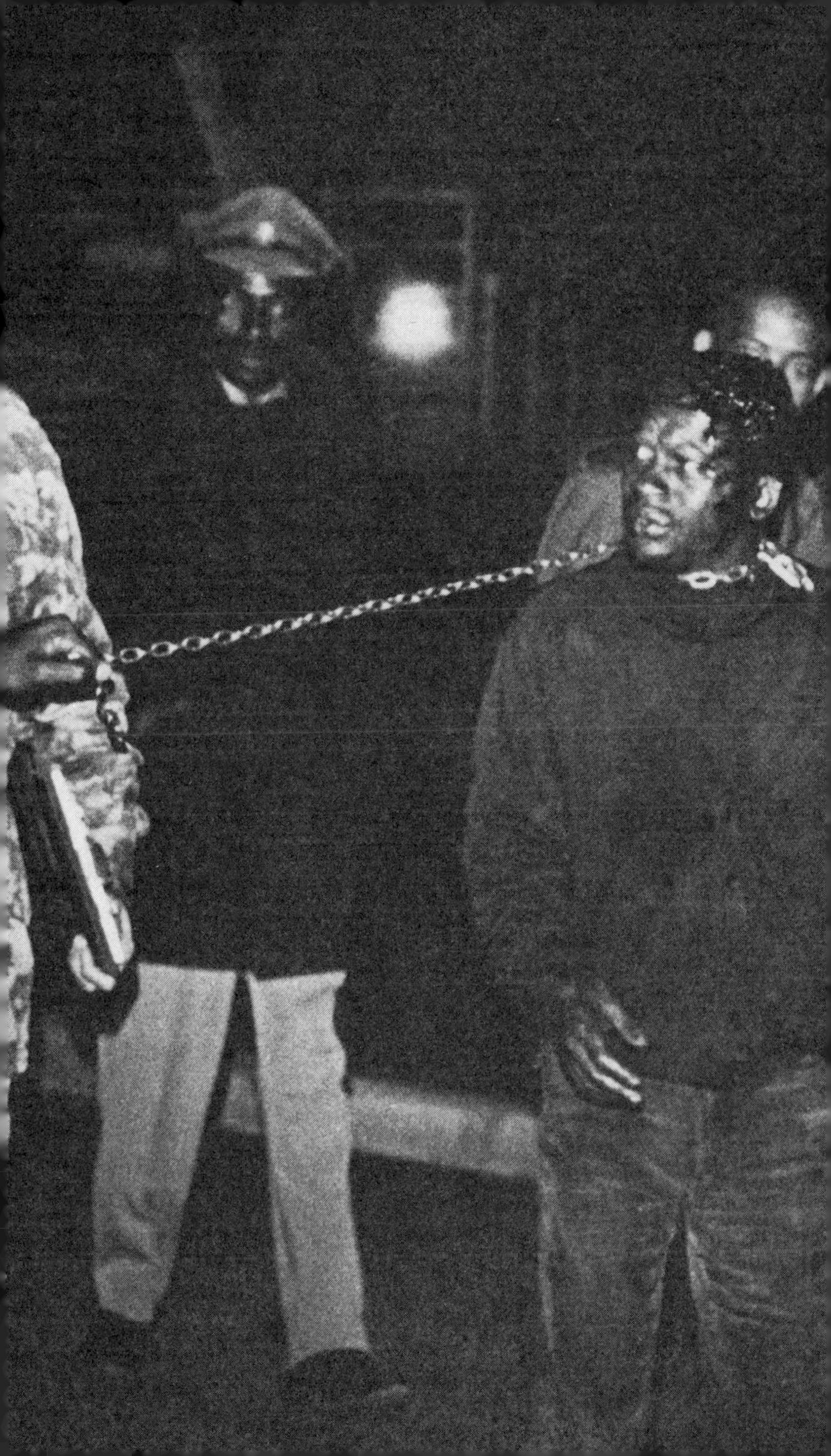

Kodifiziertes Unrecht

Für Premier Hendrik Verwoerd war alles nur »ein vorübergehendes Phänomen«. Er zog aus der Sharpeville-Affäre die einzige für sein Naturell mögliche Konsequenz: Schluß mit der laxen Masche. Was Verwoerd in seinen zweieinhalb Legislaturperioden auf das Paket aus kodifiziertem Unrecht noch obendrauf gepackt hat, mußten seine politischen Erben erst peu à peu wieder abbauen, um überhaupt erst wieder auf den Stand von Sharpeville zu kommen.
Dabei war die staatliche Autorität vorher durchaus nicht wehrlos gewesen. Sie verfügte über ein achtbares Bündel von legalistischen Instrumentarien, die jedem mittelamerikanischen Bananenpotentaten das Herz erwärmen würden:

den *riotous assemblies act*, der es der Polizei erlaubt, politische Versammlungen von Schwarzen ohne Angabe von Gründen zu verbieten und – wenn sie dennoch stattfinden – gewaltsam aufzulösen und die »Rädelsführer« ohne größeren Ermittlungsaufwand hinter Gitter zu bringen;
den *suppression of communism act*, der die kommunistische Partei, alle Organisationen mit kommunistischer Zielsetzung oder was das Bantu-Ministerium dafür hält, verbietet;
den *criminal law amendment act*, der auch gewaltlose Protestaktionen unter Strafe stellt und die Prügelstrafe für Trivialdelikte gestattet;
den *prisons act*, der die Veröffentlichung von Bildern und Berichten aus Gefängnissen, »sofern diese Unwahrheiten darstellen«, zum kriminellen Vergehen erhebt.

Für Hendrik Verwoerd war das alles nicht genug. Er schuf in den letzten sechs Jahren vor seiner Ermordung ein Konvolut von zusätzlichen Gesetzen, die dem südafrikanischen Rassenstaat erst zum totalitären Mark verhalfen. Das wichtigste war das »Neunzig-Tage-Gesetz«. Er gestattet es der Polizei, Verdächtige ohne Gerichtsbeschluß bis zu neunzig Tage in Haft zu halten. Das Neunzig-Tage-Gesetz gab der Exekutive die Macht, die Justiz in politischen Strafsachen auszuschalten. Denn die neunzig Tage konnten beliebig oft verlängert werden. Das Gesetz ist nach wie vor in Kraft, wird allerdings seit einigen Jahren nicht mehr angewandt.

Die zweitwichtigste Novelle: Der *general law amendment act*, den die Nationalisten 1962 gegen den heftigen Widerstand der *United Party* durchboxten, gab der Regierung die Mittel in die Hand, ihre Gegner ohne Gerichtsurteil unter Hausarrest zu stellen. Eine Erweiterung des Strafmaßes für Sabotage – mindestens fünf Jahre, in schweren Fällen Todesstrafe – legte Verwoerd gleich noch obendrauf.

Der Straftatbestand der Sabotage war neu. Als Sabotage gilt auch eine Handlung, die »geeignet ist, die Verwirklichung eines politischen Zieles einschließlich sozialer oder wirtschaftlicher Veränderungen in der Republik zu fördern oder zu betreiben«. Es ist praktisch in das Ermessen des Justizministers gestellt, einen Politiker, der außerhalb einer zugelassenen Partei politisch aktiv ist (ohne dabei illegal tätig zu werden), als Saboteur strafrechtlich verfolgen zu lassen. Noch eine exklusive Absonderlichkeit des Burenstrafrechts: Die Beweislast liegt in Staatsschutzfällen stets beim Beklagten.

Natürlich gibt es in Südafrika auch noch Richter, die nicht so spuren, wie die Regierung es sich vorstellt. Für solche Fälle hat der Gesetzgeber dem *law amendment act* den Absatz 4 beigegeben. Darin heißt es: »Durch den Freispruch von der Anklage der Sabotage wird nicht ausgeschlossen, daß der Freigesprochene aus einem anderen Grund unter Anklage gestellt wird, der sich aus dem im Sabotageprozeß vorgetragenen Sachverhalt ergibt.« Das bedeutet: Die Exekutive kann einen Prozeß neu aufrollen lassen, wenn ihr das Urteil nicht paßt. Um den Schwarzen ein für allemal die Lust am konzertierten Opponieren zu nehmen, schuf Verwoerd den *unlawful organizations act*, der es dem damaligen Generalgouverneur gestattete, politische Gruppen, die nicht ins Konzept der Nationalisten paßten, aufzulösen.

Der Generalgouverneur machte kräftig Gebrauch von sei-

S. 156/157: Wie lange kann die Minderheit die Mehrheit noch in Schach halten? Polizisten und Demonstranten vorm obersten Gericht in Johannesburg.

P

nem Persilschein. In Rekordfrist verschwanden die legalen Oppositionsparteien der schwarzen Bevölkerung von der Bildfläche. Der *Pan African Congress* und der ein halbes Jahrhundert alte *African National Congress* Albert Luthulis, die zwei mitgliederstärksten Organisationen, wurden verboten.

Innerhalb weniger Wochen nach den Ereignissen von Sharpeville wurden fast tausend Verdächtige verhaftet. Am 6. Mai 1960 erstattete der damalige Justizminister, John Vorster, Zwischenbilanz: Aufgrund der neuen Notstandsgesetze seien 98 Weiße, 36 *Coloureds*, 90 Asiaten und 11 279 Bantus verhaftet worden, die wegen Vergehen gegen die Paßgesetze abgeurteilten Schwarzen nicht gerechnet.

Wie stark ist der Widerstand?

Die Durchschlagskraft des etablierten schwarzen Widerstands ist häufig überschätzt worden. Wenn ANC und PAC jahre- und jahrzehntelang toleriert wurden, dann lag das im wesentlichen an ihrer Ineffizienz. PAC und ANC hatten bis zum Zeitpunkt ihres Verbots nicht einmal ein richtiges Programm auf die Beine gestellt, viel weniger denn handfesten Widerstand geleistet.

Sie waren unfähig, sich zu aktions- oder verhandlungsfähigen Interessengruppen zu formieren oder auch nur ihren politischen Willen zu artikulieren. Ihre politische Nichtigkeit folgt schon aus der Regel, daß in Südafrika nur Loyalität oder Banalität schwarzen Politikern das Überleben gewährleisten. Wahre Opponenten hätten sich nicht solange der Legalität erfreuen können.

Schwarze Südafrika-Emigranten haben es immer wieder verstanden, mit ebenso eloquenten wie irrealen Analysen den Eindruck zu erwecken, als stünden die proletarischen Massen mit Speer und Mistgabel bei Fuß, um auf ein Zeichen hin ihren geschichtlichen Auftrag zu erfüllen. Am schlimmsten ist: Die professionelle Schwafelei der mit Stipendien gut versehenen Würdenträger im Exil verstellt den Blick auf die Möglichkeiten.

Die schwarze südafrikanische Revolution – unterstellt, daß es sie gibt – läßt sich artikulieren von Apologeten wie dem emigrierten farbigen Politologen Franz Lee, der von der Warte seines Darmstädter Lehrstuhls herab die Welt unter besonderer Berücksichtigung der Negerfrage in Progressive und Reaktionäre einteilt.
In seinem utopischen Polit-Thriller »Südafrika vor der Revolution?« zaubert Lee ein schillerndes Spektrum von oppositionellen marxistischen Negerparteien hervor, die praktisch nie öffentlich in Erscheinung getreten sind. »Lenin Club«, »Spartacus Club«, »Fourth International Organization of South Africa«, »Friends of the Soviet Union«, »Yu Chi Chan Club« – lauter Namen ohne Bedeutung. Die Marxisten haben die Sache der Befreiung in Südafrika keinen Zentimeter weiter gebracht. Sie haben Zehn-Punkte-Resolutionen und Manifeste verfaßt, unter Ausschluß der Öffentlichkeit die Massen zu politischer Bewußtwerdung aufgerufen und Richtungskämpfe in Szene gesetzt. Und ehe sich die kommunistische Bewegung Südafrikas überhaupt richtig konstituiert hatte, hatte sie sich auch schon in Leninisten, Trotzkisten und Maoisten zersplittert.
Die einzige wirklich etablierte marxistische Gruppe, die 1950 verbotene *South African Communist Party*, gab sich 1939 weltweiter Lächerlichkeit preis, als sie in zwielichtiger Eintracht mit den burischen Nationalisten auf Befehl Moskaus für die Unterstützung der Nazis eintrat.
Die Elastizität der marxistischen Dialektik war nicht einmal überfordert gewesen, als die Kommunisten 1922 in einer Einheitsfront mit dem reaktionärsten Gewerkschaftsflügel zum Aufstand gegen die »Gleichmacherei« aufriefen, um die Privilegien der weißen Arbeiter zu erhalten.
Als die Johannesburger »Chamber of Mines« – um Lohnkosten zu sparen – mehrere Arbeitsbereiche, die bis dahin den Weißen vorbehalten waren, für schwarze Facharbeiter öffnete, rief die weiße Gewerkschaft den Streik aus. Burische Arbeiter demonstrierten damals im Witwatersrand mit roten Fahnen und Spruchbändern mit der Aufschrift: »Proletarier aller Länder, kämpft für ein weißes Südafrika.«
Grotesker ging's nicht? Wieso? Marxismus und Rassismus

sind erst neuerdings unvereinbar. Schon Karl Marx wußte über die schwarzen Einwohner Algeriens, sie seien »eine furchtsame Rasse... sehr grausam... und von sehr niedriger Moral«. Daraus folgerte eilfertig Friedrich Engels: »Die Eroberung Algeriens ist ein wichtiger und glücklicher Umstand für den Fortschritt der Zivilisation.« Auch weiß man von Marx, daß er im Zustand der Erregung seinen Schwiegersohn gern als »Niggerboy« beschimpfte. Das steht natürlich alles nicht in den Ostberliner und Moskauer Marx/Engels-Exegesen.

Seinen Höhepunkt erlebte das Bündnis der Kommunisten und Rassisten 1922 im Johannesburger Minenaufstand. Damals mußten weiße Soldaten anrücken, um schwarze Bergleute vor ihren weißen Kumpels zu schützen. Als weiße Streikkommandos in den Randminen gegen Schwarze massiv wurden, gab General Jan Smuts Feuerbefehl. Die Armee ging mit Artillerie und Fliegerbomben gegen die rebellischen Mineure vor. Die Revolte kostete 230 Menschenleben. Die einzigartige Allianz ist unvergessen. Damals standen weiße Rassisten und rote Internationalisten gegen schwarze Muschkoten und weiße Soldaten. Nur, die Wähler haben es Smuts nicht gedankt. Für sie blieb er das »Werkzeug des britisch-jüdischen Kapitals«. Bei den Parlamentswahlen von 1924 mußte die von Smuts geführte »Südafrikanische Partei« eine schwere Niederlage einstecken.

Sowjetrepublik Südafrika?

Wie sich aufgeklärte kommunistische Denker die Lösung der Südafrika-Frage vorstellen, hat Altbolschewik Leo Trotzki 1933 in einem Brief aus dem Pariser Exil an »die Genossen in Südafrika« formuliert: »Eine siegreiche Revolution ist undenkbar ohne die Aufrüttelung der eingeborenen Massen; im Gegenzug wird sie ihnen geben, was sie heute so sehr vermissen: Vertrauen in ihre eigene Stärke, gestärktes Selbstbewußtsein, kulturelles Wachstum.«

»Bei Durchsetzung dieser Bedingungen wird aus der südafrikanischen Republik zunächst eine schwarze Republik werden; dies schließt jedoch nicht die volle Gleichberechtigung für die Weißen und die brüderlichen Beziehungen zwischen den Rassen aus. (Die wiederum davon abhängen wird, wie sich die Weißen benehmen.) Absolut klar ist allerdings, daß die vorherrschende Mehrheit der Bevölkerung nach ihrer Befreiung von sklavischer Abhängigkeit dem Staat in gewisser Weise ihren Stempel aufdrücken wird... Doch die historische Waffe der Befreiung kann nur der Klassenkampf sein...«

Trotzki stülpt, so wie er es gelernt hat, Südafrika souverän sein Oktobermodell über: »Revolutionäre Lösung«, Diktatur des Proletariats, »Ära der Sowjetregierung« für Südafrika. Immerhin konzediert er im Vorspann seines Briefes, daß er »mit den Verhältnissen in Südafrika ziemlich ungenügend vertraut« sei. Aber herrje, Kommunisten haben noch niemals Detailwissen benötigt, um das Glück dieser Erde und wie man es erlangt, zu definieren. Sie wissen allemal besser, was gut für die Menschen ist – ganz gleich, ob sie sie kennen oder nicht. Siehe Wladimir Iljitsch Uljanow alias Lenin, »Der Staat und die Revolution«, anno 1917: »Die Lohnsklaven sind von ihren Wünschen und ihrem Elend so zerbrochen, daß man sie nicht auch noch mit Demokratie oder überhaupt mit Politik behelligen sollte.« Das hätte Hendrik Verwoerd mit Bezug auf seine Neger nicht zynischer formulieren können.

Lenin hin, Trotzki her. Wie steht's mit den schwarzen Sozialisten? Die Protagonisten des »afrikanischen Sozialismus« von Kwame Nkrumah bis Julius Nyerere werden nicht müde, den Kommunismus als Urform des Zusammenlebens in Afrika darzustellen, die durch die Ankunft der europäischen Kolonialisten daran gehindert wurde, sich zu höheren Formen zu entwickeln. Der Südafrika-Historiker Eric Walker weiß dazu: »Jedes Stammesmitglied durfte von Luft, Wasser, Holz und der Jagd auf dem Stammesgebiet freien Gebrauch machen, einfach weil es in die Blutsgemeinschaft des Stammes geboren oder aufgenommen worden war.« Wenn das Kommunismus ist, dann waren in der Tat auch die Buschmänner Kommunisten gewesen, die Jan van Riebeeck bei seiner Landung am Kap 1652 traf.

Weil die Kommunisten als einzige Oppositionsgruppe über einen Programmfundus sozialethischer Theoreme verfügten, machten die nichtmarxistischen Widerstandszirkel bei ihnen gern Anleihen. Sehr zum Gefallen der Nationalisten. Zum Verbot einer Oppositionsgruppe reichte – nach Maßgabe des *suppression of communism act* – der Nachweis von kommunistischem Gedankengut in Reden und Statuten. In Südafrika wird ja nicht einfach drauflosverboten. Es bedarf schon eines – wenn auch formellen – Vorwands. Und um ihn der Staatsgewalt als Kommunisten verdächtig zu machen, braucht einer nicht Marxist zu sein.
Als Kommunisten gelten nach Maßgabe des Gesetzes »Anhänger aller Doktrinen und Auffassungen, die politische, industrielle, soziale, wirtschaftliche und ähnliche Veränderungen durch die Förderung von Unruhe oder Unordnung oder ungesetzlicher Handlungen oder Unterlassungen herbeiführen sollen oder die feindschaftliche Gefühle zwischen Schwarz und Weiß schaffen wollen«. Ein sehr weites und offenes Feld für weiße Landgerichtsdirektoren.

30 Jahre vergeblich an die Tür gepocht

Weil die harmloseren Organisationen leichter zu fassen waren, blieben sie als erste auf der Strecke. Indem sie das Potential verständnisbereiter Oppositionspolitiker durch Verbote abschöpften, trugen die Politüberwachungsbehörden kräftig dazu bei, die Widerstandsszene zu radikalisieren. Kompromißler wie Albert Luthuli, Nelson Mandela und Walter Sisulu wurden von den weißen Law-and-Order-Strategen an die Wand gedrückt. Heute müßten die Weißen dankbar für einen Verhandlungspartner von der Weitsicht und der Konzilianz des späteren Nobelpreisträgers Albert Luthuli sein, der noch 1958 als Vorsitzender des *African National Congress* davor warnte, »die rassische (schwarze) Mehrheit mit der demokratischen Mehrheit zu verwechseln«.
Freilich, was haben sie von der Mäßigung gehabt? »Dreißig Jahre meines Lebens«, sagte Luthuli kurz vor seinem Tod,

»habe ich damit verbracht, vergebens, geduldig, gemäßigt und bescheiden an eine verschlossene und verriegelte Tür zu pochen. Doch in den letzten 30 Jahren wurden immer neue Gesetze erlassen, die unsere Rechte mehr und mehr einschränkten, bis wir ein Stadium erreichten, in dem wir gar keine Rechte mehr haben.«

Natürlich hatte der ANC Kontakte zu den Kommunisten. »Jahrzehntelang«, so sagte Luthuli-Nachfolger Rechtsanwalt Nelson Mandela im Juni 1964 im Rivonia-Prozeß (benannt nach einem kleinen Ort bei Johannesburg), »waren die Kommunisten die einzigen, die bereit waren, Afrikaner als menschliche Wesen zu akzeptieren. Sie waren die einzigen, die bereit waren, mit uns zu essen, mit uns zu reden, zu leben und zu arbeiten... Und deswegen gibt es heute soviele Afrikaner, die Kommunismus mit Freiheit gleichsetzen.« Im übrigen sind wohl auch Winston Churchill und Dwight D. Eisenhower niemals kommunistischer Umtriebe verdächtigt worden, nur weil sie sich mit Stalin verbündeten, um Hitler-Deutschland niederzuringen.

Zwei Profis machten den Rivonia-Prozeß zum antikommunistischen Festival: der damalige Justizminister John Vorster (»der eiserne Johannes«) und Hendrik van den Bergh, Chef des »Bureau of State Security« (BOSS). Sie überhäuften das Gericht mit Beweismaterial, das die These der Nationalisten untermauern sollte, die *Operation Mayibuye* (die Heimkehr Afrikas) sei nichts als eine einzige große antisüdafrikanische Intrige des Weltkommunismus gewesen. Sie präsentierten Waffen, Landkarten, Funkgeräte und subversives Schriftgut, das, wie van den Bergh den Geschworenen einhämmerte, »eindeutig die Handschrift Moskaus« trug.

Den dokumentarischen Fleiß des *Bureau of State Security* hat der Verfasser selbst Anfang 1963 zu spüren bekommen. Er wurde wegen »sabotassie« festgenommen, nachdem er sich durch den Besuch einer Tanzveranstaltung in einem schwarzen Vorort von Pretoria verdächtig gemacht hatte. Weil sich der Subversionsvorwurf anders nicht erhärten ließ, präsentierte die Inquisition Beweismaterial aus eigener Produktion, darunter auch das Buch eines als Kommunist ausgewiesenen Autors mit der handschriftlichen Eintragung »meinem lieben Freund und Genossen Erich Wiedemann«. Ähnlich verfuhren die Rechercheure auch im Rivonia-Prozeß.

Nelson Mandelas Verteidigungsrede wurde zur Magna Charta der schwarzen Befreiungsbewegung. Dabei spielt sein unangemessen wohlwollendes Urteil über die Rolle der Kommunisten bei der Befreiung des schwarzen Mannes keine große Rolle. Unter anderem ging Mandela auch auf die Gründe ein, die ihn veranlaßt hatten, sich vom gewaltlosen Widerstand auf die Seite der Widerstands-Organisation *Umkonto we Sizwe* (Speer des Volkes) zu schlagen, einem gemäßigt-gewaltsamen Ableger des inzwischen verbotenen ANC: »Anfang Juni 1961 kamen einige Kollegen und ich nach sorgfältiger Prüfung der Lage zu dem Ergebnis, daß – angesichts der Tatsache, daß es in unserer Heimat zwangsläufig zum Einsatz von Gewaltmitteln kommen mußte – afrikanische Führer wirklichkeitsfern und falsch handeln würden, wenn sie Frieden und Gewaltlosigkeit zu einem Zeitpunkt predigten, an dem die Regierung unseren friedlichen Forderungen mit Gewalteinsatz begegnete ...«

»Vier Arten von Gewalteinsatz kamen in Betracht: Sabotage, Guerillakrieg, Terrorismus und offener Aufstand. Wir entschlossen uns für die erste Methode und wollten alle ihre Möglichkeiten restlos ausschöpfen, bevor wir uns zu einem anderen Kampfmittel entschließen würden.«

»Zusammenbruch der Moralbegriffe«

Vor Mandela und nach Mandela hat niemand mehr so klar und verständlich das Anliegen der schwarzen Südafrikaner formuliert. Weil die gesamte Weltpresse zuhörte, mußte man ihn ausreden lassen. Seine Thesen summieren sich zu einer überwiegend nüchternen Bestandsaufnahme, die auch heute nichts von ihrer Aktualität verloren hat. Mandelas *J'accuse* wurde zur Leitlinie für die folgende Protestgeneration. Dies sind die wesentlichen Punkte:

1. »Die Afrikaner klagen nicht darüber, daß sie arm und die Weißen reich sind, sondern darüber, daß die von den

Weißen erlassenen Gesetze dafür sorgen, daß sich daran nichts ändert.«

2. »Die Mißachtung der Menschenwürde der Afrikaner ist das direkte Resultat der Politik, die die Überlegenheit der weißen Rasse propagiert. Überlegenheit der Weißen bedeutet zwangsläufig Minderwertigkeit der Schwarzen. Niedrige Arbeiten werden grundsätzlich von Afrikanern verrichtet.«
3. »Paßgesetze ermöglichen es, jeden Afrikaner jederzeit unter Polizeiaufsicht zu stellen. Ich glaube nicht, daß es in ganz Südafrika einen afrikanischen Mann gibt, der nicht irgendwann einmal wegen seines Passes mit der Polizei in Berührung gekommen ist.«
4. »Armut und Zusammenbruch des Familienlebens haben Sekundärwirkungen... Die Folge davon ist der Zusammenbruch der Moralbegriffe.«
5. »Afrikaner brauchen Löhne, von denen sie leben können. Afrikaner wollen die Tätigkeit, die ihren Fähigkeiten entspricht und nicht solche, die ihnen die Regierung als ihren Fähigkeiten entsprechend zuweist.«
6. »Afrikanische Männer wollen mit ihren Frauen und Kindern gemeinsam in dem Ort wohnen, in dem sie arbeiten und nicht zu dem unnatürlichen Leben in den Männerwohnanlagen gezwungen werden... Afrikanische Frauen wollen nicht ständig das Leben von Witwen in den Reservaten führen, sondern mit ihren Männern zusammenleben. Afrikaner möchten auch nach elf Uhr auf der Straße sein dürfen und nicht wie Kinder in ihren Zimmern bleiben müssen. Afrikaner möchten in ihrem eigenen Land umherreisen dürfen und sich dort einen Arbeitsplatz suchen, wo es sie hinzieht.«
7. »Und vor allem wollen wir die politische Gleichberechtigung. Denn ohne diese werden unsere Leiden nie enden.«

Mandela schloß sein viereinhalbstündiges Plädoyer mit dem Credo: »Dies sind meine Ideale, für die ich leben und die ich verwirklichen möchte. Und wenn es sein muß, bin ich bereit, für diese Ideale zu sterben.«

Mandela brauchte für seine Ideale nicht zu sterben. Er wurde wegen Beteiligung an Sabotageakten zu einer lebenslänglichen Zuchthausstrafe verurteilt und wird seitdem auf der Robbeninsel gefangengehalten. Lebenslänglich bekamen auch Walter Sisulu und Govan Mbeki, die mit Robert Sobukwe, dem schwarzen Rechtsanwalt Joe Slovo zu den Organisatoren der Terrororganisation *Poqo* gehört hatten.

Helden vom Schlage Luthulis und Mandelas werden heute bei der jungen Generation nicht mehr bedingungslos akzeptiert – obwohl die Haft auf Robben Island Nelson Mandelas Mythos gefestigt hat. Mandelas Ehefrau Nonzamo Winnie hat den Namen ihres Mannes zum Aufbau einer eigenen Bürgerrechtsgloriole zu nutzen verstanden. Aber außer einem Platz im Herzen der westlichen Gefühlslinken hat sie nicht viel errungen.

Die neuen Richtlinien der Revolution formulieren Männer wie Tsietsie Maschinini, der das Feuer von Soweto entscheidend mitgeschürt hat. »Das System (der Buren)«, sagte Maschinini nach seiner Flucht nach England, »hat meinem Volk soviel Böses angetan, daß wir nicht länger nur an gleichen Rechten interessiert sind. Wir wollen den Spieß umdrehen, damit der weiße Mann seine eigene Medizin endlich mal zu schmecken bekommt.«

Den Mythos der Integration kaputtmachen

Kaum weniger deutlich als Maschinini hat Steve Biko, der ermordete Führer der *Black Consciousness*-Bewegung, die Illusion der schwarzweißen Rassenharmonie dementiert, in der liberale Sonntagsredner so gern schwelgen. Biko sagte im Januar 1971 in seiner Rede am »Abbe Baily Institute« in Kapstadt, wie die kritische schwarze akademische Jugend zur Befreiungsfrage steht: »Den größten Fehler, den die Schwarzen machen, ist der zu glauben, jeder, der gegen die Apartheid ist, sei gleichzeitig unser Alliierter ... Wir müssen den Mythos der Integration (von schwarzen und weißen Liberalen) töten und kaputtmachen.« Was Wunder, daß viele Weiße die Mehrheitsherrschaft fürchten, weil sie sie mit der

Diktatur des schwarzen Proletariats und damit der Unfreiheit identifizieren. Ebenso wie die Schwarzen den Kommunismus mit der Freiheit.

Steve Biko war kein Gewaltlosigkeitsapostel, kein südafrikanischer Luther King, zu dem ihn die Fans später hochjubelten. Außer entrückten Betrachtungen über Klassenkampf und Menschlichkeit hat er auch allerlei Konkretes verfaßt. Zum Beispiel ein Flugblatt mit folgendem Text: »... Zeigt keine Gnade für Informanten und Kollaborateure. Sie müssen alle getötet werden. Es muß Schreie geben, brennende Häuser, Menschen mit geballten Fäusten, Leichen in den Straßen, verwundete und blutende Menschen. Dann wird es Freiheit geben, ja Freiheit.«

Solche Töne machen es den weißen Liberalen schwer, sich gegenüber ihren Rassengenossen zu artikulieren. Das beispielsweise an den Universitäten vorhandene Potential des guten Willens kommt nicht zum Zuge, weil sich die schwarzen akademischen Affinitivgruppen gegen die Verbrüderung sträuben.

Die *Black Consciousness*-Apologeten haben dem weißen Rassismus einen schwarzen entgegengesetzt. Sie lehnen die Zusammenarbeit mit den weißen Liberalen ab, weil sie sie nicht für koalitionsfähig halten. Steve Biko war davon überzeugt, »daß nicht mal die selbstlosesten Weißen sich mit dem schwarzen Mann identifizieren können«. Was ihn am meisten erregte: »Sie treten uns nicht nur. Sie wollen uns auch noch sagen, wie wir darauf reagieren sollen.«

Steve Biko stand mit beiden Beinen auf dem ideologischen Boden der militanten Black-Power-Bewegung. Seine geistigen Ziehväter waren Gewaltpropheten wie Frantz Fanon, Stokely Carmichael und Eldridge Cleaver. Was er an Programmatischem zu Papier brachte, atmet auf weiten Strekken den Geist der Apartheid – nur mit umgekehrten Vorzeichen.

Die schwarze *colour bar* bekam Biko-Biograph Donald Woods zu spüren, als er nach seiner Flucht aus Südafrika in Großbritannien sein Biko-Porträt veröffentlichte. Die *Writers association of South Africa*, eine Art schwarzer PEN-Club, der die Aufnahme weißer Mitglieder strikt ablehnt, beschuldigte ihn, »in schamloser und geschmackloser Weise das Erbe des großen Helden Steve Biko« für seine eigennützigen Interessen auszunutzen. Steve Biko ein Held? Die Chronisten sind sich da nicht ganz einig.

Die Steve Biko-Legende

Steve Biko starb am 12. September 1977 im Zentralgefängnis von Pretoria an den Folgen schwerer Mißhandlungen. Im Tode war Steve Biko erfolgreicher als im Leben. Die Umstände seiner Ermordung riefen eine weltweite Protestbewegung hervor, die ihn zum Märtyrer und Apostel der Gewaltlosigkeit erhob. Staatlich inspirierte Morde sind auch in anderen Teilen der Welt keine Seltenheit. Nur kann man sie eben anderswo fast nie so ungehindert recherchieren wie in Südafrika.
Biko und sein Freund Peter Jones waren am 18. August auf dem Weg von Port Elizabeth nach Kapstadt an einer Straßensperre festgenommen worden. Weil er Widerstand leistete, schlugen ihn die Beamten zusammen, brachten ihn zur Polizeistation von Port Elizabeth und warfen ihn nackt in eine Zelle. »Zur eigenen Sicherheit«, wie es später hieß, wurde er mit Händen und Füßen an eiserne Ringe angekettet, die in die Zellenwände eingelassen waren. Obwohl der Gefangene täglich windelweich gehauen worden war, wie die gerichtliche Untersuchung später ergab, will Oberst Pieter Goosen, der Chef der Sicherheitspolizei im östlichen Kapland, der ihn mehrfach begutachtete, keine Anzeichen von Gewalteinwirkungen erkannt haben.
Am 11. September, kurz nach Morgengrauen, rollte ein schwarzer Landrover aus dem Gefängnishof. Auf der Ladefläche Steve Biko – nackt, mit Ketten gefesselt, über und über bepflastert. Weil er sich noch immer im Hungerstreik befand, hatten sie gar nicht erst etwas zu essen für den Häftling eingepackt. Für den Durst gab es eine große Konservendose mit Wasser.
Die Fahrt ging über 1200 Kilometer nach Pretoria. Als sie am Zentralgefängnis in der Innenstadt ankamen, war es kurz

vor Mitternacht. Der Gefangene war bewußtlos. Weil kein Arzt greifbar war, wurde er erst mal in eine leere Zelle gebracht. Man würde später weitersehen. Steve Biko überlebte noch knapp einen Tag. Am Abend des folgenden Tages stellte der Gefängnisarzt den Totenschein aus.

Die Brutalität der Exekutive erregte auch die südafrikanische Öffentlichkeit. Polizeiminister Jimmy Kruger aber hielt die Affäre nicht so tragisch. Bikos Tod, Kruger in einer Pressekonferenz, lasse ihn kalt. (»Dit laat my koud.«) Doch diese Formulierung war, wie er tags darauf wütend erklärte, eine journalistische Verdrehung. In Wahrheit habe er nur gesagt, er stehe Bikos Tod »neutral« gegenüber.

Die Zeitungen druckten Krugers Richtigstellung mit Vergnügen. Auch den Glückwunsch, den er im Parlament von Kollegen der Nationalistenpartei empfangen haben will. Krugers nicht mal zynisch gemeinter Kommentar: »Sie haben mir gratuliert, weil ich so demokratisch bin.«

Selbsttötungen – beabsichtigte oder unbeabsichtigte – sind keine Seltenheit in südafrikanischen Gefängnissen. In den ersten neun Monaten des Jahres 1977 registrierte die Londoner »Sunday Times« 22 Fälle, die dem des Steve Biko ähnelten. Dabei sind die tödlichen »Unfälle« nicht einmal berücksichtigt, die Fälle von Gefangenen, die versehentlich aus den Fenstern ihrer Verhörzimmer fallen, die sich den Kopf an der Zellenwand einrennen oder die beim Duschen auf einem Stück Seife ausrutschen und zu Tode kommen. »Man sagt uns nach, wir seien gewalttätig«, hatte schon vor Jahren Hendrik van den Bergh, der große alte Mann des südafrikanischen Geheimdienstes, verraten. »Sie haben recht. Aber was wollen Sie? Man kann Geheimdienstarbeit nicht mit Samthandschuhen betreiben.« Polizeiliche Ermittlungsarbeit natürlich auch nicht.

Wer Totenscheine lesen kann, weiß, was es alles bedeuten kann, wenn ein Arzt einem in Haft verstorbenen Gefangenen den »Tod durch natürliche Ursachen« wegen Herzversagens attestiert. Herzversagen stimmt immer. Was man auch immer mit einem Delinquenten anstellt, ob man ihn totschlägt, aus dem Fenster wirft oder mit Elektroschocks zu Tode foltert, am Ende versagt immer das Herz.

»Selbstmorde« in Haft werden unter der Rubrik »natürliche Todesursachen« abgebucht. Eines »natürlichen Todes« starb beispielsweise der Eisenbahnarbeiter James Lenkoe aus Soweto. Lenkoe hatte sich angeblich mit seinem Gürtel am Fensterkreuz seiner Zelle erhängt. Doch seine Frau erklärte später vor Gericht, daß er nie einen Gürtel getragen, ja nicht einmal einen besessen habe. Ein auf Antrag der Witwe hinzugezogener amerikanischer Autopsiespezialist fand an der Leiche münzgroße Verbrennungen, die offenbar durch Stromschocks hervorgerufen worden waren. Trotzdem, Richter Tukker, der den Fall zu verhandeln hatte, bekräftigte: natürliche Todesursache.
Nicht anders im Falle des Nichodimus Kgoathe. Nach drei Monaten Intensivbehandlung im Krankenhaus war Kgoathe an Nierenversagen und Lungenentzündung verschieden. Der obduzierende Arzt, Dr. Pierre Joubert, stellt später fest, daß Kgoathes Leiden von Prügeln mit der *Sjambok*, der für den südafrikanischen Strafvollzug amtlich zugelassenen Nilpferdpeitsche, herrührten. Doch der Vertreter der Sicherheitspolizei gab vor Gericht an, Kgoathe habe sich seine Verletzungen zugezogen, als er unter der Dusche auf einem Stück Seife ausgeglitten sei. Dabei blieb es denn auch.
Auch Europäer werden nicht geschont. So sagte die 23jährige Krankengymnastin Stephanie Kemp, die später wegen der Zugehörigkeit zu einer verbotenen Organisation drei Jahre Gefängnis erhielt, in der Verhandlung in Kapstadt aus: »Ich war (nach 14 Stunden Dauerverhör) sehr müde. Der Sergeant stand vor mir und begann, mir mit beiden Händen ins Gesicht zu schlagen. Dann ergriff er mich an den Haaren, warf mich zu Boden und begann, meinen Kopf auf den Fußboden zu hämmern... Mein Entsetzen war so groß, daß ich den Schmerz nicht mehr spürte. Ich wollte dann aussagen. Er schlug jedoch meinen Kopf weiter auf den Boden. Ich hatte das Gefühl, tief herunterzufallen... Ich muß wohl ohnmächtig geworden sein. Später hörte ich eine Stimme, die sagte: Steh auf. Es gelang mir, auf die Knie zu kommen. Ich mußte mich erbrechen.«

»Dreckige kommunistische Judensau«

Das Repertoire der südafrikanischen Inquisition unterscheidet sich nicht wesentlich von dem, was Amtspersonen in anderen Polizeistaaten einfällt, um bockige Gefangene zum Sprechen zu bringen: Elektroschocks, Prügel, Schlafentzug, Psychoterror. Sie müssen nicht unbedingt physische Gewalt anwenden, um Menschen zu zerbrechen.

John Schlapobersky, ein jüdischer Student, wurde drei Tage lang ununterbrochen verhört. Sie eröffneten die Inquisition mit einer konzertierten Beschimpfung. Eine Gruppe von Polizeibeamten in Zivil schrie unaufhörlich auf ihn ein. Sie nannten ihn eine »dreckige kommunistische Judensau«, machten sich über seine Hakennase lustig und knallten ihm einen Strick auf den Tisch, damit er sich selbst aufhängen konnte. Als Schlapobersky einen hysterischen Anfall bekam, schrie ihm der Chef des Teams, Major Swanepoel, ins Gesicht: »Richtig so. Ich habe sie am liebsten widerspenstig. So macht es mehr Spaß, sie zu zerbrechen.«

Dann gingen sie zur Routine über. Swanepoel übernahm den rabiaten Part. Er schrie und tobte. Die Kollegen, die ihn ablösten, gaben sich brüderlich. Sie redeten freundschaftlich auf den Gefangenen ein, erklärten ihm, daß sie ihn vor Swanepoel retten würden, wenn er sich kooperativ zeige. Als er sich an sie gewöhnt hatte, wechselten die Inquisitoren die Rollen. Swanepoel mimte den Vatertyp, die zwei »Softies« begannen, ihn mit wilden Verbalinjurien zu traktieren.

Nach drei Tagen durfte der Häftling ein paar Stunden schlafen. Dann begann die Tortur von neuem. Am Ende des vierten Tages war Schlapobersky reif für die Klapsmühle: »Ich fühlte, daß ich gesündigt hatte. Ich mußte irgendein Verbrechen begangen haben, das ich selbst nicht kannte und das ich gemeinsam mit den Polizisten enthüllen würde... Sie stellten mich immer wieder auf die Füße. Aber ich schlief immer wieder ein. Ich marschierte im Schlaf gegen die Wand und wachte auf, wenn ich mit dem Kopf dagegenknallte. Ich konnte nicht mehr klar sehen... Meine Identität war vollkommen zerstört. Sie hätten alles mit mir machen können.«

Josef K. auf südafrikanisch.

John Schlapobersky hat zum Schluß irgendein Geständnis unterschrieben. Was drinstand, weiß er bis heute nicht. Er erinnert sich nur, daß er gleichzeitig gelacht und geweint hat. Eine Woche danach wurde er entlassen. Er bekam eine Ausreisegenehmigung und durfte nach Europa fliegen.

Zehn Millionen Verhaftungen

Ein Gefängnis ist in Südafrika kein Exotikum wie in Europa. In der Bundesrepublik sitzt ständig etwa ein halbes Promille der Bevölkerung hinter Gittern. In Südafrika sind es fast zehnmal soviel. Jeder vierte schwarze Südafrikaner wird, wie die Monatsschrift »Africa« ermittelte, mindestens einmal im Jahr eingesperrt, wenn auch in der Regel nur für wenige Stunden oder Tage. Nach einem Bericht, der dem Parlament in Kapstadt im Mai 1979 vorgelegt wurde, saßen am (nicht bekannten) Stichtag im Frühjahr 1979 nahezu 25mal soviele Schwarze und *Coloureds* im Gefängnis wie Weiße. Von 100000 *Coloureds* sitzen gewöhnlich 851, von ebensovielen Schwarzen 451. Die Weißen brachten es nur auf 97, die Inder gar nur auf 78 Knastvögel pro Hunderttausend.
Der Kapstädter Politologe Francis Wilson hat die Schrecken des südafrikanischen Gefängniswesens in nüchterne Statistiken gefaßt. Er hat unter anderem errechnet, daß zwischen 1948, dem Jahr der Machtübernahme durch die Buren, und 1973 über zehn Millionen Schwarze allein wegen Verstoßes gegen die Paßgesetze verhaftet oder verurteilt wurden. Das entsprach ziemlich genau der Zahl aller schwarzen Einwohner über sechzehn Jahre.
Schwarze Gefangene sind weitaus schlechter dran als weiße, obwohl auch im Umgang mit europäischen Häftlingen nicht zimperlich verfahren wird. Der weiße Oppositionelle Fred Carneson, der mehrere Jahre lang im gemischtrassigen Pollsmoor-Gefängnis in Kapstadt eingesessen hat, berichtete nach seiner Entlassung über die Zustände im schwarzen Trakt der Haftanstalt: »Männer in Ketten. Männer, deren Gesäße wundgeschlagen waren. Schreie und Gewimmer, das waren die üblichen Geräusche in der Isolierabteilung.«

Der Brite Brian Price, der im Zentralgefängnis von Pretoria elf Jahre wegen Rauschgifthandels absaß, hat der Nachwelt den Horror der Todeszelle im »Beverly Hills«-Flügel überliefert: Die Todeskandidaten werden mit der Schlinge um den Hals auf einer Falltür plaziert. Weil die Henker immer Amateure sind, müssen die Delinquenten oft zwei- und dreimal zurück auf die Plattform gehievt werden, ehe sie tot sind. Den Rest kriegen sie mit einem kleinen eisernen Pickelhammer.

Brian Price hat auch miterlebt, wie Dimitri Tsafendas, der Mörder Hendrik Verwoerds, von der Gefängnisverwaltung in Pretoria seelisch und körperlich zugrunde gerichtet wurde. »Sie hatten einen riesigen Neger auf ihn angesetzt, der von den anderen ›Schwarze Mamba‹ genannt wurde. Schwarze Mamba hatte die Aufgabe, Tsafendas zu zerstören. Er urinierte in sein Essen und zwang ihn, es herunterzuwürgen. Er schlug und trat auf ihn ein, bis er bewußtlos war. Tsafendas war ein weißhaariger Greis mit seinen 58 Jahren, als ich ihn verließ.« Kurz darauf beging er Selbstmord – nach zehnjährigem Martyrium.

Prominentenknast Robben Island

Ausschließlich schwarze Häftlinge gibt es auf Robben Island, der »Teufelsinsel«, wie sie noch von den Gründerjahren her heißt. Robben Island gilt als eines der ausbruchssichersten Gefängnisse der Welt. Es liegt zehn Kilometer vor Kapstadt. Die Meerenge zwischen der Insel und dem Festland ist selbst für Schiffe kaum passierbar. Unberechenbare Strudel ziehen immer wieder Segelboote in die Tiefe. Schwimmend hat sie noch keiner erreicht oder verlassen. Deshalb ist auch noch kein Gefangener von Robben Island entkommen, seit die Holländische Ostindien-Companie dort Anfang des 19. Jahrhunderts ein Lager für aufmüpfige Eingeborene errichtete.

Der schlechte Ruf der Gefängnisinsel geht nicht zuletzt auf das Selbsttötungsgesuch einer Gruppe von zehn britischen Lebenslänglichen zurück, die im 17. Jahrhundert freiwillig

zum Galgen schritten, weil sie nach eigenen Angaben den Anblick des lockenden Tafelbergs am Horizont nicht länger ertragen konnten.
Robben Island beherbergt heute die Prominenz der schwarzen Opposition: Nelson Mandela, Walter Sisulu, Govan Mbeki, Andre Mlangeni. Deswegen achtet Pretoria auch auf ordentliche Haftbedingungen. Ganz im Gegensatz zur Anti-Apartheid-Propaganda ist Robben Island nicht das grausamste, sondern eines der humansten (und natürlich ausbruchssichersten) Gefängnisse Südafrikas. Vier Mahlzeiten am Tag, regelmäßige ärztliche Betreuung, leichte Arbeit, das gibt es sonst in keiner Haftanstalt der Republik.
Die Zeiten, in denen die Gefangenen auf Robben Island mit leerem Magen von peitschenschwingenden Aufsehern in den Steinbruch gescheucht wurden und dort bis zum Umfallen malochen mußten, sind vorbei. Und selbst in ihren schlimmsten Zeiten war Robben Island nie so schlimm wie die südamerikanischen Strafkolonien der Franzosen.
Doch der Widerstand braucht Symbole. Deshalb lebt Robben Island in der Legende weiter als Pretorias Horrorkerker Nummer eins. Eigentlich muß der Beweis nicht erst erbracht werden, daß Südafrikas Gefängnisse keine Genesungsheime sind. Aber die Propaganda muß immer noch ein Pfund drauftun auf die Wirklichkeit. Und das trägt wesentlich zur Unglaubwürdigkeit der Südafrika-Kritik bei. Soviel gemordet und gefoltert wird nun auch wieder nicht zwischen Kapstadt und Beit Bridge, wie es in den Aufklärungsschriften der Anti-Apartheid-Bewegungen steht.

Handelt wie Verrückte!

Man darf der Versuchung keine Chance lassen, wo sie in Gestalt von Menschlichkeit an den Gerechten herantritt. »Schikaniert euren Feind mit Hungerstreiks, handelt wie Verrückte«, fordert das marxistische Untergrundblatt »Inkululeko Freedom« seine Leser auf. »Beklagt euch, gleich, ob zu Recht oder zu Unrecht. Deckt die Gerichte mit Zivil- und Strafrechtsklagen ein.«

Das propagandistische Trommelfeuer kann dem um Objektivität bemühten Laien schon den Blick für die rechte Relation vernebeln. Südafrika hat die meisten Strafgefangenen der westlichen Welt. 133 Hinrichtungen wurden 1979 von südafrikanischen Scharfrichtern vollzogen. Das ist »fast die Hälfte aller bekannten Hinrichtungen der Welt«, wie Peter Randall, der Direktor des »Studienprojekts über das Christentum in der Apartheid-Gesellschaft«, in einer aufwendigen Studie ermittelt hat. Nur lassen eben Hinrichtungs- und Strafvollzugsstatistiken Rückschlüsse nicht nur auf den Repressionsgrad, sondern auch auf die Kriminalität der Apartheid-Gesellschaft zu. Politische Todesurteile sind ja die große Ausnahme. Im Johannesburger Bantu-Getto Soweto werden auch in ganz normalen Jahren – gerechnet auf die hunderttausend Einwohner – fünfmal soviele Menschen umgebracht wie in der nicht eben als friedfertig bekannten Horrorpolis New York.

BUREN UND BRITEN

Ein Vater, zwei Ideen

Kaum glaublich, aber wahr: Die Präambel zur Charta der Vereinten Nationen und die Grundlage der südafrikanischen Rassengesetze haben einen gemeinsamen geistigen Vater. Wesentlich mitverantwortlich für beide Konzepte zeichnete der Jurist, Politiker und Weltkriegsheld Jan Christian Smuts. Derselbe Mann, der sich mit Eifer gegen ein »farbenblindes Wahlrecht« in Südafrika eingesetzt hatte, durfte drei Jahrzehnte später für die Völkerfamilie die Grundthesen für die Gleichheit aller Menschen formulieren.
Die Grundlagen für die Aufteilung Südafrikas in schwarze und weiße Gebiete lieferte 1913 das »Landgesetz«, in dem die Grenzen der Bantu-*homelands* abgesteckt waren. Als schwarze Gebiete waren damals etwa zehn Millionen Hektar ausgewiesen, also 100000 Quadratkilometer oder knapp acht Prozent des Staatsgebietes. Das war schon viel. Denn bis dahin hatte den Schwarzen gar nichts gehört. Dementsprechend liberal kamen sich denn auch die Väter der *homelands* vor.
General James Hertzog, Chef der Nationalen Partei, hat das Land 15 Jahre lang regiert. Er machte sich um die Aussöhnung der britischen und der burischen Bevölkerung besonders verdient und formulierte die Haltung der Liberalen gegenüber den Bantus so: »Laßt uns nicht die ganze Union beanspruchen, sondern auch den Eingeborenen einen Teil geben, damit sie sich dort nach ihrer eigenen Lebensart und unter der Aufsicht der Unionsregierung entwickeln können.« Hertzog gilt als der Urvater der Apartheid-Fundamentalisten. Er schrieb schon 1911: »Mit Schrecken denke ich an die Zukunft, wenn diese Frage (der Rassentrennung) nicht gelöst wird. Unsere Kinder und Kindeskinder werden dann mehr und mehr den Ballast einer niederen Zivilisation spüren, die sie auf das Niveau der Schwarzen hinunterzieht.«

Damit war der Grundstein für die spätere Apartheid-Ideologie gelegt.
Das Dogma begründet die Notwendigkeit der getrennten Entwicklung der einzelnen schwarzen Stämme mit deren rassischen Eigenheiten, die sich im Laufe der wechselhaften Geschichte der Bantus in den letzten dreihundert Jahren herausgebildet haben und die im einzelnen angeblich so sehr verschieden sind wie die von »Papuas und Eskimos« (so Exstaatschef John Vorster). Eines ist nicht zu leugnen: Das Bild, in dem blutrünstige weiße Landräuber über ein Volk friedliebender schwarzer Philanthropen herfielen, um es in Sklaverei und Not zu führen, ist falsch. So wie die Schwarzen untereinander haben die Weißen nie unter der eingeborenen Bevölkerung gewütet – wenn man die Zahl der Opfer als Maßstab nimmt.
Das gilt für Südafrika ebenso wie für den Rest des Kontinents. »The white man's burden«, die Bürde, die Schwarzafrika mit dem Kolonialismus der Weißen zu tragen hatte, war im Vergleich zu der permanenten und allgegenwärtigen Apokalypse, die Afrika zuvor beherrscht hatte, in aller Regel das geringere Übel. Die These von neuhumanistischen Zweckphilosophen wie Julius Nyerere und seiner europäischen Bewunderer, die Europäer müßten die Kolonialschuld gegenüber den Afrikanern mit »Reparationen« in Gestalt von Entwicklungshilfe bezahlen, ist schlichtweg albern.
Die europäischen Eroberer haben in Afrika nichts anderes getan als die Römer, Franzosen, Deutschen in Europa, Dschingis Khan in Asien und die Zulus im südlichen Afrika. Die historische Tendenz mächtiger Staaten, weniger mächtige unter ihre Knute zu zwingen, ist zu global, als daß man aus ihr Rechtsansprüche ableiten könnte, ohne die Welt auf den Kopf zu stellen. Die abenteuerliche These, das Abendland habe all seinen Wohlstand auf dem Elend der farbigen Rassen aufgebaut, ist – zumindest in bezug auf Afrika – nicht zu halten. Es stimmt: Die Europäer haben im 17. und 18. Jahrhundert ganze Völkerschaften als Sklaven in die Neue Welt verschleppt. Aber eingefangen und angeliefert wurden die Sklaven von Afrikanern.
Die afrikanischen Kolonien waren – von Ausnahmen wie

dem belgischen Kongo abgesehen – für die Europäer ein schlechtes Geschäft. Sie hatten meist mehr strategische und diffus-politische als wirtschaftliche Bedeutung. Vor allem in den »Siedlerkolonien« – Kenia, Rhodesien, Algerien – hat der weiße Mann weit mehr zurückgelassen, als er herausgeholt hat.

Ausbeutung? Kulturelle Überfremdung? Ja, natürlich. Die Europäer haben den Afrikanern ihre kulturelle Identität aufgezwungen, wo sie konnten. Aber die idealisierte Vorstellung von der paradiesischen Idealgesellschaft, die der Kolonialismus zerstört hat, ist nichts als ein fabulöses Traumbild. Das präkoloniale Afrika war geprägt von Sklaverei, Massenkannibalismus und mörderischen Stammeskriegen. Nicht, daß die Weißen kamen, um den Negern den rechten Zivilisationsbegriff nahezubringen oder sie gottlosem Heidentum zu entreißen. Wie alle Kolonialisten hatten sie zunächst mal sehr Eigennütziges im Sinn. Aber neben Pop-Kunst, goldenen Betten und Coca-Cola-Kultur haben sie bei ihrem Rückzug ganz nebenbei auch Straßen, Eisenbahnen, Krankenhäuser und Schulen zurückgelassen – obwohl ein Großteil davon inzwischen längst zerfallen ist.

In der Geringschätzung afrikanischer Kulturgeschichte waren sich große Denker des 19. und des 20. Jahrhunderts auf merkwürdige Weise einig – ganz gleich, aus welcher Schule sie kamen. »Was wir eigentlich unter Afrika verstehen«, wußte schon Hegel, »das ist das Geschichtslose und Unaufgeschlossene, das noch ganz im natürlichen Geiste befangen ist.« Und der ungarische Staatsmann und Historiker Šik konnte noch 1965 in seiner »Geschichte Schwarzafrikas« schreiben: »Die große Mehrheit der klassenlosen afrikanischen Völker errichtete keine Staaten im eigentlichen Sinne des Wortes... Deshalb kann man bei diesen Völkern vor dem Erscheinen der europäischen Usurpatoren nicht von Geschichte im wissenschaftlichen Sinne des Wortes sprechen.« Und Šik war Kommunist.

Auch die besiedelten Gebiete Südafrikas waren kein Garten Eden, bevor die Weißen kamen. Die Zulu-Häuptlinge Shaka und sein Bruder Dingaan rotteten im vergangenen Jahrhundert ganze Völkerschaften aus, ehe die vordringenden Buren

– wenn auch wiederum um den Preis eines hohen Blutzolls – der Metzelei ein Ende bereiten. Die Erbfeindschaft zwischen den Zulus und ihren Nachbarn ist bis heute nicht überwunden, wie der heiße Sommer 1976 in Soweto gezeigt hat. Umstritten ist nur, ob die weiße Regierung die eingefleischte Animosität unterdrückt oder ob sie sie bewußt kultiviert, um aus den Gegensätzen politisches Kapital zu schlagen.

»Schöne, kräftige Gestalten, die Neger«

Die meisten Buren sind sich darin einig: Ohne uns fressen sich die Kaffern gegenseitig auf. Deshalb sollen sie froh sein, daß wir da sind. Die durch Zulu-Treckburen und britischen Imperialismus gründlich durcheinander gewirbelte Ethnographie Südafrikas hat sich erst in den zwanziger Jahren dieses Jahrhunderts stabilisiert. Vorher gab es nur Ballungszonen mit wechselnden ethnischen Schwerpunkten. Die Entwicklungslinien der querbeet siedelnden Stämme sind so verschlungen, daß Völkerkunde in Südafrika zum Puzzlespiel wird. Nur eins ist sicher: Bantus sind sie alle, einige hunderttausend Hottentotten und Buschmänner ausgenommen.
Die Familie der südafrikanischen Bantus – zu deutsch schlicht »Menschen« – setzt sich zusammen aus zwei großen und zwei kleineren ethnischen Gruppen: den Nguni und den Sotho sowie aus den zwei Minderheitengruppen der Venda und Tsonga. Die drei Uguni-Völker der Zulus, Xhosas und Swasi haben vorwiegend die östlichen und südöstlichen Teile des Subkontinents besiedelt. Die Siedlungen der Sotho, Tsonga und Venda ziehen sich quer durch Transvaal und den nördlichen Oranje-Freistaat. Zum Teil sind die Bantus von der Völkerwanderung in ihre heutigen Siedlungsgebiete verschlagen, zum Teil von den weißen Regierungen dorthin verfrachtet worden.
Die rassischen Unterschiede der einzelnen Völkerschaften sind wissenschaftlich kaum zu definieren. Die Zulus sind im Zweifelsfalle aggressiver als die Xhosas. Die Ndebele vitaler als die Hottentotten. Doch das sind variable Größen. Selbst

ein Bantu-Philologe muß zweimal hinhören, um zu sagen, ob einer zulu oder xhosa spricht. Denn die Bantusprachen sind einander sehr viel ähnlicher als die indogermanischen.
Politisch wirklich relevante kulturelle oder rassische Unterschiede aber haben sich bisher nicht belegen lassen. Für den politisch neutralen Afrika-Völkerkundler Walter Hirschberg sind es durch die Bank »schöne und kräftige Gestalten, diese Neger«. Sie sind »voll federnder Grazie, sprung- und laufgewohnt«. Profiethnologe Hirschberg begreift die südafrikanischen Bantus mit Ausnahme der Khoisaniden als ein homogenes Volk. Nur: »Diese gewaltige Völkermasse der südöstlichen Bantu ist sich ihres kulturellen Zusammenhanges kaum bewußt.« Wie soll sie auch, nachdem die Buren ihnen fünfzig Jahre lang mit System die These von der kulturellen Unvereinbarkeit der einzelnen Stämme und Kulturen eingebleut haben.

Menschenfresser und »swarte Honde«

Die Regierung in Pretoria stützt ihre Hegemonieansprüche unter anderem auf die These, die Europäer um Jan van Riebeeck, die 1652 am Kap landeten, seien in ein leeres Land vorgedrungen. Die Schwarzen seien erst später dazugestoßen. Deshalb hätten die Weißen die älteren Rechte.
Das ist nur die halbe Wahrheit. Tatsächlich war das Kapland dünn besiedelt, als die »Holländische Ostindien-Companie« dort ihren Stützpunkt errichtete. Doch der erste am Kap war Jan van Riebeeck nicht. Die ersten mit Hilfe von Radiokarbonanalysen georteten menschlichen Siedlungen im heutigen Natal reichen zurück bis ins 5. Jahrhundert.
Die frühesten Siedler waren Hottentotten und Buschmänner. Keine Herrenrassen, wenn man glaubt, was sich damals die Kaufherren in Amsterdam über sie erzählten. In einem Bericht, den van Riebeeck an sein Hauptquartier richtete, wurden die bräunlichgrauen Ureinwohner Südafrikas so beschrieben: »Sie sind klein von Gestalt, von häßlichem Gesicht. Ihr Haar steht aufrecht wie das eines Diebes, der ausgetrocknet ist, weil er zu lange in der Sonne gehangen

hat. Ihre Sprache klingt so, als ob ein Truthahn einen Laut von sich gibt, man hört nur ein Glucksen und Pfeifen. Sie würden ohne Zweifel jemanden von uns gefressen haben, wenn sie es gekonnt hätten. Denn es macht ihnen nichts aus, rohes Gedärm zu essen, nachdem sie den Kot mit den Fingern herausgedrückt haben, woraus man schließen kann, daß sie Menschenfresser sind.« Die Buren pflegten schon damals ein sehr geradliniges Urteil.

Die rassische Minderheit der Hottentotten und »Bossjemans« (Buschmänner), die kaum ethnologische Berührungspunkte mit den Bantus aufweisen, hat sich nicht wesentlich verändert. In der Kalahari leben sie noch heute so wie vor gut 300 Jahren, als die Holländer am Kap landeten. Daß ausgerechnet diese klassischen Wilden die ersten und für eine beträchtliche Wegstrecke ihrer Geschichte die einzigen Farbigen waren, mit denen die Kapsiedler zu tun hatten, kann nicht ohne Auswirkungen auf die Weltanschauung der Buren geblieben sein.

Jan van Riebeeck war nicht als Eroberer gekommen. Er sollte am Kap lediglich eine Versorgungsstation errichten, auf der die durchreisenden Schiffe der Companie ihre Fleisch-, Wasser- und Gemüsevorräte auffrischen konnten. Die »swarten Honde«, wie sie van Riebeeck nannte, waren für die Siedler tabu. Um Komplikationen zu vermeiden, erarbeitete der Gründervater sogar einen umfangreichen Katalog von Strafen für Siedler oder Seeleute, die schuldhaft mit den Eingeborenen aneinandergerieten.

Gern hätte van Riebeeck selbst mal hingelangt. »Wir hätten ihnen leicht 10000 Stück Vieh abnehmen können«, schrieb er über eine Begegnung mit einer Gruppe von nomadisierenden Saldani-Hottentotten in sein Tagebuch. »Doch das können wir später immer noch tun. Diese Leute geben uns täglich Ursache zur Rache ... Was gewiß nur einmal notwendig wäre. Mit 150 Mann kann man ihnen zehn- bis zwölftausend Stück abnehmen, ohne daß Gefahr bestünde, auch nur einen einzigen Mann zu verlieren. Und wir könnten auch viele Gefangene unter den Wilden machen und sie als Sklaven nach Indien schicken, weil sie ohne Waffen zu uns kommen.« Diese Tagebuchaufzeichnung Jan van Riebeecks

gehört zu den wirklich wegweisenden Dokumenten der südafrikanischen Geschichte.
Die »Herren Siebzehn«, sozusagen der Aufsichtsrat der »Holländischen Ostindien-Companie«, rieten dringend davon ab, die weiße Gemeinschaft mit Farbigen zu durchsetzen. Sie kannten ihre Pappenheimer. »Die Kolonie sollte von Europäern entwickelt werden. Und nur Europäer sollten dort arbeiten«, hieß es in einer Dienstanweisung an van Riebeeck. »Denn unsere Nation ist so beschaffen, daß sie faul wird und keine Hand mehr rührt, sobald sie über Sklaven verfügt.« Wie weise dieser Rat war, sollte sich erst im Laufe der Jahrhunderte zeigen.
Doch die Zentrale wollte nicht nur eine rassenreine Gesellschaft in ihrer südafrikanischen Dependance. Sie wollte auch Gewinn machen. Und weil Kapstadt ständig Defizit nach Amsterdam meldete, entschlossen sie sich schließlich, van Riebeecks Quengelei nachzugeben und ihm den Import von Sklaven aus Indonesien, Madagaskar und Guinea zu gestatten. Das sollte die Kolonie aus den roten Zahlen reißen.
Der Sklavenhandel schwemmte eine Menge zwielichtiges Volk ans Kap: Seeleute, die in Europa keine Heuer bekamen, entlassene oder entlaufene Sträflinge, Glücksritter, Prostituierte. Bald war es aus mit dem Rassenfrieden. Überfälle und Strafaktionen häuften sich. Weil die Neusiedler für die harte Landarbeit nur bedingt verwendungsfähig waren, mußten immer mehr Sklaven herangeschafft werden. In den neunziger Jahren des 17. Jahrhunderts hatte sich die Kapkolonie bereits hundert Kilometer landeinwärts ausgedehnt. Der Historiker Detlev Laß sieht in der Entscheidung der Companie, schwarze Arbeitskraft zu importieren, den entscheidenden Schritt zur »mehrrassigen Gesellschaft« – nicht zur rassengleichen, wohlgemerkt. Damit war nach Laß die Entscheidung gefallen, daß die europäischen Siedlungen in Südafrika nicht denselben Charakter annehmen sollten wie die der Puritaner in Neuengland und der Franzosen am Sankt-Lorenz-Strom.
Ursprünglich war Kapstadt nicht als Siedlung vorgesehen gewesen. Die Erfahrungen, die die Holländer mit aufmüpfigen Siedlern in Nordamerika gemacht hatten, ermutigte sie

nicht zu derlei ungewissen Unternehmungen. Aber nachdem die Kap-Bevölkerung zunächst stabil geblieben war, begann die Kolonie gegen Ende des 17. Jahrhunderts aus allen Nähten zu platzen. Deshalb entließ die Companie den Überschuß als »vry burgers« (freie Bürger) bereitwillig ins Hinterland.
Die Expansion der Weißen drängte die Hottentotten immer weiter von ihren traditionellen Siedlungsgebieten fort. Weil sie sich nicht widerstandslos davonjagen ließen, kam es immer häufiger zu heftigen Zusammenstößen. Aus Scharmützeln entwickelte sich ein regelrechter Guerillakrieg. Die Buren nahmen den Eingeborenen das Land weg. Die Stammeshäuptlinge revanchierten sich mit Terror.
Zwischendurch wurde auch mal wieder verhandelt. Das Protokoll eines dieser Friedensgespräche nimmt sich in van Riebeecks Tagebuch so aus: »Sie sagten bitter, daß wir uns mehr und mehr von ihrem Land, das ihnen Jahrhunderte lang gehört hatte, angeeignet hätten. Und sie wollten wissen, ob sie das gleiche wohl in Holland tun könnten, wenn sie mal dahin kämen.« Machtpolitiker gaben ihnen die Antwort, die dem Zeitgeist des 17. Jahrhunderts, und nicht nur des siebzehnten, entsprach: »Das Land ist uns in einem Verteidigungskrieg durch das Schwert zugefallen. Und wir beabsichtigen nicht, es wieder herzugeben.«

Endlösung der Hottentotten-Frage

Van Riebeeck peitschte das Hottentotten-Problem einer Endlösung entgegen, indem er Kopfgelder auf die Eingeborenen setzte. Die Killer mußten schriftlich Rapport erstatten. Ihre Berichte lasen sich etwa wie folgt: »Griff den ersten Kraal an, tötete 75 Buschmänner, machte 21 Gefangene, fand 150 Hammel, 13 Rinder, ein Gewehr; 15. Oktober: Entdeckte wieder einen Kraal, tötete 35 Buschmänner, machte 23 Gefangene, 124 Hammel« (so der Bericht des Kopfgeld-Profis van der Welt). Die Hottentotten-Vertreibung würde nach heutigen völkerrechtlichen Kriterien den Tatbestand des Genozids erfüllen. Aber im 17. Jahrhundert

war der Humanismus noch nicht soweit, um auch Nichteuropäern ein Recht auf Humanität zuzugestehen.
Die Methoden der ersten Besiedlungsphase am Kap unterscheiden sich nicht von denen der Kolonisierung Nordamerikas. So wie die Briten und Franzosen die Rothäute umbrachten oder in die Prärie jagten, scheuchten die Holländer ihre Schwarzhäute wie räudiges Vieh von den fruchtbaren Wiesen im Kapland in die Einöde der Kalahari. Nicht anders machten es die Spanier mit den Azteken, die Russen mit den Sibirjaken und die Neger mit den Pygmäen.
Am Kap setzte sich die westliche Zivilisation schnell gegen die Einheimischen durch. Was die Musketen der Buren nicht schafften, das bewerkstelligte der Alkohol. Um die Jahrhundertwende war das Hottentotten-Problem gelöst. Das dokumentiert ein Bericht an die Companie aus dem Jahr 1703. Dort heißt es unter anderem: »Diejenigen Hottentotten, die in der Nähe von Kapstadt leben, beziehen ihren Lebensunterhalt größtenteils von den Holländern. Denn zu jedem Haus gehören einer oder mehrere von ihnen. Sie verrichten dort alle Arten von Diensten und erhalten dort auch ihre Nahrung. Drei oder vier ihrer unmittelbaren Familienangehörigen sitzen an den Türen oder in der Nähe des Holländerhauses und warten auf die Abfälle, die von der Tafel kommen, und wenn zwischen den Mahlzeiten Botengänge zu erledigen sind, so werden sie von ihnen übernommen, und sie erwarten wenig für ihre Mühe. Für Fremde aber tun sie nichts.« Treu, genügsam, allzeit bereit – so ähnlich hat Altvater Brehm den deutschen Schäferhund beschrieben.
Nach Lösung des Hottentotten-Problems stießen die Eroberer lange Zeit nicht mehr auf Widerstand. Die Buren konnten sich ungehindert nach Norden und Nordosten ausdehnen. Es gab Land in Hülle und Fülle. Und das brauchten sie auch. Denn die fruchtbaren Weiden der Kapregion sind nicht typisch für Südafrika. Nördlich von Swellendam wird die Gegend karg. Es gibt nur noch dürres Gras und Dornenbüsche. Kein Gedanke an Wein- und Getreideanbau wie ihn das Mittelmeerklima der Kap-Halbinsel ermöglichte.
Die extensive Weidewirtschaft machte aus den »Boeren« (Bauern) im Laufe der Jahrzehnte Nomaden. Sie »treckten«

den Regenwolken nach und bauten ihre Wagenburgen überall da auf, wo sie Wasser und frisches Gras fanden – wie hundert Jahre später die amerikanischen Squatter im wilden Westen.

»Da sie kein Land besitzen und auf keine Weise mit der bürgerlichen Gesellschaft zusammenhängen«, schrieb der deutsche Südafrika-Forscher Hinrich Lichtenstein nach seiner Rückkehr aus Kapstadt über die Treckburen, »so sind sie auf dem Wege, ganz auf den Zustand der rohen Wilden abzusinken.« Ihre Sprache verkümmerte zum Primitividiom, das außer einem biblischen Stammvokabular nur noch eine Handvoll rudimentäre Gebrauchsausdrücke kannte. Das Afrikaans des frühen 18. Jahrhunderts hatte kaum mehr Vokabeln als die Negersprachen des subsaharischen Afrika. Die Buren wurden der erste weiße Stamm des schwarzen Kontinents.

Über seine Gastgeber, die ihn eine Weile bewirtet hatten, berichtete Lichtenstein: »In der Tat bestand hier eine patriarchalische Haushaltung, von der man sich einen kleinen Begriff wird machen können, wenn ich erwähne, daß unser Wirt achtzig Pferde, 690 Rinder und eine Menge Federvieh besaß und daß er täglich 105 Personen an Sklaven, Hottentotten, übriger Dienerschaft und seiner Familie zu speisen hatte.« Eine Großfamilie von wahrhaft alttestamentarischem Zuschnitt.

Die Buren-Clans waren autonom und autark. Wenn zwei von ihnen sich zu nahe kamen, gab es meist Rabatz.

Mit der zügellosen Treckerei war es vorbei, als die Buren im letzten Drittel des 18. Jahrhunderts auf die Vorhut der schwarzen Völkerwanderung aus Ostafrika stießen. Irgendwo in der Höhe des Gmtoos-Flusses im Osten der Kapprovinz muß es zum erstenmal gefunkt haben. Die Xhosas waren weit weniger leicht zu nehmen als die Hottentotten. Gouverneur Swellengrebel gab nach einer Inspektionsfahrt zum Großen Fischfluß einen eher mißmutigen Situationsbericht: »Sie (die Weißen) brüsten sich ihres Chri-

Seiten 186/187: Sturmfest und erdverwachsen. Truppen der Generäle Cronje (mit Peitsche) und Joubert während des Burenkriegs.

COMMANDO AT MAFEKING

stentums und nennen die anderen verschlagene Heiden, deren einzige Absicht darin bestehe, die Christen zu vernichten. Die Folge ist, daß sie dieses Volk (die Xhosas) außerordentlich hart und aggressiv behandeln, weshalb ich auch viel Streit mit ihnen hatte.«

Der missionarische Eifer der Treckburen, gepaart mit religiösem Sendungsbewußtsein und unstillbarem Landhunger, entzündete den ersten in einer stattlichen Reihe von »Kaffernkriegen«, die schließlich die Macht der Weißen am Kap besiegelten und die schwarzen Zuzügler zu Muschkoten degradierte.

Die Grenzlandburen begriffen ihren Kampf gegen die Bantus als heiligen Kreuzzug, als Religionskrieg. Das Motto lieferte das Alte Testament, Buch Mose, Vers 33: »So sollt ihr alle Einwohner vertreiben von eurem Angesicht und alle ihre Säulen zerstören, daß ihr also das Land einnehmet und darin wohnet, denn euch habe ich das Land gegeben, daß ihr's einnehmet.« Dagegen waren alle Verdikte der Kap-Regierung machtlos.

Winston Churchill, der kaum mit übertriebener Sympathie für die Buren befrachtet war, konnte sich einer gewissen pathetischen Rührung bei der Beschreibung der burischen Unrast nicht erwehren: »Sie zogen aus wie die Kinder Israel auf der Suche nach dem Gelobten Land.« Da konnten die Holländische Ostindien-Companie und später die britische Kolonialverwaltung dekretieren, was sie wollten. Gegen soviel historische Gottgefälligkeit war kein Kraut gewachsen.

Mit Bibel und Flinte

Dem Zug der Buren ins Gelobte Land – Bibel, Pflug und Flinte allzeit im Gepäck – gebricht es nicht an titanöser Grandezza. Sie fühlten sich wie die Nibelungen: Mit trutziger Stirn dem schwarzen Feind entgegen, die perfiden Briten stets im Nacken.

Aber andere waren schon ein halbes Jahrtausend vor ihnen den Schicksalstrail entlanggezogen – nur in entgegengesetzter Richtung. Kleinere Gruppen des Ngunivolkes waren im

11. Jahrhundert aus dem Mündungsgebiet des Sambesi in die Gegend des heutigen Natal ausgewandert. Sie waren ethnographisch kein nennenswerter Faktor, ein paar versprengte Gruppen, die sich aus den Völkergemeinschaften im Kongo-Becken und im Gebiet der großen Seen in Ostafrika gelöst hatten und auf der Suche nach Frieden und frischen Weiden südwärts gezogen waren.

Der Strom der schwarzen Treckburen verstärkte sich im späten Mittelalter unter dem Einfluß arabischer Sklavenhändler, die auf ihren Raubzügen von der ostafrikanischen Küste bis tief nach Zentralafrika vordrangen. Die Furcht vor Tod und Sklaverei trieb eine Welle nach der anderen südwärts. Völkerwanderungsformat erreichte der Treck der Bantu etwa um dieselbe Zeit, als die holländischen Siedler in Massen aus der Kapkolonie nach Norden und Nordosten strömten. Der erste große Schwarz-Weiß-Konflikt war gleichsam geschichtlich vorprogrammiert – mit Hilfe der Araber. Als Schwarze und Weiße erstmals aneinandergerieten, lebten in Natal und dem westlichen Transvaal knapp eine Million Bantus und nicht einmal 20000 Buren.

Weiter westlich im Sotho-Gebiet war das Verhältnis kaum günstiger für die Europäer. Über die Drakensberge hinweg hatten sich erst ein paar tolldreiste Pioniertypen gewagt, denen die lange Leine Kapstadts noch immer nicht lang genug war. Die These der Buren, sie seien in menschenleeres Gebiet vorgedrungen und hätten sich nur genommen, was eh niemandem gehörte, wird von objektiven Historikern nicht bestätigt. Sie haben geraubt und erobert wie die amerikanischen Squatter und die spanische Conquista. Allenfalls die kargen Ebenen zwischen Oranje-Fluß und Kap waren nahezu unbesiedelt, als die Buren kamen.

Aber was soll's auch. Nur wer Geschichte als Rechtfertigungswissenschaft versteht, kann aus 300 Jahre alten Vorgängen aktuelle Ansprüche ableiten. Selbst wenn die Buren richtig lägen mit ihrem Geschichtsverständnis, bricht Genealogie kein Bürgerrecht. Das Existenzrecht der Israelis in Palästina wird nur noch von einer kleinen Minderheit ganz radikaler arabischer Politiker bestritten. Und die wohnen dort erst seit ein paar Jahrzehnten.

Calvinisten gegen Imperialisten

Um des lieben Friedens willen hatte Kapstadt zu Beginn der ersten Sturm-und-Drang-Epoche den großen Fischfluß zur Grenze der burischen Besiedlung erklärt. Jenseits davon war »Kaffir country«, wo die Weißen nichts verloren hatten. Aber weder die Buren noch die Xhosas kümmerten sich um das Verdikt. Die Schwarzen holten den Weißen bei nächtlichen Raubüberfällen das Vieh aus dem Stall. Die Weißen entführten im Gegenzug Xhosa-Kinder und ließen sie auf ihren Farmen als billige Arbeitskräfte schuften.

Beide Seiten gaben kein Pardon. Bei den Überfällen der Xhosas auf die Farmen der Buren wurden keine Gefangenen gemacht. Wenn eine Abteilung Buren-Kavallerie ein Xhosa-Dorf umstellte, mußten Schwarze als lebende Schutzschilde vorausgehen, um die Verluste der Weißen niedrig zu halten.

Die Kindesräuber brachten sogar eigene Landsleute gegen sich auf. Joseph Orpen, Mitglied einer Untersuchungskommission, die das Kidnapping im Oranje-Gebiet überprüfen sollte, schickte gar einen empörten Erlebnisbericht nach Kapstadt. Er hatte ein burisches Kinderräuberkommando bei der Rückkehr von einem Raubzug erlebt. »Jeder Mann«, berichtete Orpen, »hatte ein oder zwei Kinder auf seinem Pferd, eins vorn und eins hinter sich. Die Mütter liefen klagend neben den Pferden her. Ich forderte General Botha auf, den Männern zu befehlen, daß sie die Kinder den Müttern zurückgeben. Aber er sagte nur milde: ›Leute, warum tut ihr denn so was. Ihr wißt doch, was der Präsident gesagt hat.‹«

Der Zusammenprall der schwarzen und der weißen Wandervölker fiel in die erste Phase der britischen Expansion in Südafrika. Nach der Pleite der Companie hatten 1795 die Briten Kapstadt übernommen. Am Kap stießen zwei Welten aufeinander: die imperialistische Großmacht, die die Welt beherrschen, aber auch zivilere Sitten in ihrem Herrschaftsbereich einführen wollte, und die calvinistische und paternalistisch primitive Bauerngesellschaft, die abgekapselt von den geistigen Impulsen der französischen Revolution in Ruhe ihren Kohl anbauen wollte.

Um »die abscheulichen Züge, die jetzt das Bild unserer afrikanischen Gesellschaft entstellen und eine Verrottung bis ins Mark anzeigen, zum Verschwinden zu bringen«, so John Philip, Superintendent der »London Missionary Society«, machten sich die Engländer daran, die atavistischen Strukturen der Burengesellschaft zu zerschlagen. Sie verboten die Sklaverei, erließen einen speziellen Codex zum Schutz der Hottentotten und gaben Besitzstandsgarantien für Xhosas und Zulus.

Die Buren waren empört; weil sie aber keine Chance hatten, sich gegen die neue Schutzmacht durchzusetzen, gingen sie wieder auf Wanderschaft. Den Ausschlag gab die »Glenalg-Depesche«, in der der britische Kolonialminister, Lord Charles Grant Glenalg, die von Gouverneur Benjamin D'Urban (nach dem später die Hafenstadt Durban benannt wurde) abgesegnete Annexion der »Provinz Queen Adelaide« jenseits des Großen Fischflusses wieder rückgängig machte.

Kurz vor Weihnachten des Jahres 1837 setzte sich die gigantische Karawane in Bewegung: über tausend bewaffnete »Voortrekker«, viertausend Familienangehörige auf mindestens tausend Ochsenwagen, dazu an die 50000 Rinder und ebensoviele Schafe sowie 4000 Sklaven und »halbfreie« Bedienstete. Unter den Emigranten war auch der zehnjährige Paul Krüger, der 63 Jahre später als Präsident der Republik Transvaal den ersten »Burenkrieg« entfesseln sollte.

Voortrekker-Chef Piet Retief formulierte das Manifest auf den Exodus. Tenor: »Wir wünschen, die Achtung unserer Brüder zu genießen und Wert darauf zu legen, daß sie und alle Welt nicht denken, wir hätten leichten Herzens die Bande gelöst, die einen Christenmenschen an seine Heimaterde binden.« Und noch etwas: »Wir sind entschlossen, wohin wir auch gehen, die Grundsätze wahrer Freiheit hochzuhalten.« Nobler ging's nimmer. Doch die Freiheit, die die Buren meinten, war vor allem die Freiheit, andere Völker zu versklaven. Deshalb treckten sie fort. Sie hielten sich für revolutionär, aber in Wahrheit waren sie bloß rebellisch.

Die Philosophin Hannah Arendt, die sich vorwiegend durch die Psychoanalyse weltpolitisch relevanter völkischer Verirrungen einen Namen gemacht hat, interpretiert die burische Spielart von Freiheit wie folgt: »Wenn schon der Boden Afrikas keine Reichtümer hergab, so schien die Vorsehung doch zur Kompensation den Eingeborenen einen schier unerschöpflichen Rohstoff beschert zu haben, der Arbeit überflüssig machte und die Produktivität als Lebensform eines zivilisierten Volkes abzuschaffen geeignet war.«

»Schändliche Befreiung«

Retiefs Schwester Anna Steenkamp hat das materialistische Kernmotiv des großen Trecks nach Norden mit ethischen Elementen angereichert. Für sie war weniger die – allerdings auch »schändliche und ungerechtfertigte« – Befreiung der Negersklaven der Grund für die Abwanderung des Burenvolkes als vielmehr »die Tatsache, daß sie (die Neger) mit Christen auf eine Stufe gestellt wurden, gegen die Gesetze Gottes und gegen die natürlichen Unterschiede der Rasse und der Religion, so daß es unerträglich war für jeden Christen, sich unter ein solches Joch zu beugen«.
Die Buren machten aus der Voortrekker-Story ein bis zur Unkenntlichkeit mystifiziertes Heldenepos. Für andere wie den westdeutschen Geschichtsschreiber Heinrich Jaenecke waren die Treckburen nichts als »Landräuber, die ihren Sieg den besseren Waffen verdankten«. Die Wahrheit liegt wohl eher in der Mitte.
Sicher, ohne die materielle Überlegenheit wär's schwerer gewesen. Die Buren hatten zwei wesentliche Vorteile auf ihrer Seite, mit deren Hilfe schon Hernando Cortez ganz Mexiko aufgerollt hatte: Pferde und Feuerwaffen. Aber Landräuber... Wenn überhaupt, dann waren sie allesamt Diebe und Okkupanten, die Zulus, die Xhosas, die Briten und die Buren. Die einen waren erfolgreicher als die anderen. Und wer siegt, hat hinterher immer recht. So hat es sich schließlich in der Geschichtsschreibung der Völker eingebürgert.

Die Matabele im Oranje-Gebiet und die Xhosas in Natal waren schon vorher auf der Strecke geblieben. Jetzt ging's gegen die Zulus. Der Kampf der Buren gegen die Zulus ist in zahllosen Gemälden und Gedichten verherrlicht worden, die ein Gutteil der Burenkultur ausmachen. Dieser Kult erklärt den merkwürdigen Respekt, den die weißen Südafrikaner aller Staatsdoktrin zum Trotz bis heute für diese Spezies der schwarzen Rasse hegt. Die Zulus waren ihnen stets die liebsten Neger.

Die Zulus hatten sich einen Namen als Eroberer gemacht. Aus der Tiefe des ostafrikanischen Raums waren sie bis in die Gegend von Port Natal, dem heutigen Durban, vorgestoßen. Ihr Renommee verdankten sie vor allem ihren kriegerischen Erfolgen wie auch der Methode, mit der sie sie erzielten. Zulu-Kriege glänzten durch brillante Choreographie und Dramaturgie sowie eine für das 19. Jahrhundert beachtliche Fairneß. Fast ging es zu wie in Europa auf dem Tanzboden.

Hinrich Lichtenstein hat der Nachwelt die flankierenden Prozeduren einer Zulu-Bataille überliefert: »Nie überfällt man den Feind, wenn er noch nicht zum Krieg gerüstet ist und ohne vorausgehende Kriegserklärung. Man schickt Gesandte an ihn ab, die entweder Unterwerfung fordern oder mit dem nahen Angriff drohen.«

Wenn das nichts half, wurde das Kriegshorn geblasen. Aber vorher wurde erst mal gut gegessen. »Sobald das Heer an dem Wohnort des Königs versammelt ist, wird eine Menge Vieh geschlachtet, um die Krieger durch reichlichen Fleischgenuß für den Feldzug zu stärken. Erklärt der Feind, er habe noch nicht alle seine Mannschaften zusammen und sei noch nicht bereit, so wartet man geduldig, bis er melden läßt, daß er zum Streite gerüstet sei. Zum Kampfplatz wählt man eine offene Fläche ohne Gebüsch und Felsengeklüft, um jeden Verdacht eines Hinterhalts zu entfernen.« Erst dann ging's zur Sache. Lichtenstein: »Dann fängt man an, die Hassagayen (Wurfspeere) aufeinander abzuwerfen, sucht den feindlichen auszuweichen oder sie abzuwehren und bedient sich ihrer wider den Feind... bis die Flucht des einen Theils oder die Nacht dem Gefecht ein Ende macht... In den

Schlachten der Kaffern verlieren nicht so viele Menschen das Leben, wie man glauben möchte.«
Doch mit der Fairneß war es schnell vorbei, als Shaka und die Weißen kamen. Ein zeitgenössischer Zulu-Dichter hat König Shaka so beschrieben: »Er, der noch mit der Vernichtung des einen beschäftigt war, schon die nächsten zu vernichten beginnt, sich schon wieder den nächsten greift, er wusch sein Gesicht in Tränen.« Der große Profivernichter raffte in weniger als fünfzehn Jahren ein für damalige Verhältnisse gigantisches Reich zusammen. Als er 1928 von seinem Bruder Dingaan ermordet wurde, war Zululand 60000 Quadratkilometer groß, gut zwanzigmal größer als vor seinem Machtantritt. Der Preis: eine halbe Million Tote. Shakas blutrünstige Tyrannei verwüstete gewaltige Landstriche. Aber er gab der Nation der Zulus ein nationales Selbstbewußtsein, das heute noch wach ist.
Shaka räumte zunächst einmal auf mit dem bedächtigen Operettenkrieg seiner Vorgänger. Bei ihm wurden Feinde nicht geschont. Niederlage war gleichbedeutend mit physischer Liquidierung. In seinen besten Tagen hielt Shaka 40000 Soldaten unter Waffen, darunter auch mehrere Frauenbataillone. Seine Truppen wurden mit unerbittlicher Härte geführt. Die geringste Schwäche wurde mit dem Tode bestraft. Und Shaka entging nichts.
Bei Paraden mußten Shakas Soldaten barfüßig über Dornen marschieren. Sexuelle Aktivitäten waren ihnen nur in Ausnahmefällen erlaubt. Hochzeiten gab es überhaupt nicht. Er selbst war ebenfalls unverheiratet – hielt sich allerdings einen Harem mit 1200 Frauen, die wie es heißt, häufig ausgewechselt wurden.
Der Krieg wurde durch Shaka Zulu dynamischer und mörderischer. Die meist ziemlich harmlose Speerwerferei wich dem Nahkampf auf Leben und Tod. Eine Schlacht galt erst dann als gewonnen, wenn auch der letzte Gegner mit zerschmettertem Schädel oder einer Lanze in der Brust auf der Walstatt lag. Keine Frage, daß natürlich auch keine Gefangenen gemacht wurden.
Auch daheim führte sich Shaka auf wie Caligula. Als 1827 seine Mutter starb, ordnete er an, daß ein Jahr lang kein

Korn mehr gesät und geerntet, kein Fleisch gegessen und keine Milch getrunken werden dürfe. Zuwiderhandlungen wurden mit dem Tode bestraft. Ein Jahr später hat es ihn dann selbst erwischt. Am 22. September 1828 stieß ihm sein Halbbruder Dingaan in der königlichen Hütte ein Messer ins Kreuz. Nur, viel ziviler wurde die Kriegsführung dadurch nicht.

Dingaan fehlte es nicht an Brutalität, wohl aber an feldherrlichen Qualitäten, um das Werk seines Bruders fortzusetzen. Die Historiker sind sich einig darüber, daß der Treck der Buren die Grenze von Mosambik zehn Jahre später erreicht hätte, wenn Shaka statt Dingaan die Zulu-Truppen kommandiert hätte.

Dabei hatte sich der Kampf für die Zulu nicht mal schlecht angelassen. Am 6. Februar 1838 ließ Dingaan 71 Voortrekker, an ihrer Spitze Piet Retief, und 30 »Bruinmense« (Mischlinge), die sich zur Unterzeichnung eines Friedensvertrags in seinem Kral versammelt hatten, ermorden. Dann brausten die Zulus wie die Erinnyen durch die Siedlungen um Port Natal und machten nieder, was sich ihnen in den Weg stellte. Das Lager der Buren wurde dem Erdboden gleichgemacht. Die Frauen und Kinder, die darin zurückgeblieben waren, fand man später mit durchschnittenen Kehlen.

Showdown am Blutfluß

Die Rache der Buren kam mit Verspätung, aber mit um so fürchterlicherer Wucht. Im Dezember 1838 zogen 500 Buren auf 75 Ochsenwagen gegen Dingaans Hauptstadt. Am Ncome-Fluß, der des Ereignisses wegen anschließend in »Blood River« (Blutfluß) umgetauft wurde, ließ Burenkommandeur Andries Pretorius, der spätere Gründer des ersten Burenstaates, die 12000 Mann starke Zulu-Armee in einen Feuersturm laufen.

Die Voortrekker, angetan mit schwarzen Bundhosen und hohen Hüten, ließen die wildbemalten halbnackten Eingeborenen bis auf Schußweite herankommen. Dann schossen sie sie mit Musketen und Feldschlangen sachkundig zusammen. Die Weißen kämpften mit nibelungenhafter Verbissenheit, durchdrungen von der Überzeugung, daß sie dazu ausersehen waren, die schwarze Apokalypse aufzuhalten. Die Schlacht endete mit einem triumphalen Sieg der Weißen. 3000 Zulus blieben tot auf dem Schlachtfeld zurück. Von den Buren erlitten nur ein paar Mann leichte Verletzungen. Die anschließende Eroberung der Hauptstadt war nur noch Routine.

In einem halben Dutzend »Kaffernkriegen« wurden die Zulus immer weiter zurückgedrängt. Den endgültigen Exitus des Zulu-Reiches besorgte das Erbfolgegezänk von Shakas und Dingaans Nachfolgern. Die Geschichte der Zulu-Dynastie fand ein ruhmloses Ende mit John Dunn, einem trickreichen Engländer, der sich »mit vielen Frauen, Gefolgsleuten und Vieh« (so der Shaka-Biograph John Selby) in die Zulu-Hierarchie schlich.

Nach dem Ende des Zulu-Reiches stand der Ausbreitung der Buren nichts mehr im Wege. Die kleineren Stämme wurden überrollt oder mit »Pachtverträgen« nach Art der nordamerikanischen Squatter-Kontrakte – eine Flasche Brandy für zehn Hektar Ackerland – verschaukelt. Die ehemals geschlossenen Siedlungsgebiete der Bantus wurden in Flikkenteppiche zerschnitten.

Der Untergang der Zulu-Nation vollzog sich in vier Phasen: Zunächst wurde die Monarchie zerschlagen, dann zerstükkelten die Weißen Zululand in dreizehn Verwaltungsbezirke. Dann wurden die Häuptlinge durch europäische Verwaltungsbeamte ersetzt. Und schließlich teilten weiße Farmer den größten Teil des Landes unter sich auf. Nur ein Drittel des ehemaligen Reichsgebietes blieb Eigentum der Zulus. Immer noch mehr freilich, als ihnen vor Shaka gehört hatte.

Anders als König Shaka, der ein ganzes Reich zusammengeräubert hatte, ohne recht zu wissen, was er damit wollte, hatten vor allem die Bantus in Transvaal und am Oranje ein eher lockeres Verhältnis zum Eigentum. Was sie nicht nutzten, gaben sie leichten Herzens fort. »Ihr Eigentumsbegriff«, schreibt der Historiker Cornelius de Kiewiet, »war ein ganz anderer als der der Europäer. Für die Europäer war Eigentum wichtiger als seine Nutzung. Für die Bantus war die Nutzung dagegen wichtiger als das Eigentumsrecht.«

Bevor die Weißen kamen, hatten sie ihr Vieh ungehindert über die Savannen treiben können, wo immer sie Grün fanden. Die Buren machten dem ungezügelten Treiben ein Ende. Sie parzellierten das Land und überzogen es mit Stacheldraht. Mit der Freizügigkeit war es vorbei.

Die Nachfolger König Shakas haben ihre Speere abliefern müssen. Sie arbeiten heute als Büroboten, Lastwagenfahrer und Bauarbeiter in den Städten der Weißen. Ihr Mythos ist ungebrochen, sogar bei den Buren. Als der Britenfresser und spätere Premierminister Johannes Gerhardus Strijdom, auch »Löwe von Waterberg« genannt, von einem Journalisten gefragt wurde, warum es im traditionell burischen Transvaal viel mehr Mischlinge gebe als im eher englischen Natal (Heimat der Zulus), schnauzte er grimmig: »Weil sich eine Zulu-Frau niemals mit einem englischen Waschlappen abgeben würde.«

Auf zum Engländerschießen

Als Marius Vandermerwe 18 Jahre alt wurde, nahm sein Großvater ihn beiseite. »Marius«, sagte er, »du bist jetzt ein Mann. Du sollst wissen, wo es lang geht im Leben und welche Pflichten ein Mann hat.« Dann stiegen sie zusammen in seinen alten Buick und fuhren von Kapstadt aus 240 Meilen nach Norden. An einem Denkmal, das an eine der zahlreichen Schlachten zwischen Briten und Buren während der Burenkriege erinnert, hielt der Großvater an. Vor dem Obelisk nahm er seinen Hut ab und verharrte ein paar Sekunden in ehrfürchtigem Schweigen. Dann wandte er sich zu seinem Enkel und sagte: »Marius, du bist heute 18 Jahre alt geworden. Das ist ein großer Tag. Ich habe auf diesen Tag gewartet, um dir die Stelle zu zeigen, wo ich meinen ersten Engländer geschossen habe.«

So war es schon vorher. Und so ist es geblieben. Englischstämmige und burische Südafrikaner, die ein bizarres Schicksal in dasselbe Boot gezwungen hat, hassen einander wie nur zwei wesensverwandte benachbarte Völkerschaften einander hassen können – Chinesen und Vietnamesen etwa oder früher Deutsche und Franzosen.

Über die Ursprünge dieser Abneigung sind viele Deutungen möglich. Eine der plausibelsten ist Slagters Neck. Es begann 1815 mit einer simplen Strafanzeige. Ein Hottentotte hatte den burischen Pflanzer Frederick Bezuidenhout wegen Mißhandlung angezeigt. Hottentotten galten zwar auch nach britischem Volksempfinden nicht eben als die Creme der Menschheit. Aber die Briten waren schon damals dezidierte Antirassisten. Die britischen Imperialisten, die, hauptsächlich im 19. Jahrhundert, die halbe Welt der Krone von Westminster unterwarfen, waren außer von psychotischer Macht- und Besitzgier von einem gesunden Maß Alltagsethik durchdrungen. Diese Ethik gebot ihnen – zumindest formell –, alle Menschen als gleichwertige Wesen anzusehen. Überaus befremdlich für die Buren, die sich selbst in ihrer vernagelten Egozentrik als Nonplusultra der Schöpfung und alle anderen Rassen als Abschaum betrachteten.

Bauer Bezuidenhout erhielt ordnungsgemäß eine Vorladung, um sich vor dem Gericht in Kapstadt zu den Beschuldigungen des Hottentotten zu äußern. Aber Bezuidenhout war das alles viel zu dumm. Nachdem die dritte Vorladung als unzustellbar zurückgekommen war, schickte schließlich der Richter einen Leutnant und zwölf Hottentotten-Füsiliere, um den störrischen Bauern zwangsvorführen zu lassen. Bezuidenhout blieb renitent. Er empfing die Soldaten des Gouverneurs mit gezielten Schüssen aus seiner Vorderladerflinte. Doch die Schwarzen schossen besser. Bauer Bezuidenhout starb unweit seiner Farm in einer Hütte mit einem Dutzend Kugeln im Leib.

Bezuidenhouts Tod war das Signal für eine Rebellion. Sechzig burische Grenzbauern erhoben sich gegen Kapstadt, um Rache zu nehmen. Unter der Führung von Fredericks Bruder Jan und mit Hilfe des Xhosa-Häuptlings Ngika wollten sie die Streitkräfte des Gouverneurs in eine Falle locken und vernichten. Aber die Briten wurden gewarnt. In Slagters

Neck, einem Talkessel im östlichen Kapland, gingen die Buren den Regierungstruppen selbst ins Netz.
Der Gouverneur machte kurzen Prozeß. Er ließ die Rebellen vor Gericht stellen und fünf von ihnen zum Tode verurteilen. Die Hinrichtung wurde auf der Farm Jan Bezuidenhouts vollzogen. Die Bauern, die sich an dem Aufstand beteiligt hatten, mußten zur Strafe zusehen, wie der Henker ihre Kameraden von der Leiter stieß.
Das Urteil von Slagters Neck symbolisiert noch heute bei den Buren Perfidie und Willkür der britischen Imperialisten. Es markiert den Beginn einer unüberschaubaren Kette von mörderischen Auseinandersetzungen.
Die humanitäre Gesetzgebung der britischen Kolonialadministration trieb die Buren massenweise vom Kap ins Innere des Landes. Sie fühlten sich als Märtyrer. Ihren Höhepunkt erreichte die burische Verdrossenheit Anfang der zwanziger Jahre des 19. Jahrhunderts, als Kapstadt unter dem Einfluß von Missionaren einen umfangreichen Gesetzeskodex erließ, in dem der Umgang der weißen Herren mit ihren schwarzen Sklaven reglementiert wurde.
Die Sklavengesetze verboten die Sonntagsarbeit für Sklaven, beschränkten die tägliche Arbeitszeit auf zehn Stunden im Winter und zwölf Stunden im Sommer, gestatteten als körperliches Züchtigungsmittel höchstens zweimal innerhalb von 24 Stunden je 25 Stockhiebe und ordneten Bezahlung für Überstunden an. Sklavenehepaare durften nicht mehr getrennt verkauft werden. Und Sklavenkinder mußten mindestens drei Tage in der Woche zur Schule gehen. In den Augen der konservativen Buren lauter philanthropischer Schnickschnack, den sich die Briten ausgedacht hatten, um ihnen das Leben sauer zu machen.
Die Sklavengesetze der Briten waren in den Augen der Buren nicht nur lästig, sondern auch wider den Geist der Heiligen Schrift. Sklaven waren beweglicher Besitz. Wer sie mit ihren Herren gleichzustellen versuchte, der versündigte sich. Denn im 1. Buch Moses, Kapitel 30, Vers 43, steht geschrieben: »Daher war der Mann über die Maßen reich, daß er viele Mägde und Knechte, Kamele und Esel hatte.«
Die Ursachen des burisch-britischen Dauerkonflikts, des

rastlosen Zugs der Treckburen ins Innere des Subkontinents, lassen sich auf einen einzigen Faktor komprimieren: den Gegensatz zwischen orthodox-calvinistischem Hinterwäldlertum und je nach Epoche mehr oder minder aufgeklärtem Kosmopolitismus. Daran hat sich in über 300 Jahren südafrikanischer Geschichte nichts geändert. Die Engländer blieben immer die *Uitlanders*, die Ausländer.

Morsche Achse Berlin–Pretoria

Auch die vom westdeutschen Rumpfstaat nicht honorierte Sympathie der Buren für die Deutschen resultiert letzten Endes aus ihrem Haß gegen die »Engelse«. Um die Jahrhundertwende hätte die burisch-deutsche Herzensgemeinschaft um ein Haar zu einer den halben Globus umspannenden militärischen Allianz geführt. Doch als es wirklich darauf ankam, ließen die Deutschen ihre Blutsbrüder am anderen Ende der Welt schnöde im Regen stehen. Das deutsche Element in der südafrikanischen Bevölkerung hat sich – zumindest rechnerisch – verflüchtigt. Die deutschen Einwanderer, die vor allem zu Beginn des 19. Jahrhunderts in größeren Gruppen in Südafrika eintrafen, gingen zumeist in der burischen Bevölkerung auf.

Der holländische Historiker Hendriek Colenbrander schätzt, daß Anfang des 19. Jahrhunderts 50 Prozent der Burenbevölkerung aus Holland, 27 Prozent aus Deutschland und 17 Prozent aus Frankreich stammten. Der deutsche Wissenschaftler Werner Schmidt-Pretoria kommt nach gründlichem Studium der greifbaren Ahnentafeln gar zu dem Schluß, daß 50 Prozent der burischen Stammväter aus Deutschland eingewandert sind. Sicher ist, daß bis mindestens Anfang des 18. Jahrhunderts die meisten Einwanderer aus Deutschland kamen, darunter auch die Familie Paul (Ohm) Krüger, des legendenumwobenen Präsidenten der ersten Südafrikanischen Republik.

Schon der deutsche Naturforscher Peter Kolbe hatte 1719 überrascht festgestellt: »Man findet… Hochdeutsche und aus denselben Preußen, Pommern, Brandenburger, Sachsen, Franken, Schwaben, Westfälinger und Schweizer.«

Ihren tönenden Höhepunkt erlebte die deutsch-südafrikanische Freundschaft 1884 beim Staatsbesuch Paul Krügers in Berlin. Reichskanzler Otto von Bismarck und Kaiser Wilhelm I. feierten ihn, den Gast, wie einen exotischen Vetter aus Dingsda, der es in der Ferne gegen den Widerstand des gemeinsamen altbösen Feindes zu etwas gebracht hatte. Der Kaiser lobte den Heldenmut der »blutsverwandten Bevölkerung«, die dem Druck der Kap-Engländer so trotzig widerstand. Und Bismarck plauschte mit dem Kollegen auf Plattdeutsch.

Seit Kaisers Zeiten haben sich die deutsch-südafrikanischen Beziehungen nicht wieder zu der Blüte entfaltet, von der die weißen Blut-und-Boden-Apologeten beider Kontinente immer träumten. Der Höhepunkt des deutschen Wirkens in Südafrika dokumentiert sich – wenn man die überseeische Resonanz als Maßstab anlegt – alljährlich am 20. April in der Feier zu Adolf Hitlers Geburtstag im deutschen Bierkeller von Hillbrow. Trotz ihres respektablen Bevölkerungsanteils haben die Südafrika-Deutschen nicht sonderlich viel historisch Bedeutendes zuwege gebracht. Nachdem sie den Wehrwillen der Buren anfangs noch mit markigen Telegrammen angestachelt hatten, zeigten, als es ernst wurde, die Deutschen plötzlich kein Interesse mehr. Bei seinem zweiten Besuch in Berlin wurde Ohm Krüger nicht einmal mehr vom Kaiser empfangen.

Die Achse Berlin-Pretoria, von der Krüger geträumt hatte, kam nie zustande. Die Deutschen halfen zwar in den Burenkriegen mit Unteroffizieren und Krupp-Kanonen aus. Aber zur Bedrohung wurde die Entente für die Briten nie. Trotzdem, die Intimitäten zwischen den Erzfeinden der Briten waren den Bewohnern des United Kingdom unheimlich. Schließlich hatten sich die Deutschen inzwischen auch in »Deutsch-Südwest«, im Weichbild der Kapkolonie, breitgemacht. Und die Gold- und Diamantenfunde im Witwatersrand um Johannesburg hatten die Burenrepublik zu einem Machtfaktor werden lassen, den auch die Weltmacht Großbritannien ernst nehmen mußte. Cecil Rhodes, der Erzvater

des britischen Imperialismus und damals Gouverneur der Kapkolonie, sah sein Lieblingsprojekt, die – bis heute fiktive – Eisenbahnlinie vom Kap bis Kairo gefährdet.
Es begann mit einem von Rhodes ziemlich stümperhaft eingefädelten Putsch in Transvaal, der erbärmlich scheiterte. Und es endete mit einer grausamen Metzelei, die die Reputation des britischen Empires – zumal, weil ausnahmsweise Weiße die Opfer seiner Methoden wurden – in Europa einer harten Belastungsprobe unterwarf.
Der Krieg traf die Burenrepublik in einem desolaten Zustand, in »Kongolesischen Zuständen«, würde man heute sagen. In der Staatskasse befanden sich, wie aus zeitgenössischen Dokumenten hervorgeht, ganze zwölf Schillinge und sechs Pence. Der Postmeister zahlte sich selbst das Gehalt in Briefmarken aus, weil es an Bargeld fehlte. Die Gefängnisse waren geöffnet worden, weil die Gefangenen nicht mehr ernährt werden konnten. Und die Chefs waren heillos miteinander zerstritten. »Der Haß der führenden Männer aufeinander«, schrieb der Konstanzer Historiker Harald Bilger in seiner Südafrika-Monographie, »überwog bei weitem den Britenhaß. Das Land war zur Selbständigkeit nicht mehr fähig.« Letzteres jedoch sollte sich als Irrtum erweisen.

Lord Kitcheners Burenfalle

»Ein Krieg in Südafrika«, hatte der britische Kolonialminister Joseph Chamberlain 1896 gewarnt, »wäre einer der ernsthaftesten, die man überhaupt führen könne... Generationen würden nicht ausreichen, um die Glut zu löschen, die dieser Brand hinterließe.« Selten hatte die britische Queen einen so weitsichtigen Kolonialminister.
Wer schuld war, ist bis heute nicht restlos geklärt. Sicher ist, daß der ständige Druck des britischen Imperialismus die Existenzängste der Buren förderte. Die Buren wollten sich nach jahrelangem wechselseitigem Schlagabtausch, der streckenweise durchaus kriegerische Ausmaße hatte, mit einem befreienden Schlag Luft machen. Am 11. Oktober 1899 erklärten die »Südafrikanische Republik« (das heutige

Transvaal) und der Oranje-Freistaat Großbritannien den Krieg.
Die Buren sind eine wetterfeste Rasse. Das war schon dem jungen Kriegsberichterstatter Winston Spencer Churchill aufgefallen, der sich um die Jahrhundertwende seine journalistischen Sporen im Burenkrieg verdiente. In seinem Situationsbericht, den er im Dezember 1889 an die Londoner »Morning Post« kabelte, zeichnete er ein ehrfürchtiges Porträt der Plattlandkrieger, die der britischen Weltmacht unverständlicherweise soviel Ärger bereiteten: »Am frühen Morgen durch den Regen reitend, jeder gewohnt, auf sich selbst gestellt zu sein, jeder von ihnen ein Scharfschütze, jeder von ihnen gewohnt, seine eigenen Entscheidungen zu treffen, geführt von Männern, die über Urteilsvermögen verfügen. Sie leben wie sie reiten: ohne Marketender- und ohne Nachschubkolonnen. Sie verlassen sich auf zwei Dinge: auf ihre eiserne Kondition und darauf, daß ihr Gott des Alten Testaments die Amalekiter schlagen und in alle Winde zerstreuen wird.«
Trotz der niederschmetternden Überlegenheit der Briten, die mit 450000 Mann gegen die 88000 »Burgher«-Soldaten aus Oranje und Transvaal antraten, erzielten die Buren in der ersten Kriegsphase beachtliche Erfolge. Sie schlossen Zehntausende von britischen Soldaten in Kimberley und Mafeking ein und rieben in den Schlachten von Magersfontein, Colenso und Stormberg große Truppenkontingente der Briten auf. Selbst die erdrückende Übermacht und die menschenverachtende Kriegstaktik Lord Horatio Herbert Kitcheners, des »Helden von Khartum«, konnten eine Wende nicht sofort herbeiführen. Die Reiterarmeen der Buren waren beweglicher als die monströse Kriegsmaschinerie der Briten.
Die Buren führten einen regelrechten Guerillakrieg zu Pferd, dem die Briten zunächst nicht gewachsen waren. Erst als Kriegsherr Kitchener den »Fischen« das Wasser entzog, die Zivilbevölkerung in Lagern internierte, um den Rebellen den Nachschub zu zerschlagen, brach der Widerstand zusammen. Kitcheners Rezept: »Man muß sie wie wilde Tiere in Käfige treiben, um sie zu fangen.« Er zeigte den weißen

Kaffern, wie Herrenmenschen mit »unzivilisierten, rebellischen Wilden« (so Kitchener über die Buren) umspringen, um sie zur Räson zu bringen. Er ließ den gesamten Oranje-Freistaat und das südliche Transvaal von Stacheldrahtverhauen in eine monströse »Burenfalle« verwandeln, »in die wir sie treiben wie die wilden Tiere in Käfige«. Die Farmen dazwischen wurden niedergebrannt, Frauen und Kinder in Konzentrationslager verfrachtet. Was sich anschließend noch bewegte, war Freiwild.

Britischer KZ-Horror im Oranje-Freistaat

Es bedurfte dieses brutalen, rücksichtslosen Vernichtungswillens in Südafrika, um die besten Traditionen des britischen Humanismus daheim in Europa zum Leben zu erwekken. In Großbritannien bildeten sich zahlreiche Protestorganisationen, die vehement gegen die »barbarischen Methoden der Kriegführung« (so der damalige Oppositionsführer im Unterhaus, Sir Henry Campbell-Bannerman) Front machten. Das »Hilfskomitee für die südafrikanischen Frauen und Kinder« schickte seine Delegierte Emily Hobhouse ans Kap, um die Zustände in den Konzentrationslagern Lord Kitcheners untersuchen zu lassen. Emily Hobhouses Berichte gehören zu den erschütterndsten Dokumenten der neueren südafrikanischen Geschichte.

Im Lager von Bloemfontein, der Hauptstadt des Oranje-Freistaates, notierte Mrs. Hobhouse im Januar 1901 unter anderem:

»Ein sechs Monate altes Baby, das sein Leben auf den Knien der Mutter aushaucht... Zwei oder drei andere todmatt und krank im Zelt. Nächstes Zelt: ein 21jähriges Mädchen sterbend auf einer Bahre. Der Vater, ein großer freundlicher Bure, kniend daneben, während seine Frau im nächsten Zelt zusieht, wie ihr sechsjähriges Kind stirbt und ein anderes von fünf Jahren dahindämmert. Dieses Paar hat schon drei Kinder im Lazarett verloren.«

Im April besuchte Emily Hobhouse erneut das KZ von Bloemfontein. Ihre Tagebucheintragung: »Jetzt sind hier

4000 Menschen, das heißt, doppelt soviele wie vor sechs Wochen. Gestern kam ein neuer Transport mit sechshundert Menschen auf dem Bahnhof an, viele in offenen Güterwagen. Ein mitleiderregender Anblick. Es war bitterkalt, und es hatte die ganze Nacht geregnet. Einige Frauen drängten sich auf dem Bahnsteig vor, um etwas zu essen zu kaufen. Aber die Soldaten erlaubten es nicht. Sie sagten, sie hätten ihre Befehle. Eine Frau sagte uns, sie seien seit zwei Tagen unterwegs, ohne etwas zu essen. Und ihre Kinder weinten vor Hunger. Es kommen mehr und mehr. Eine neue Säuberungsaktion hatte begonnen.« Derlei Grausamkeiten sind nicht einmal aus der Zeit der großen Umsiedlungsaktionen aus den Bantustans bekanntgeworden.

Mrs. Hobhouses Berichterstattertätigkeit fand im Oktober 1901 ein vorzeitiges Ende. Lord Kitchener ließ »das verdammte Weibsbild« verhaften und nach England abschieben. Es ist vor allem ihrem Wirken zu verdanken, daß die Konzentrationslager bald darauf aufgelöst wurden.

Selbst der Burenkrieg war nicht so rücksichtslos, daß man nicht auf beiden Seiten noch Rücksichten auf nationale Eigenheiten der Gegenpartei genommen hätte. Lord Kitchener und die Burengenerale einigten sich gleich zu Beginn des Kampfes darauf, keine Schwarzen oder Farbigen einzusetzen. Die Briten verzichteten sogar auf den Einsatz ihrer berühmten Gurkhas, um den Buren die mögliche Schmach zu ersparen, die Waffen vor »Bruinmense« strecken zu müssen. Dabei verstanden die Engländer den Burenkrieg letzten Endes als gerechten Kampf für die Gleichberechtigung der Rassen.

In dem Friedensvertrag, der am 31. Mai 1902 in Pretoria unterzeichnet wurde, gingen denn auch die Briten überaus behutsam mit der empfindsamen Burenseele ins Gericht. Kap-Gouverneur Graf Alfred Milner, der nun auch die Regierungsgewalt in Transvaal und im Oranje-Freistaat übernahm, ließ die Frage der politischen Gleichberechtigung der Schwarzen ausdrücklich offen. Darüber sollte erst später entschieden werden, wenn die Buren die Selbstverwaltung über Südafrika zurückerhalten würden.

Englands verpaßte Chance

Der Friedensvertrag, in dem die Briten den Buren die Bildung einer »Südafrikanischen Union« unter dem Dach des britischen Empire anboten, markiert eine der großen verpaßten Gelegenheiten der britischen Geschichte. Die britische Krone hätte es damals in der Hand gehabt, die südafrikanische Rassenfrage ein für allemal zu lösen. Aber sie wollte den Haß nicht noch durch weitere harte Friedenskonditionen vergrößern. Auch Gouverneur Alfred Graf Milner riet von übereilter Integration der Rassen ab. Er war dafür, dem »Farbigen, wenn er einen bestimmten Zivilisationsgrad erreicht hat, ungeachtet seiner Hautfarbe die sogenannten weißen Privilegien« zu geben. Aber bitte nicht gleich. Der »Ozean des Hasses« (Milner) sollte erst austrocknen. Und nicht zu vergessen, die Briten hatten ihr Hauptkriegsziel, die Sicherung der Kap-Route auf dem Seeweg nach Indien, ja erreicht.

Als alles vorbei war, rang sich sogar Burenfresser Kitchener zähneknirschend ein Lob für den besiegten Gegner ab. Auf einem Abschiedsbankett in Johannesburg erklärte er unter dem verhaltenen Beifall englischer Industrieller: »Alles in allem halte ich sie für eine männliche Rasse und einen Gewinn von erheblicher Bedeutung für das britische Empire.«

Lob aus solchem Munde freilich konnte gestandene Buren nicht verwirren. Das bekam vor allem Premier James Hertzog zu spüren, der seine *United Party* zum politischen Hort für alle weißen Südafrikaner machen wollte, ganz gleich, ob sie englisch oder afrikaans sprachen. Für die Buren-Traditionalisten war Hertzog schlicht ein Verräter, weil er sich mit den Engländern und vor allem mit dem »Burenschlächter« Jan Smuts einließ. Und mit so was wollten sie nicht in ein und demselben Lager stehen. Deshalb gründeten sie die »Gesäuberte Nationale Partei«. Parteichef der »Gesuivertes« wurde Calvinistenpfarrer Daniel Malan, der sich unter anderem durch folgende Definition des Afrikaandertums in die Herzen seiner afrikaanssprachigen Landsleute gepredigt hatte: »Afrikaandertum ist nicht Menschenwerk, sondern

eine Schöpfung Gottes. ... Unsere Geschichte ist das höchste Kunstwerk des Baumeisters der Jahrhunderte.«
Malan und seine Partei machten Karriere. Aus der Dissidentengruppe von einst wurde 1948 die Regierungspartei, aus ihrem Führer der Premierminister und aus dem Afrikaandertum das Regierungsprogramm. Nur der Führerstaat nach nationalsozialistischem Modell mit einem allmächtigen Staatspräsidenten (»der nur Gott allein verantwortlich ist«), den sie noch 1942 gefordert hatten, blieb Utopie.
Kollektivhaß stärkt die Einheit der Blutsgemeinschaft. Die knorrige Vitalität der Burennation lebte nicht zuletzt von ihrem Abscheu gegenüber den Briten, glaubt der junge schwarze Historiker Giliomee. Jacobus Vorster, der Bruder des skandalumwitterten Expremiers John Vorster, erinnerte sich voll Ekel an die Zeit vor 1948, bevor die *Nats* im Parlament von Kapstadt die Mehrheit errangen und Südafrika auf Rückwärtskurs zwangen. »Wir waren immer bedroht und mußten uns zur Wehr setzen. Wir durften in der Schule nur Englisch reden und mußten täglich ›God save the Queen‹ singen. Aber heimlich sangen wir ›Überschütt' ihn mit Petroleum und zünd' ihn an‹.«
Das sind keine leeren Sprüche. Die guten alten Bräuche sind lebendig noch. Wie das gesunde Volksempfinden mit Abweichlern – zumal afrikaanssprachigen – umspringt, mußte im Frühjahr 1979 der Historiker Floors van Jaarsveld erfahren, der in einer Vorlesung ausgerechnet am »Schwurtag« (16. Dezember), an dem die historische Schlacht am Blutfluß gefeiert wird, allerheiligste Burenwerte in Zweifel gezogen hatte. Jaarsveld hatte gefragt: »Können wir es uns noch leisten, alljährlich einen nationalen Feiertag zu begehen, der dem größten Teil der Bevölkerung als große Schmach in Erinnerung ist?« Auf dem Heimweg attackierte ihn eine Gruppe von jungen Buren »mit Rinderpeitschen im Stiefelschaft« (so die »Pretoria News«), überschüttete ihn mit flüssigem Teer und dekorierte das Ganze mit einem Berg Flaumfedern – wie in der guten alten Zeit in Mississippi.
In den südafrikanischen Schulen hängen an bevorzugter Stelle Porträts aller Premierminister seit 1948. Die Vorgänger Louis, Botha, Jan Smuts und James Barry Hertzog sind

tabu. Sie hatten zwar im Burenkrieg gegen die Engländer gekämpft, sich aber wieder mit ihnen ausgesöhnt. Das nahm die Mehrheit der Buren ihnen übel. Nur Hertzog werden mildernde Umstände zugesprochen, weil er 1931 im »Statut von Westminster« die letzten Reste der kolonialen Abhängigkeit Südafrikas von den Briten beseitigt hatte.

Die Konservativen würden am liebsten sogar John Vorsters Bild von den Wänden nehmen. Vorster, bis zu seinem Rücktritt in den Augen seiner Gegner der böse Geist des Afrikaandertums, war vielen noch nicht radikal genug.

»Er ist überhaupt kein Afrikaander«, hat der rechte Gewerkschaftsführer Beetge einmal über Vorster gesagt. »Er ist ein Liberaler. Er hat alles verraten, woran wir glauben.« Nicht zu vergessen: Beetge sprach von jenem Johannes Balthazar Vorster, der während des Zweiten Weltkriegs inhaftiert war, weil er mit den deutschen Nazis sympathisierte und weil er die damals regierende *United Party* als Sumpf von libertinöser Verworfenheit bekämpfte, der 1942 den Sieg der Deutschen für unabänderlich hielt, »weil das Starke, Zukunftträchtige sich immer gegen das Schwache, Absterbende und Verfaulende durchsetzen wird«. Gewerkschaftsrechtsaußen Beetge hat stellvertretend für viele das Credo konservativen Afrikaandertums definiert: »Wenn Sie von Piet Retief nicht so reden, als seien Sie persönlich dabei gewesen, dann sind Sie kein Afrikaander.«

Die Wacht auf dem Ochsenkarren

Der sicherste Hort des Hasses auf die perfiden Briten ist seit Jahrzehnten die *Ossewa Brandwag* – zu deutsch etwa: die Ochsenkarren-Feuerwehr –, eine unverhüllt faschistisch orientierte Interessengemeinschaft, in der der harte Kern der Durchhalteburen seine politische Heimat hat. Die *Ossewa Brandwag* polemisierte 1939 offen gegen Südafrikas Eintritt in den Krieg gegen Hitler-Deutschland, weil sie sich den Ideen der Nazis weit stärker verbunden fühlte als den Weltmachtinteressen Großbritanniens, weil Hitlers Ziel auch das ihre war: der Kampf gegen die »englisch-jüdisch-bolschewistische« Weltverschwörung. Der spätere Premier John Vorster, damals »General« der *Ossewa Brandwag* in Port Elizabeth, hat Ziel und Inhalt seiner Bewegung so definiert: »Wir kämpfen für den Christlichen Nationalismus, der ein Verbündeter des Nationalsozialismus ist. Man kann das antidemokratische Prinzip Diktatur nennen, wenn man will. In Italien heißt es Faschismus, in Deutschland Nationalsozialismus und in Südafrika Christlicher Nationalismus.« Zur Ehrenrettung der südafrikanischen Christen freilich muß betont werden, daß sich Vorster nur auf das katechetische Gedankengut der »Holländisch-Reformierten Kirche« bezog. Der Alt-PG und spätere Außenminister Eric Hendrik Louw hatte sich 1946 stellvertretend für die Nationalen wie folgt zur Judenfrage eingelassen: »Wenn die Juden irgendwo ein Land finden, werden wir ihnen keine Schwierigkeiten in den Weg legen, vorausgesetzt, es liegt nicht zu nahe an Südafrika.«

Die *Ossewa Brandwag* hat den Höhepunkt ihrer Geschichte hinter sich, seit die Etablierung der Nationalen als dominierende politische Kraft sie ihres Verschwörermythos und damit eines Teils ihrer Attraktivität beraubt hat.

Die *Ossewa Brandwag* hat zwar die Bestimmung aus ihrer Satzung gestrichen, die die Aufnahme von Juden verbietet, aber ihre antisemitische Grundhaltung ist unverwässert erhalten geblieben.

In der *Brandwag* sind zwei Gruppen deutlich überrepräsentiert: die »poor whites«, Angehörige der minderbemittelten Kaste weißer Herrenmenschen, deren Lebensstandard nur unerheblich über dem der arrivierten Schwarzen liegt, und die Buren vom Plattland, wo nach einer unter der Vorster-Administration erstellten Studie noch immer gut die Hälfte der weißen Bevölkerung keinen Volksschulabschluß hat.

Der »white trash« – weißer Abschaum, wie die Engländer ihn nennen – hat den Zusammenbruch der Apartheid am meisten zu befürchten. Er stellt deshalb – neben der Holländisch-Reformierten Kirche – die unerschütterlichste Kampfriege gegen den Abbau der Rassenschranken. Die weißen Buren sind die ersten, die in der Nachbarschaft von Schwarzen werden wohnen müssen, wenn die *colour bar* fällt. Auch

die Abneigung gegen die Engländer ist am unteren Ende der Sozialskala deutlicher konturiert als in den besseren Burenkreisen.
Die Kompromißlosigkeit des burischen Britenhasses stößt sogar bei Schwarzen auf Verständnis. Robert Sobukwe, lange Jahre einer der führenden Köpfe der Opposition gegen das militante Burentum, bekannte sich mehrfach öffentlich zur kulturellen Affinität der schwarzen Rasse mit den pastoralen Buren. »Sie stehen uns näher als die Briten«, sagte er, »weil sie der Erde enger verbunden sind. Buren und Bantus sind Bauern und Viehzüchter. Beide sind gegen die Verstädterung. Beide lieben *Mealie Pap* (Maisbrei) und *Braatvleis* (Röstfleisch).« Die meisten Schwarzen sprechen lieber afrikaans als englisch. Sie arbeiten lieber für Afrikaander als für Engländer. Und sie finden auch nichts dabei, wenn sie zur Konfirmation Gedächtnisteller aus Porzellan mit dem Bild des Voortrekker-Denkmals verschenken.
Es ist schon ein Kreuz. Da mühen sich die Briten über Jahrhunderte ab, schwarzen und weißen Kaffern den Geist von Westminster und Thomas Morus nahezubringen. Und ausgerechnet die Schwarzen, die am meisten von den liberalen Ideen der Briten profitiert haben, sympathisieren mit den entschiedenen Gegnern der schwarzen Emanzipation. Liberalismus zahlt sich nicht aus. Das haben die Briten überall in der nachkolonialistischen Welt erfahren müssen. Stellvertretend für Franzosen, Belgier und Portugiesen, die die Völker der Dritten Welt ungleich rüder behandelt haben, müssen sie überall, vor allem in Afrika, Prügel einstecken. Wenn die Schwarzen mitwählen dürften, so meinen Südafrika-Kenner, dann wäre die Mehrheit der Nationalen im Kapstädter Parlament noch größer als sie eh schon ist.
Daß sie seit den Wahlen im November 1977 mit einer satten Zweidrittelmehrheit regieren können, verdanken die *Nats* auch den Engländern, von denen fast jeder zweite einen britischen Zweitpaß in der Hinterhand hat. Die Engländer, so glauben zumindest die Buren, predigen zwar Rassengleichheit. Insgeheim aber hoffen sie, daß die Nationalen sich noch lange an der Macht halten, damit sie die Gleichheit verhindern. Es schimpft sich gut auf die Reaktionäre, wenn

man gleichzeitig von dem durch sie garantierten System profitiert. Schließlich lehnt auch die von den Engländern bevorzugte *Progressive Federal Party* eine schwarze Mehrheitsregierung ganz entschieden ab. Und wenn man schon aus prinzipiellen Gründen eine reaktionäre Partei wählen muß, dann doch besser gleich die konsequentere und effizientere. Kein Wunder, daß auch die englischsprachige südafrikanische Presse emphatisch Beifall spendete, als der damalige Premier, Hendrik Verwoerd, 1961 in London Südafrikas Mitgliedschaft im Commonwealth aufkündigte.
Von Wahl zu Wahl sind Staat und Partei immer mehr zusammengewachsen. Der Erdrutsch vom November 1977 hat die Oppositionsparteien zu besseren Splittergruppen degenerieren lassen. Südafrika ist seitdem praktisch ein Ein-Parteien-Staat. Die Nationalen haben erreicht, was in ihren Wunschvorstellungen schon immer unter dem Slogan figurierte: »Die party is die volk, en die volk is die party.« Doch selbst die Nationale Partei ist nichts ohne den *Broederbond*, eine nach Mafia-Muster organisierte Geheimorganisation, bei der fast alle Fäden der Macht letztlich zusammenlaufen.

Radikalenerlaß gegen weiße Mafiosi

Über Wirken und Wesen des *Broederbond*, der die Politik des Apartheid-Staates und das Leben seiner schwarzen, farbigen und weißen Bürger bis ins Detail beeinflußt, wissen selbst die meisten Südafrikaner meist nicht viel mehr als Gerüchte. Seit seiner Gründung vor mehr als einem halben Jahrhundert hat der *Broederbond* sechsmal öffentlich Erklärungen abgegeben, die sich allesamt auf enthüllende Berichte in der englischsprachigen Presse bezogen. Ansonsten ist das Hauptquartier des *Broederbond* am Auckland Park in Johannesburg eine Trutzfeste der Verschwiegenheit, an der sich schon ganze Reportergenerationen die Zähne ausgebissen haben.
Die 120000 Mitglieder sind in 8000 »Zellen« organisiert, die in der Regel einmal monatlich zu einem Geheimtreffen zusammenkommen. Bundesbrüder sind gehalten, Ort und

Zeitpunkt des Zellentreffens selbst vor ihren Ehefrauen geheimzuhalten. Höchstens zwei Mitglieder dürfen jeweils dasselbe Automobil benutzen. Die Bewohner von Häusern, in denen sie sich treffen, müssen für die Dauer der Zusammenkünfte ihre Quartiere räumen, wenn sie selbst nicht Mitglieder sind. Die Hausfrau darf nicht einmal einen Tee servieren.

General Jan Smuts fand den *Broederbond* so gefährlich, daß er gar einen Radikalenerlaß im Parlament gegen »diese Art Gestapo« durchzupauken versuchte. Bund-Mitglieder sollten in Südafrika vom Beamtentum ausgeschlossen werden. Aber große Teile des Parlaments waren längst viel zu eng mit dem *Broederbond* versippt, um Smuts für das Verbot ein Laisser-passer zu geben.

Der *Broederbond* ist heute in der Basis und in Führungs-Gremien aller wichtigen Organisationen vertreten – in den protestantischen Kirchen, den Gewerkschaften, den Universitäten, bei der Polizei und natürlich in der Regierung. Keine Frage, daß außer bekennenden Afrikaandern niemand Zutritt hat. Alle Männer von Bedeutung aus Staat, Kirche und Gesellschaft sind, sofern sie die kulturellen, rassischen und politischen Voraussetzungen erfüllen, Bund-Mitglieder. Je niedriger die Mitgliedsnummer, desto größer die Reputation innerhalb der Vereinshierarchie. Expräsident John Vorster liegt mit Nummer 3737 ziemlich weit vorn. Auch sein Nachfolger, Pieter Willem Botha, kann sich mit seiner Mitgliedsnummer 4487 sehen lassen. Obwohl sie in keiner Satzung niedergelegt sind, hat der *Broederbond* klar definierte Ziele. Das sind in der Reihenfolge der Wichtigkeit: Bewahrung der Reinheit der weißen Rasse und deren Privilegien, gegenseitige »Bruderschaftshilfe«, Unterstützung der Nationalen Partei.

Die politische Macht der Bundesbrüder reicht in nahezu alle Institutionen hinein. Alle wichtigen politischen Entscheidungen, die im Parlament gefällt werden müssen, werden zunächst im *Bondsraad*, dem obersten Führungsgremium des *Broederbond*, durchdiskutiert. *Broeder* sitzen auch in Führungspositionen von Rundfunk, Fernsehen und Universitäten. Selbst die von John Vorster ausgelöste und von Piet

Botha fortgeführte Liberalisierungswelle – Motto: »adapt or die« (anpassen oder sterben) – wäre ohne das Plazet des *Broederbond* nicht möglich gewesen – obwohl das Ausmaß letztlich kaum die Zustimmung der Bundesbrüder-Mehrheit gefunden haben dürfte.

»Ons vir jou, Zuid Afrika« – Wir sind für dich, Südafrika. Das gilt für die Festigung der Apartheid wie auch für deren Demontage. Wer Struktur und Mentalität der Burengesellschaft kennt, zweifelt nicht daran, daß nur die konservativen Kräfte, die dem Burenstaat das martialistische Gepräge gegeben haben, über die Macht verfügen, das System auch wieder abzubauen. Die liberalen Engländer sind politisch fast eine *quantité negligeable.* Nur der im Grunde konservative Piet Botha konnte die *job restriction* abbauen, den rechten Ultra Andries Treurnicht (»Doktor No«), Chef der Transvaal-Nationalisten, an die Kette legen, »Aufweichler« wie Piet Koornhof ins Kabinett nehmen, ohne vom rechten Flügel seiner Partei gekippt zu werden.

Die Regierungsumbildung im Juni 1979 war ein machiavellistischer Geniestreich. Mit einem Schlag entmachtete Piet Botha, »Skiet Piet« (Schieß-Piet), wie er genannt wird, den rechten Flügel, ohne ihn gleich heimatlos zu machen. Einzige Gegenleistung: die Investitur des Erzkonservativen Marais Viljoen als Staatspräsident, der selbst dem Springer-Rechtsaußen Hans Germani schon »durch seine unfreundlichen Äußerungen, vor allem zu Lasten der Neger«, aufgefallen war. Aber Staatspräsidenten haben auch in Südafrika wenig zu melden.

Piet Bothas politisches Naturell ist zweigeteilt. Er gilt innen- und rassenpolitisch als *Verligter*, als gemäßigter Fortschrittler. Doch außenpolitisch ordnen ihn seine Gegner unter die Falken ein. Ohne seine ausdrückliche Empfehlung wären südafrikanische Truppen 1975 nicht nach Angola einmarschiert. Seine bockige Ablehnung jedes Kompromisses gegenüber den Swapo-Freunden in der Uno blockierte lange Zeit die Lösung des Namibia-Problems.

Auch vor den Vereinigten Staaten beugt Botha nicht die Knie. Im Frühjahr 1979 etwa brach er einen spektakulären Streit mit Washington vom Zaun, nachdem sein Geheimdienst entdeckt hatte, daß eine Privatmaschine der US-Botschaft in Pretoria unerlaubte Luftbilder von Südafrika gemacht hatte. Er ließ sogar Dokumente veröffentlichen, mit denen bewiesen werden sollte, daß amerikanische Flugzeuge auch in Mosambik und Tansania als Spionageinstrumente eingesetzt worden waren. Vielleicht war es nur Zufall, daß Jimmy Carter in den Wochen danach einen deutlich gemäßigteren Ton gegenüber den Südafrikanern anschlug. In Südafrika jedenfalls wertete man Carters freundlicheren Umgangston als Resultat von Bothas *Kragdadigheid* – zu deutsch etwa: Politik der Stärke.

Der Muldergate-Skandal

Nur die geistigen Ledernacken von Oranje und Transvaal können meinen, daß das schlechte Image ihrer Republik ausschließlich auf Perfidie und Unverstand ihrer überseeischen Kritiker zurückzuführen ist. Zu diesen ewig Unverstandenen gehörten auch Expremier John Vorster und seine wacheren Getreuen, die der südafrikanischen Republik 1978 die peinlichste Affäre ihrer Geschichte bescherten. Um der Welt die Lauterkeit ihrer Politik einzureden, inszenierten sie einen weltweiten Schmiergeldkreuzzug, der unter dem Stichwort »Muldergate« (Kontraktion aus dem Familiennamen des formell verantwortlichen Ressortchefs Conny Mulder und dem amerikanischen Watergate) in die jüngere Geschichte der Burenrepublik eingegangen ist.

Der Schurke im Stück war Eschel Rhoodie, der frühere Staatssekretär im Informationsministerium. Üppig ausgestattet mit Rand-Millionen, reiste der stets sonnengebräunte Rhoodie jahrelang um die Welt, kaufte Politiker, Gewerkschafter und Journalisten und warf zu dienstlichen – und, wie sich später herausstellte, auch zu privaten – Zwecken das Geld mit vollen Händen zum Fenster heraus. Daheim in Südafrika finanzierte er die Gründung einer regierungstreuen englischsprachigen Zeitung, die endlich das Meinungsmonopol der Massenblätter »Rand Daily Mail«, »Star« und »Argus« brechen sollte.

Erst wußte überhaupt keiner von irgend etwas. Dann wußten einige Leute ein bißchen. Dann war Eschel Rhoodie ganz allein an allem schuld. Und zum bitteren Schluß mußte sogar John Vorster seinen Hut nehmen, weil er – wie ein Dutzend andere prominente Politiker – alles gewußt hatte. Es war, wie der von der Regierung als Parlamentär in Rhoodies Pariser Exil entsandte Johannesburger Geschäftsmann Josias van Zyl konstatierte, »ein ungeheurer Skandal, der die Lockheed-Affäre wie das Picknick einer Sonntagsschule erscheinen ließ«.

Die Spannweite von Rhoodies Wirken war in der Tat beeindruckend. In Oslo finanzierte er dem Geschäftsmann Anders Lange die Gründung einer burenfreundlichen Partei, die 1973 mit vier Abgeordneten ins norwegische Parlament einzog. In den Vereinigten Staaten kassierten prominente Gewerkschafter größere Summen für ihre Bereitschaft, den vom Internationalen Gewerkschaftsbund gegen südafrikanische Schiffe verhängten Boykott zu unterlaufen. In Großbritannien und Japan zahlte Pretoria stattliche »Beraterhonorare« an Politiker der ersten Garnitur. In Frankreich, Kenia, Zaïre und Holland war das südafrikanische Informationsministerium finanziell an der Gründung von Zeitungsverlagen beteiligt. In den USA, Frankreich und der Bundesrepublik hielt sich Pretoria für Millionensummen einen ergebenen Freundschaftskreis von hochgestellten, bezahlten Sympathisanten. In Paris versuchte Rhoodie – allerlings vergebens –, »Paris Match« und »L'Express«, in Washington den »Washington Star« zu kaufen.

Weil Politiker und Journalisten auf allzu platte Bestechungsversuche zuweilen befremdet reagierten, bot das Informationsministerium präsumtiven Freunden eine breite Palette unverdächtiger Vergünstigungen an. Zur umstrittenen Unabhängig der Transkei etwa ließ Pretoria 1976 annähernd 150 Journalisten aus Westeuropa einfliegen.

Die PR-Agentur Hennenhofer in Kronberg im Taunus war auf die Betreuung bundesdeutscher Volksvertreter spezialisiert – allerdings vorwiegend solcher, denen man die Sympathie für den Apartheid-Staat nicht erst umständlich hätte abkaufen müssen.

Hennenhofer und die mit ihm verbündete *Foreign Affairs Association* (FAA) in Pretoria, die »in kritischer Distanz zur südafrikanischen Regierungspolitik« (Hennenhofer) zu stehen vorgab, lud mehrfach ganze Gruppen von Bundestagsabgeordneten nach Südafrika ein. Die FAA übernahm die »gesamten Kosten der Reise, einschließlich der Erste-Klasse-Flüge und sämtliche Aufenthaltskosten in Südafrika« (so der übliche Einladungstext).
Mit von der Partie waren, wie der sozialdemokratische »Vorwärts« hinterher geschmäcklerisch auflistete, die CDU/CSU-Abgeordneten Herbert Hupka, Hans Klein, Hans Hugo Klein, Gerhard Kunz, Peter Petersen, Hans Stercken und Friedrich Voß sowie die FDP-Abgeordneten Martin Bangemann, Jürgen Möllemann, Kurt Jung und Walter Ludewig. SPD-Abgeordnete wurden gar nicht erst eingeladen, obwohl die natürlich für Pretoria viel wertvoller gewesen wären.

Pretoria im Schmiergeldsumpf

»Wenn es notwendig war, der Frau eines Verlegers einen Nerz zu kaufen«, formulierte später Eschel Rhoodie die Prinzipien seiner »abgestuften Beeinflussung« (so der Johannesburger »Star«), »dann sollte das genauso möglich sein, wie einen Mann mit seiner Geliebten für einen Monat nach Hawaii zu schicken.«
Eschel Rhoodie selbst profitierte am ausgiebigsten von der Generosität seiner Geldgeber. Er jettete first class um die Welt – zum Shopping nach London, zum Baden nach Rio. Oder er mietete mal schnell einen Lear-Jet für ein Weekend mit Freunden auf den Seychellen. Es ist bezeichnend für die südafrikanische Verfassungswirklichkeit, daß Eschel Rhoodie über seine Protzallüren stolperte und nicht etwa über seine zwielichtigen Schmiergeldaffären.
Die Auswahl der Gäste und Bestochenen macht die interne Dimension des Skandals deutlich. Da hatte ein monströser Apparat gewaltige Summen verschleudert, um Sympathisanten zu kaufen, die eh schon mit Südafrika sympathisier-

ten. Weil er Erfolgsbelege brauchte, lud Eschel Rhoodie immer nur Meinungsmultiplikatoren ein, von denen er mit Sicherheit hinterher positive Reden und Reportagen erwarten konnte. Die kritische Journaille versuchte er gar nicht erst umzudrehen.
Kritiker werden nach wie vor bestraft, indem sie per Einreiseverbot daran gehindert werden, ihr kritisches Urteil zu revidieren. An dieser infantilen Amtsattitüde hat sich auch nach Rhoodie nichts geändert. Weil es für unabhängige Journalisten so schwer ist, nach Südafrika einzureisen, wird die Berichterstattung aus dem Burenland das Kongo-Flair nicht los.
Die dicksten Brocken im Geheimetat des Informationsministeriums verschlangen zwei aufwendige Medienprojekte, mit denen die Nationalen das vermeintliche Meinungsmonopol der englischsprachigen Presse brechen wollten. 1972 gründete Rhoodie in Johannesburg das Nachrichtenmagazin »To the Point«, eine spritzig aufgemachte wöchentlich erscheinende News-Postille mit burischem Zungenschlag, der aber die burische Herkunft nicht anzumerken war. Dann stieg er auch ins Tageszeitungsgeschäft ein. Gemeinsam mit Teilhabern aus Holland, den Vereinigten Staaten und dem österreichisch-ungarischen Kronprinzen außer Diensten gründete er »The Citizen«, eine englischsprachige Tageszeitung mit stark burischem Zungenschlag.
Als immer mehr Details durchsickerten, machte sich Eschel Rhoodie aus dem Staub. Mit ihm stürzten auch Geheimdienstchef Hendrik van den Bergh und Informationsminister Conny Mulder. Aus Staatsräson, nicht etwa aus tieferer Einsicht in die eigenen Verfehlungen, verabschiedete sich auch John Vorster aus dem Amt. Sein Kommentar: alles Intrige. Doch statt in den Ruhestand zog sich Vorster auf den Sessel des Staatspräsidenten zurück.
Vorster-Nachfolger Piet Botha warf dem scheidenden Apartheid-Boß noch eine Ehrenerklärung nach. Er gelobte, er werde zurücktreten, wenn Eschel Rhoodie, der sich mit einem Koffer voll verräterischer Tonbänder auf der Flucht vor dem südafrikanischen Geheimdienst befand, der Nachweis gelänge, daß Vorster oder einer seiner Minister in die

Affäre verwickelt sei. Vorster selbst enthob Botha der Verpflichtung, sein Versprechen wahrzumachen. Zwei Monate nach seiner Amtseinführung legte er das Präsidentenamt freiwillig nieder.
Die Erasmus-Kommission, die mit der Aufklärung des Falls beauftragt worden war, hatte herausgefunden, daß Vorster über jede einzelne von Rhoodies Transaktionen informiert war. Er hatte zwar nicht – so der Untersuchungsbericht – »die eigenen Taschen gefüttert« wie Rhoodie. Aber er hatte die meisten der 160 Projekte, die insgesamt fast 150 Millionen Mark verschlangen, mit geplant und genehmigt. Eschel Rhoodie wurde im Herbst 1979 von Frankreich, wo er beträchtlichen Immobilienbesitz sein eigen nennt, an Südafrika ausgeliefert. Die Gefängnisstrafe, zu der er daheim verurteilt wurde, brauchte er jedoch nie anzutreten.

»Die Helden sind immer schwarz«

»Muldergate« lehrt zweierlei:
Das Volk der Buren ist – zumindest an der Spitze – nicht nur reaktionär, sondern auch korrupt und unmoralisch, eine Erkenntnis, die selbst eingefleischten Afrikaandern nicht verborgen bleiben konnte. Der Publizist Willem de Klerk beispielsweise, einer der entschiedensten Apartheid-Apostel, forderte in einem glühenden Appell an alle: »Sorgt dafür, daß Rechtschaffenheit, Ehrlichkeit und Nüchternheit... der harte, gute Kern des Afrikaners wieder zum Vorschein kommt.«
Zweite Lehre: Südafrika verfügt allen autoritären Tendenzen zum Trotz über genügend rechtsstaatliche Substanz, um »Kommunisten, Liberalen und Gottlosen« (Piet Botha) noch genügend Spielraum zu lassen, die eigene Regierung in die schlimmste Krise der Nachkriegszeit zu treiben. Bisher jedenfalls hat noch nirgendwo sonst in Afrika eine Enthüllungsjournaille den Regierungschef abgeschossen – obwohl es hier und da wahrhaftig bitter nötig wäre.
Es gehört zu den spezifischen Merkwürdigkeiten des Apartheid-Staates, daß einerseits unter dem schrulligen Regime

der Zensur weite Gebiete der geistigen Szene verödet sind, andererseits aber die anglophone Presse nahezu ungehindert an den Grundlagen des Systems rütteln darf. Wenn die freie Verbreitung von unzensierten Nachrichten als Kriterium genommen wird, so findet die Londoner »Times«, dann gibt es in Afrika überhaupt nur eine freie Presse: die südafrikanische.

Pieter Willem Botha brachte zwar nach dem Rücktritt Vorsters ein Gesetz ins Parlament ein, das den Zeitungen die Berichterstattung über staatsgefährdende Angelegenheiten – hier: »Muldergate« – bei Strafe verbieten sollte. Aber dann zog er seine eigene Novelle plötzlich wieder zurück. Vielleicht, weil er wußte, daß auch die englischen Blätter zum Buren-Lager stehen, wenn die eigentlichen Machtverhältnisse zur Debatte stehen.

Wesentlich straffer als die Zeitungen hält die Regierung die hohe Literatur an der Kandare. Südafrikas Buch- und Filmzensur trägt alle wesentlichen Merkmale bigotter Engstirnigkeit. Der strenge Ayatollah Khomeini hätte seine Freude an soviel Prüderie. Der *Publications Control Board*, der über die Zulassung in- und ausländischer Literatur zum südafrikanischen Buchmarkt entscheidet, verbot von 1963 bis 1975 nicht weniger als 12000 Titel, darunter beispielsweise die Werke aller Autoren, deren Namen auf »ow« oder »ew« enden und somit als Kommunisten verdächtig sind, politische Taschenbücher, die für Schwarze erschwinglich wären (während dieselben Titel als teurere Hardbacks durchkamen), sowie alles, was entfernt mit Geschlechtlichkeit zu tun hatte.

Nicht zuletzt diese rigorose Beschneidung des geistigen Horizonts ist verantwortlich für die intellektuelle Verkümmerung Südafrikas. Nur, die Buren sind wohl die allerletzten, die darunter leiden. Sie hielten immerhin auch bis 1976 ohne Fernsehen aus. Weil sie – aus gutem Grund – fürchteten, daß sich im Fernsehen die englischsprachigen Programme zu Lasten der afrikaanssprachigen durchsetzen würden, und nicht zuletzt, weil »die Helden in vielen Unterhaltungsfilmen aus dem Ausland immer schwarz sind« (so der damalige Postminister Albert Hertzog), zögerten die *Verkrampten* den TV-Start über zwanzig Jahre hinaus. Immer hin ist es ihnen gelungen, die Gefahr unter Kontrolle zu halten. Das südafrikanische Fernsehen ist viel zu langweilig, um als Medium überhaupt ernstgenommen zu werden.

Plausch auf dem rosa Sofa

Buren kennen offenbar keine Langeweile. Das sieht man an ihren Sonntagnachmittagen, gegen die selbst das englische Weekend zu einem Furioso an Ausgelassenheit gerät. Beim Sonntagslunch sitzen die Buren, wie Sally Quinn von der »Washington Post« beobachtet hat, »auf rosafarbenen Samtsofas, schauen sorgenvoll drein und sind entrüstet über die Ungerechtigkeit in der Welt«.

Sally Quinn hat afrikaanses Volksempfinden durch die Wiedergabe eines privaten Plausches von Frau zu Frau dokumentiert, den sie Anfang 1979 im Kapstädter Vorort Groote Schuur mit den Ehefrauen führender burischer Abgeordneter hatte, darunter Frau Treurnicht, der Gattin des Rechtsaußen der Transvaal-Nationalen, und Frau de Klerk, der Gattin des Postministers.

Auszug:

Frau Malan: »Wir sind so wenige. Und wir tun soviel für soviele.«

Frau Cronje: »Ja, aber unser guter Glaube wird nicht honoriert. Wir lassen sie neuerdings ja sogar im Flugzeug neben uns sitzen. Es fiel uns schwer. Aber wir haben es geschluckt. Und wir sagen nicht einmal etwas, das sie beleidigen könnte.«

Frau de Klerk: »Und die Stewardessen müssen sie sogar bedienen.«

Frau Malan: »Und die Friseure auch. Jetzt läßt man sich auch von Schwarzen und *Coloureds* die Haare waschen. Wir hatten ja nie diesen Kontakt mit ihnen. Ich sage Ihnen, wenn sie einen berühren, das geht einem durch und durch.«

Frau Cronje: »Jetzt machen sie ja schon die Kapstädter Autobusse für sie auf. Neulich sah ich, wie ein kleines Mädchen wieder ausstieg, weil sie die einzige Weiße im Bus war.«

Frau Treurnicht: »Es ist wirklich gefährlich heutzutage.«

Frau de Klerk: »Die Eltern müssen ihre Kinder schon im Wagen zur Schule bringen... Sie sollen ja leben. Sie sollen glücklich sein. Aber wir Weißen müssen uns schließlich schützen.«
Frau Cronje: »Und die Sonntagszeitungen stehen immer voll Geschichten über Grausamkeiten gegenüber Schwarzen.«
Frau Malan: »Ja, das macht uns ganz verrückt.«

Kein linker Agitpropsarkastiker könnte das burische Volksempfinden zynischer karikieren als Frau Malan, Frau Cronje, Frau de Klerk und Frau Treurnicht. Dabei zählen die vier Damen sich zur urbanen Gesellschaft.
Auf dem Plattland grassiert, was man sonst nur im schwarzen Afrika vermutet: Aberglaube, Hexenwahn und Spökenkiekerei. Typisch, wenngleich überdurchschnittlich komisch, ist die Geschichte der Leute von Warmbath, die den englischsprachigen Blättern von Johannesburg tagelang Anlaß zu hohntriefenden Reportagen lieferte.
Ausgerechnet Warmbath, bekannt für seine streng calvinistische Einwohnerschaft, war von einem Nudistenklub zum Standort einer Nacktbadeanstalt erwählt worden. Und der Bürgermeister hatte noch sein Plazet dazu erteilt. Das Burenvolk von Warmbath war entsetzt. Nun hatte es sich ergeben, daß wochenlang kein Tropfen Regen gefallen war. Für die Warmbath-Leute ein ganz klarer Fall von Gottesgericht. Aktion tat not. Die Bürger bildeten ein »Moralkomitee«, das mit Äxten und Bulldozern gegen die Nackten vorgehen sollte. Doch die Natur hatte im letzten Moment ein Einsehen. Der Protestmarsch des gesunden Volksempfindens ging in einem vernichtenden Wolkenbruch unter. Wieder ein Gottesurteil. Das »Moralkomitee« erteilte sofort Dispens. Die Nudisten durften bleiben.

Plattland-Orientalen

Die Faszination burischen Ambientes lebt von seiner einzigartigen Kombination von mehr oder weniger westlichen Lebensformen mit aktivistischer Gesinnung.

Der typische Plattlandbure arbeitet sechs Tage in der Woche, geht sonntags zur Kirche, liest »Beeld« oder »Die Transvaler« und hält das Volk der Afrikaner für den Kristallisationskern im »grootse skeppingsplan«, im großen Schöpfungsplan des Herrn.

Der Bergbauindustrielle Sir Percy Fitzpatrick, der für die britische Krone der damals unabhängigen Republik Transvaal als eine Art Botschafter fungierte, hat in langen Verhandlungen mit Präsident Ohm Krüger und seinen Männern tiefe Einblicke in die Burenpsyche gewonnen. Gegenüber dem Krüger-Biographen Stuart Cloete skizzierte er den typischen Buren so: »Man kann ebensowenig in seine Mentalität eindringen wie in die eines Asiaten oder Orientalen. Es gibt Augenblicke, in denen er gegen jeden uns bekannten Verstand zu handeln scheint. Er handelt dann mit einer langsamen blinden Beharrlichkeit, durch nichts abzulenken oder aufzuhalten. Ein Verhalten, das man sonst nur bei Großwild beobachtet.« Die Burenfrage wäre ihrer Lösung vielleicht ein gutes Stück näher, wenn Sir Percys 1899 entworfenes Psychogramm als Grundlagenpapier den Akten des State Department und des Foreign Office beiläge.

Zwischen Fitzpatricks Archetypen vom Plattland und den »Houghton-Leuten«, wie die vorwiegend englischstämmigen Bewohner im gleichnamigen Wahlkreis der liberalen Abgeordneten Helen Suzman genannt werden, liegen Welten. Die Houghton-Leute lesen die »Rand Daily Mail« oder den »Star«, gehen lieber zum Cricket als in die Kirche und schimpfen auf die Regierung (obwohl die meisten ihr bei den letzten Wahlen ihre Stimme gegeben haben). Sie gehen selten vor neun ins Büro und sind zum Five-o-clock-tea wieder daheim.

In den traditionellen Burengebieten gibt es mehr Kirchen, in den englischen Gebieten mehr Swimmingpools pro hunderttausend Einwohner als sonst irgendwo auf der Welt – Rom und Beverly Hills vielleicht ausgenommen. Die Macht gehört zwar den Buren, der Reichtum des Landes aber häuft sich nach wie vor überwiegend bei den *Uitlanders.*

Die Afrikaander sind im Vergleich zu ihren englischen Mitbürgern bescheidene Leute. Protzerei empfinden sie als Versuchung Gottes. Der Lebensstil der feinen englischen Society jagt ihnen zornig-fromme Schauer über den Rücken – zum Beispiel, wenn die Oppenheimers ihr Sommerfest geben.

Der Konzern des Oppenheimer-Clans ist die verhaßte Zitadelle des südafrikanischen Großkapitals. Er kontrolliert, über die *Anglo-American Corporation*, 40 Prozent der Gold- und je ein Drittel der Uran- und Kohleförderung Südafrikas, über *De Beers Consolidates Mines* 40 Prozent der Diamantenproduktion der Welt, darunter auch die sowjetische. Unter seinem Dach haben nicht weniger als 300 Firmen mit rund einer Viertelmillion Mitarbeiter Platz. Das gesamte Familienvermögen wird von Kennern auf rund 15 Milliarden Mark geschätzt.

Einen kleinen Bruchteil ihres Reichtums, obgleich nicht den unscheinbarsten, stellen die Oppenheimers gern und häufig zur Schau. Konzernchef Harry Oppenheimer macht kein Hehl aus seinem Epikuräer-Naturell. »Ich amüsiere mich gern und verschleudere mein Geld«, sagte er einem Reporter, der ihn für eine Gesellschaftsreportage interviewte. Das Haus der Oppenheimers in Brenthurst bei Johannesburg ist das Zentrum gehobener Geselligkeit. Da empfangen sie inmitten von 30 Hektar Orchideen und Rosengärten und unter Dutzenden von Renoirs, Degas' und Gainsboroughs jährlich tausend Gäste, wie die Gastgeberin ermittelt hat. Die Oppenheimers sind heute gesellschaftlich so was, wie die Astors um die Jahrhundertwende in New York waren. Wer nicht mindestens einmal im Jahr bei den Oppenheimers diniert, darf sich nicht guten Gewissens zur wirklich feinen Gesellschaft Südafrikas zählen.

Geld macht gütig. Harry Oppenheimer und Frau Bridget gerieren sich gern als Hohepriester der Wohltätigkeit, solange ihre eigenen Interessen nicht berührt werden. Oppenheimer mischt bei den Progressiven in der Politik mit und gilt als vehementer Kritiker der Apartheid. Seine Frau rüttelt ein- bis zweimal jährlich als Präsidentin der »Woman for Peace«, eines philantropischen Damenzirkels ohne verbindliches Mandat, am Weltgewissen.

Immerhin haben die Oppenheimers der verkarsteten südafrikanischen Gesellschaft einige wegweisende Impulse gegeben. In die Eingeborenenquartiere von De Beers und Anglo-American durften die Arbeiter erstmals ihre Ehefrauen mitbringen. Und auch beim Abbau der innerbetrieblichen Apartheid und beim Ausgleich des schwarzweißen Ungleichgewichts der Einkommensverteilung waren die Oppenheimers stets in vorderster Front mit dabei. Sie fuhren schließlich selbst auch nicht schlecht dabei.

Der Neger ist der beste Freund des Menschen

Es ist das Elend der weißen Liberalen Südafrikas, daß sie auf beiden Seiten nicht ernst genommen werden. Prominentestes Beispiel ist der politisierende Starchirurg Christiaan Barnard, der 1967 die erste Herztransplantation der Welt vollzog und der aus seiner beruflichen Virtuosität eine politisch umstrittene Qualifikation herleitet.
Barnard steht mit beiden Beinen auf dem Boden der liberalen Tradition seiner Vorfahren. Gleichzeitig ist er ein Befürworter der Politik der getrennten Entwicklung und empfindet das auch nicht als Widerspruch. Was ihn von Botha und Genossen unterscheidet, das ist die Bereitschaft, sich mit Kritikern auseinanderzusetzen. Eine feine Dosis Rassismus geht auch ihm nicht ab. Der seine ist nur verbindlicher als der vom Plattland. Barnard ist nicht so denkfaul wie die Buren. Allein, seine Feinde von Zivilisation und Menschlichkeit sind dieselben wie die des Piet Botha: Kommunisten, Hippokriten, eine ethisch verelendete Presse.
Obwohl die regierungsamtliche Apartheid und die Weltanschauung Barnards nicht fugenlos ineinander passen, bedient sich das Botha-Regime der Popularität des Skalpell-Helden für ihre weltweite Rechtfertigungskampagne. Wo Barnard über Herzchirurgie liest, da bekommen die Zuhörer als Draufgabe auch immer eine Lektion Schwarz-Weiß-Dogmatik dazu.
Was reflexionsfähige Südafrikaner bewegt, wenn sie an Apartheid und die Reaktionen darauf in der Weltöffentlichkeit denken, das hat der Glamour-Professor in einem Buch

niedergeschrieben. Es heißt »Südafrika – Anatomie einer Verzerrung« und ist mit mehr Herzblut als Verstand abgefaßt. Man spürt den gerechten Zorn, mit dem Barnard es in die Maschine gehämmert hat. Grundtenor: Der Neger ist der beste Freund des Menschen.

Hier und da wirkt das Buch ein bißchen hingeschmissen, so als hätte er es unterwegs auf dem Flug zur Anprobe bei seinem Schneider in der Saville Row auf die Rückseite der Bordspeisekarte gekritzelt. Seine Argumente sind häufig durchtränkt von der Naivität des politischen Dilettanten. Er findet es »bedrückend«, daß die ehemalige indische Ministerpräsidentin Indira Gandhi bei seinem Besuch in Delhi mit ihm nicht über die kommunistische Gefahr in Angola reden wollte, sondern über die »inneren Probleme Südafrikas«, unter anderem über die Unterdrückung der indischen Minderheit in Natal. Er degradiert die »Südwestafrikanische Volksorganisation« (SWAPO) zur kleinen radikalen Minderheit, weil »sie nur eine der elf Volksgruppen Südwestafrikas repräsentiert«, ohne allerdings aufzuzeigen, daß diese Volksgruppe mehr Mitglieder hat als alle anderen zehn zusammen. Und er berichtet in warmen Worten von schwarzen Kaufleuten, die sich in Dankbarkeit zur Apartheid-Politik der Regierung bekennen, weil sie ihnen durch den *group areas act* die Konkurrenz vom Leibe hält.

Christiaan Barnards Thesen kommen aus der zweifelnden Seele des englischstämmigen Südafrikaners, der sich zwar nicht mit den Plattlandburen identifiziert, aber mangels besserer patriotischer Bezugspunkte für die Apartheid in den Ring steigt: Rassentrennung? Gott bewahre. Natürlich sind alle Menschen gleich, aber einige sind gleicher als die anderen.

Chris Barnard versäumt es nicht, auf den Scherbenhaufen hinzuweisen, den die Afrikaner nördlich des Sambesi aus der Hinterlassenschaft der Kolonialherren gemacht haben... Massaker, Bürgerkriege, Hunger, Chaos, Mord und Größenwahn. Ja, das sind alles Argumente gegen das Selbstbestimmungsrecht der schwarzen Rasse. Aber wenn die Briten die gleichen Maßstäbe für die Burennation angelegt hätten, wie sie die Buren für die Schwarzafrikaner anlegen, dann dürfte

es heute kein unabhängiges Südafrika geben. Denn Hunger, Chaos, Mord und Bürgerkrieg hat es auch in der Geschichte der Buren reichlich gegeben.
Chris Barnard ist ein geschundener Siegfried. Dabei hat ihm niemand, wie er antizipatorisch unterstellt, das Recht beschnitten, als »weißer Afrikaner« sich zu den Problemen seines Landes zu äußern. Doch seine Autorität, die er sich als Mediziner erworben hat, die hat er als Politiker nicht gerade gemehrt. Am allerwenigsten durch seine Zusammenarbeit mit Spesenritter Eschel Rhoodie, dem Promoter der »Muldergate-Affäre«. Angeblich hat Rhoodie dem Freund nur die Spesen erstattet. Doch Chris Barnard kann froh sein, daß der faule Kompromiß, den Rhoodie mit der Justiz schloß, weitere Ermittlungen verhinderte.

»Mister Puddings« doppelte Moral

Es ist wahr. Man hat's nicht leicht als Liberaler in Südafrika. Immer gibt es Prügel von beiden Seiten. Die Bigotterie, mit der in Amerika und Europa – vom Ostblock und den »Neutralisten« gar nicht erst zu reden – das Südafrika-Problem diskutiert wird, verleidet einem leicht die Lust am Anti-Apartheid-Engagement.
Schon Lästerpapst Tucholsky wußte: »Reiche Leute haben eine schlechte Presse.« Und ein schlechtes Standing in der Uno. Was den Südafrikanern die Verurteilung durch die UN-Vollversammlung einträgt, läßt die Welt Iranern und Pakistanis durchgehen. Die Hinrichtung des zum Tode verurteilten schwarzen Mörders Solomon Mahlangu veranlaßte die Völkergemeinschaft 1979, den Sicherheitsrat zu einer Sondersitzung zusammentreten zu lassen. Jimmy Carter und Willy Brandt baten für den Verurteilten um Gnade. Das Schicksal gleich zweier Expremierminister – Amiragas Hoveidah im Iran und Ali Butho in Pakistan –, die in derselben Woche nach fadenscheinigen Gerichtsverfahren exekutiert wurden, brachte nur im Westen einige unverbesserliche Philanthropen in Rage.
Offenbar gibt es eine Wechselwirkung zwischen moralischer

Entrüstung und geistiger Distanz zur Unmoral. Doch selbst diese Distanz erklärt kaum, warum der Anti-Apartheid-Ausschuß der Vereinten Nationen es für richtig befand, den im Exil verstorbenen ghanaischen Gewaltpotentaten Kwame Nkrumah einer ehrenden Medaille zu würdigen. Sie erklärt auch nicht, wie UNO-Generalsekretär Kurt Waldheim dazu kam, nach Moskau zu reisen, um dem sowjetischen KP-Vorsitzenden, Leonid Breschnew, der den Prager Frühling ersticken ließ, den »Friedensorden« der Vereinten Nationen zu überbringen.

»Mister Pudding« (so der »Rheinische Merkur« über Waldheim), der sich auch um die Lösung der Burenfrage bemüht hat, gilt in Südafrika als Personifizierung der Speichelleckerei. Deshalb stießen seine Friedensbemühungen auch ins Leere. Eher setzt sich ein burischer Politiker mit Julius Nyerere an den Verhandlungstisch als mit diesem Hohepriester der Verbindlichkeit, der laut »Lui« sein Amt mit dem Gelöbnis übernahm: »Ich habe in den nächsten fünf Jahren keine Meinung mehr.«

Kurt Waldheim hatte auch zu dem barbarischen Völkermord in Burundi keine Meinung, der Anfang der siebziger Jahre rund eine Viertelmillion Menschenleben forderte. Er lehnte das Eingreifen der UNO in Burundi mit der Erklärung ab: »Die Organisation für Afrikanische Einheit hat mich wissen lassen, daß Burundi dieses Problem als innere Angelegenheit betrachtet.« Basta. Es durfte weiter geschlachtet werden. Das gleiche galt für Kambodscha, Vietnam, Indonesien, Zaïre, Äthiopien, Angola, Uganda, Argentinien, Chile. Aber eben nur nicht für Südafrika. Waldheim lag immer richtig.

Die weltweite Heuchelei ist eines der festesten Bindemittel der Apartheid-Gesellschaft. Solange alle gegen Südafrika sind, obwohl es andere ungerügt viel schlimmer treiben dürfen, stehen Buren und Engländer – wenn auch zuweilen zähneknirschend – zusammen. Die kollektive Rolle des Prügelknaben gibt ihnen Kraft.

Keine Frage, Südafrika ist nicht der blanke totalitäre Polizeistaat, wie er in der Anti-Apartheid-Publizistik gern dargestellt wird. Seine Gefängnisse sind nicht so mörderisch wie

die von Zaïre, Äthiopien und Mosambik. Und die persönliche Freiheit selbst seiner schwarzen Bürger ist nicht geringer einzuschätzen als die des durchschnittlichen Schwarzafrikaners.
Nur, Südafrika sucht sich für jeden Vergleich die passenden Bezugspositionen. Die weißen Südafrikaner fühlen sich als Vorposten der westlichen Zivilisation, vergleichen aber die Lage ihrer schwarzen Mitbürger gern mit der von Ugandern und Angolanern. Statistisch verdient ein Zulu-Kumpel in Johannesburg dreimal soviel wie unter ähnlichen Bedingungen ein Bergmann aus Zaïre. Nur, die weißen Steiger in derselben Grube verdienen fünfmal soviel wie die schwarzen Kumpel. Und das wird keineswegs als unproportioniert empfunden. Es mag gern bekräftigt werden, daß in südafrikanischen Gefängnissen die Gefangenen einander nicht mit Schmiedehämmern die Schädel einzuschlagen brauchen, wie das in den Gefängnissen Idi Amins vorkam. Aber Südafrikas Anspruch auf moralische Höherwertigkeit ist dadurch allein nicht zu stützen.
Rechtsbeugung und Repression haben Südafrika nicht davon abhalten können, sich am schönen Schein der Rechtsstaatlichkeit festzuklammern. Als sich der Washingtoner UN-Diplomat Clarence Mitchell darüber erregte, daß in Südafrika »Personen gefangengehalten werden, deren einzige Untat es ist, sich offen gegen das System der Apartheid auszusprechen«, schäumte John Vorster zurück: »Er soll nur einen einzigen nennen, der festgehalten wird, weil er sich gegen das System der Apartheid ausgesprochen hat. Gott im Himmel, von solchen Oppositionellen gibt es allein 48 in unserem Parlament.« Es stimmt. Meinungsäußerung ist im Parlament nicht verboten. Aber draußen sieht vieles anders aus. Sonst gäbe es keine Verbannungsurteile und keine politischen Häftlinge.
Immerhin, Mitchell nahm die Herausforderung an. Ein paar Wochen später legte er eine drei Schreibmaschinenseiten umfassende Liste mit den Namen von Gefangenen vor, die wegen ihrer Opposition gegen die Apartheid-Politik festgehalten wurden. »Alles Kriminelle«, konterte Vorster. »Ja gewiß«, antwortete Mitchell daraufhin, »in Südafrika wer-

den eben Tätigkeiten als kriminell bezeichnet, die das Lebensblut der Demokratie sind.«
Der Dialog kam nicht über den akademisch-rhetorischen Rahmen hinaus. Menschenrechtsdebatten sind bei den Vereinten Nationen allenfalls als Agitationsforen interessant. Welch Wunder. »Abgesehen von Gambia und Malawi«, memoriert Mitchell, »gab es in der Vollversammlung nicht eine einzige afrikanische Nation, die eine Regierung vertrat, die den Ansprüchen des Naturgesetzes und des Naturrechts entsprach.«
Ganz recht. Nur, warum er den – wenn auch prowestlichen – Polizeistaat Malawi unter die Demokratien rechnet, hat Mitchell nicht verraten.

DIE WAGENBURG

Keine Rettung von den schwarzen Russen

Es war um die Mitte des 19. Jahrhunderts. Im Xhosaland herrschten Elend und Verzweiflung. Die zehntausend Mann starke Armee des Propheten Makanda war von den Weißen vernichtend geschlagen worden. Makanda selbst war auf der Flucht von der Robbeninsel ertrunken. Auch Mlanjeni, der größte Zauberer, den die Xhosas je hervorgebracht hatten, war mit seiner Medizin am Ende. Die Xhosas hatten sich, von seiner mythischen Rhetorik stigmatisiert, in den Krieg treiben lassen. Aber Mlanjenis Verheißung, er werde die Flinten der Eindringlinge mit Wasser füllen und die Verteidiger unsterblich machen, war in einem Meer von Blut untergegangen.
Vor dem Druck der nomadisierenden Weißen mußten die Xhosas immer weiter ins unfruchtbare Hochland jenseits der Drakensberge zurückweichen. Wo die Treckburen sich festsetzten, verbreiteten sie Angst und Schrecken. Doch es gab noch Hoffnung. Denn im Xhosaland ging das Gerücht, die Russen, schwarze Krieger wie sie selbst, die soeben im Krimkrieg die Engländer besiegt hätten, seien auf dem Weg nach Natal, um ihren Brüdern zu helfen.
In diese Zeit fiel der folgenschwere Traum der Nongqause, der Nichte des Sehers Mhalakaze. Eigentlich hatte Nongqause im Schlaf nur »seltsame Männer mit seltsamem Vieh« gesehen. Aber Mhalakaze deutete ihren Traum als Zeichen der Vorsehung, sich auf das letzte Gefecht gegen die Buren vorzubereiten. Die Xhosas, so teilte er Häuptling Sarili mit, sollten all ihr Vieh schlachten, ihr Korn auf den Feldern verbrennen und auf die zwei Sonnen warten, die alsbald am Himmel erscheinen würden. Auf dieses Zeichen hin würden die schwarzen Russen wie die Rachegötter vom Himmel fahren und die Buren ins Meer werfen.
Es ist nicht mehr festzustellen, ob Mhalakaze ein Spinner

war oder ein von den Buren gekaufter Kollaborateur. Aber weil er in dem Ruf stand, das Vermächtnis des großen Mlanjeni zu erfüllen, folgten die Xhosas seinem Rat. Ende 1856 standen überall im Xhosaland die Felder in Flammen. Nach Schätzungen des Missionars Charles Brownlee starben in wenigen Tagen fast 200000 Rinder.
Doch der Tag, der das reinigende Donnerwetter bringen sollte, ging vorbei, und keine Russen kamen. Auch die zwei Sonnen blieben aus. Den Zauberer Mhalakaze konnte niemand mehr fragen. Er hatte sich über Nacht abgesetzt. Die Xhosa-Nation hat sich bis heute nicht von den Folgen des katastrophalen Orakels erholt. Im Stammeskernland zwischen Kei und Fish River sank die Bevölkerung von 105000 auf 37000 Personen. Die meisten verhungerten. Von den Überlebenden zogen viele in die britischen Siedlungsgebiete, um sich als Hirten oder Knechte zu verdingen.
Die Schwarzen in Südafrika, so lehrt das Gleichnis, haben die Macht der Weißen stets unterschätzt und die ihnen wohlgesonnenen Kräfte von Schicksal und Geschichte stets überschätzt. Noch 1921 brachten Pondos und Xhosas in der Transkei Hunderttausende von Schweinen und Hühnern um, in der Hoffnung, schwarze Piloten aus Amerika würden in Flugzeugen über die Weißen herfallen und sie vertreiben, wie ihnen ihre Propheten weisgemacht hatten. Auch diese Prophezeiung brachte nichts als Elend.

Der weiße Mann hat alle Gewehre

Die Geschichte von Mhalakaze, den schwarzen Russen und den fliegenden Rettern aus Amerika hat eine Moral mit handfestem Gegenwartsbezug:
Mit den Verdikten dubioser Propheten ist die Burenfrage nicht zu lösen. In Südafrika steht physische Macht gegen physische Ohnmacht. Da ist mit Metaphysik nichts zu machen. Die Beschwörungen so untadeliger Träumer wie des tansanischen Präsidenten Julius Nyerere, daß die Schwarzen gewinnen müßten, »einfach, weil sie im Recht sind« (so Nyerere in einem »Spiegel«-Gespräch), haben für

den afrikanischen Befreiungskampf den gleichen Wert wie die Spökereien des Zauberers Mhalakaze. Sie erzeugen bloß gefährliche Illusionen.
Tatsache ist nämlich: In Afrika gibt es derzeit keine Kraft, die den Burenstaat militärisch in die Knie zwingen, ihm auch nur militärisch gefährlich werden könnte. Außerhalb Afrikas sind die schwarzen Südafrikaner derzeit keiner Macht wichtig genug, um ihretwegen einen Krieg anzufangen. Und innerhalb Südafrikas fehlt es zum »zweiten Vietnam«, von dem der geflüchtete Salon-Guerilla und ANC-Präsident Oliver Tambo träumt, an so ziemlich allem, was zum Erfolg vonnöten ist: an Waffen, Kampfgeist und vor allem an politischem Bewußtsein. Aber woher sollen das dilettierende Kämpfernaturen wissen wie die SPD-Bundestagsabgeordnete Lenelotte von Bothmer, die es »beschämend und entsetzlich heuchlerisch« findet, »wenn wir von einer friedlichen Lösung in Südafrika sprechen«.
Coloured-Führer David Curry ist einer der wenigen, die sich über das Kräfteverhältnis im klaren sind und damit auch über die einstweilige Aussichtslosigkeit der schwarzen Mehrheit. »Der weiße Mann«, sagte er resignierend zu dem Pulitzer-Preisträger Jim Hoagland, »hat alle Tanks, alle Jets und alle Gewehre. Wir haben nichts. Das einzige Blut, das in einem Aufstand fließen würde, wäre das Blut der Nichtweißen.«
Der Johannesburger Armenanwalt Joel Carlson warnte, bevor man ihn aus dem Land ekelte: »Die Macht kommt nicht immer aus den Läufen der Gewehre, vor allem dann nicht, wenn man keine Gewehre hat.« Und es ist auch nicht abzusehen, woher die Gewehre – jedenfalls in der erforderlichen Anzahl – kommen sollten. Nein, schwarze von weißen Südafrikanern befreien, das können nur Weiße, besonders Amerikaner und Westeuropäer oder besser noch Südafrikaner. Daß die Buren – Reformen hin, Reformen her – aus eigenem Antrieb aus dem »Grab herausfinden, an dem sie dreißig Jahre lang geschaufelt haben« (so der Schriftsteller

Den Feind im Visier. Schieß- und Selbstverteidigungsunterricht gehört an den weißen Schulen Südafrikas zum Lehrplan.

Alan Paton), ist nach allen bisherigen Erfahrungen zweifelhaft.
Die euphorischen Zweifel an der militärischen Schlagkraft Südafrikas rühren aus der Endphase des Angola-Kriegs von Anfang 1976 her. Der freiwillige Rückzug der südafrikanischen Truppen aus dem eroberten Süden Angolas wurde von der marxistischen Propaganda in eine vernichtende Niederlage des weißen Rassismus umgedichtet. In Wahrheit wurden die Sturmspitzen der Südafrikaner nicht von Angolanern und Kubanern gestoppt, sondern von Politikern in Washington und Pretoria.
Die »Südafrikanische Verteidigungsstreitmacht« (SADF) hatte sich in der ersten Phase des Schlagabtausches zwischen linken und rechten Befreiungsorganisationen auf den Schutz des von Südafrika finanzierten Cunene-Staudamms unweit der Grenze nach Namibia/Südwestafrika beschränkt. Als aber die »Marxistische Volksbefreiungsfront« (MPLA) Agostinho Netos Kubaner zur Hilfe rief, gingen die schwarzweißen Truppen zur Vorwärtsverteidigung über.
Patriotische südafrikanische Blätter erörterten in Blitzkriegeuphorie ernsthaft die Möglichkeit, »Südafrika bis zum Äquator auszudehnen« (»To the Point«). Aber keine zwei Tagesreisen von der angolanischen Hauptstadt Luanda erreichte die siegende Truppe das Stoppsignal aus Pretoria. »Warum?«, fragte stellvertretend für den damaligen Premierminister John Vorster Radio Südafrika in einer Sendung am 7. Mai 1976. »Weil Washington dagegen war.« US-Präsident Gerald Ford fürchtete, an der Schwelle zum Wahlkampf gegen den negerfreundlichen Jimmy Carter in ein unpopuläres Abenteuer hineingezogen zu werden. Und ohne Plazet aus dem Weißen Haus wollte auch Vorster nicht weitermachen.
Mag sein, daß Washington das Abenteuer sogar erst richtig angeheizt hat, wie der Oxford-Politologe William Johnson in einer analytischen Südafrika-Studie behauptete. Laut Johnson hatte US-Außenminister Henry Kissinger mit Hilfe des von den Amerikanern beherrschten Weltwährungsfonds systematisch Druck auf den Goldpreis ausgeübt, um sich die Südafrikaner gefügig zu machen.

Mit diesem Druckmittel, so glaubt Johnson, preßte Kissinger Pretoria zum Krieg gegen die angolanischen Marxisten.
Zwei fatale Folgen der südafrikanischen Angola-Expedition waren nicht mehr zu revidieren. Den Sowjets war das Eingreifen Südafrikas Anlaß genug zu einem gigantischen Airlift, der das rote Angola in den Rang der stärksten Militärmacht Zentralafrikas erhob. Jonas Savimbi, dessen Truppen Seite an Seite mit den Südafrikanern gefochten hatten, war als Verräter und Imperialistenknecht gebrandmarkt, und die südafrikanische Armee stand als Papiertiger da.
Der Angola-Schock saß den Südafrikanern eine Weile in den Knochen. »To the Point«, das für politische Stimmungen äußerst empfängliche Johannesburger Nachrichtenmagazin, warnte damals vor übertriebener Blut-Schweiß-und-Tränen-Psychose: »Laßt uns ein paar tiefe Atemzüge nehmen, unsere Situation abschätzen und uns in acht nehmen, daß wir von den ungewohnten Kriegstönen jenseits unserer Grenzen nicht in Panik versetzt werden... Keiner soll denken, daß alle afrikanischen Staaten sich jetzt den Sowjets ergeben.«
Inzwischen atmet die Nation längst wieder normaler. »Unsere Truppen«, hat Premierminister Botha beruhigend versichert, »sind noch nie besiegt worden.«
Tatsächlich sind die südafrikanischen Streitkräfte ihren potentiellen Gegnern so haushoch überlegen, daß auch die geballte Feuerkraft Schwarzafrikas, mal unterstellt, sie ließe sich ballen, sie nicht ernsthaft herausfordern könnte. Was da an »Bedrohung« sichtbar wird, ist in der Tat nicht sonderlich beeindruckend. Truppen, die weiter als zweitausend Kilometer vom Limpopo, Südafrikas Grenzfluß, stationiert sind, zählen ohnehin nicht. Kein schwarzafrikanischer Staat verfügt über ausreichende Transportkapazitäten, um allein auch nur eine einzige Division über größere Distanzen hinweg zum Einsatz zu bringen.

Seiten 236/237: Frühsport an der Polizeischule in Hamankraal. Schwarze Polizisten und Soldaten helfen, den Burenstaat zu schützen.

Blutige Köpfe am Limpopo

Die Maghreb-Länder scheiden mangels Interesse an schwarzafrikanischen Belangen als Dispositionsgrößen für einen Konflikt im Süden des Kontinents gleichfalls aus. Ihr Militärpotential ist darüber hinaus in mittelöstlichen Konfliktherden gebunden.

Südafrikas unmittelbare Nachbarn – Swasiland, Botswana, Lesotho und eventuell auch Namibia – sind wegen ihrer wirtschaftlichen Abhängigkeit von Pretoria nicht operationsfähig. Und Mosambik und Angola haben mit Rebellenbewegungen im eigenen Land auf absehbare Zeit hinreichend zu tun.

Regionale militärische Kräftevergleiche haben im Grunde nur akademischen Charakter. Numerisch bringen es die schwarzafrikanischen Staaten südlich des Äquators auf die drei- bis vierfache Mannschaftsstärke der South African Defence Force. Dazu kommen annähernd tausend Panzer und mindestens 300 Kampfbomber. Doch die Statistiken sagen nichts über den Kampfwert der Einheiten und den Zustand des Geräts.

Oxford-Politologe Bill Johnson hat in seiner am Kap jubelnd begrüßten Zukunftsstudie die Aussichten einer schwarzafrikanischen Invasion Südafrikas untersucht. Sein Resümee ist vernichtend für die schwarzen Afrikaner: »Es gibt in Afrika keine Armee, die den südafrikanischen Streitkräften länger als einen Tag lang standhalten könnte.« Voraussetzung: Der Schlagabtausch findet innerhalb der Festung Südafrika statt. Selbst der Einsatz der gesamten kubanischen Armee, glaubt Johnson, brauchte die Regierung in Pretoria nicht zu beunruhigen. Und nach den Erfahrungen mit Angola und Äthiopien ist einstweilen nicht damit zu rechnen, daß Fidel Castro seinen politischen Kredit in der Dritten Welt weiteren größeren Verschleißproben unterwerfen wird.

Kurzum: Die Afrikaner können sich – mit und ohne kubanische Unterstützung – am Kap oder am Limpopo nur blutige Köpfe holen. Wer ihnen etwas anderes suggeriert, ist blauäugig und weigert sich, die Realitäten zur Kenntnis zu nehmen. Ziffern und Fakten sind frei zugänglich. Gleichwohl predigen Träumer und Phrasendrescher weltweit den aussichtslosen Rassenkrieg. Munyua Waiyaki, der Außenminister Kenias, will »den Baum der Freiheit mit Blut wässern«. Und Schwedens Expremier Olof Palme drängte während seiner Amtszeit darauf, »den Befreiungskampf über den Limpopo zu tragen«. Solange sich das Emanzipationsbedürfnis der schwarzen Südafrikaner solcher Illusionisten bedient, um sich zu artikulieren, steht der Apartheid-Staat auf sicheren Füßen.

Der erste kriegsmäßige Einsatz regulärer äquatorialafrikanischer Streitkräfte seit Anfang der sechziger Jahre kann die Apologeten des Freiheitskampfes nur melancholisch stimmen. Zaïre-Staatschef Mobutu Sese Seko mußte im Frühjahr 1977 fremde Mächte um Beistand bitten, um die Invasion von rund dreitausend »Katanga-Gendarmen«, Anhängern des ehemaligen Separatistenführers Moise Tshombé, abzuschmettern. In weniger als einem Monat besetzten die von Ostblock-Spezialisten logistisch abgesicherten Katangesen in der Minenprovinz Shaba ein Gebiet von der doppelten Größe der Schweiz. Mobutus Truppen warfen schon weit vor der Front die Waffen weg und schlugen sich in die Büsche. Die Luftwaffe kam mangels Ersatzteilen nicht vom Boden hoch.

Um die Verluste aufzufangen, mußte der »Retter des Vaterlandes« (so die amtliche »Voix du Zaïre«) sogar Pygmäen an die Front werfen. Erst als König Hassan II. von Marokko Ersatz schickte, wendete sich das Kriegsglück. Nachdem die Marokkaner die Insurgenten über die angolanische Grenze abgedrängt hatten, fanden auch die Zaïre-Landser zum Aktionismus zurück. Plündernd und mordend zogen sie durch die »befreiten Gebiete« im Westen Shaba-Katangas, um sich anschließend in der Hauptstadt Kinshasa als Sieger feiern zu lassen.

Afrikas Bajonette zeigen nach innen

Im Jahr darauf kamen die Katangesen noch einmal. Sie besetzten die Stadt Kolwezi und metzelten fast tausend

Zivilisten nieder. Die zaïrischen Truppen, die die Stadt hatten schützen sollen, zogen sich nach zögerndem Schußwechsel mit dem Gegner in ihre Quartiere zurück. Diesmal griffen französische und belgische Fallschirmjäger ein, um die Invasoren zu vertreiben. Mobutus Armee erstarkte unvermittelt, als die Gefahr vorbei war. Wieder setzte es blutige Vergeltung für die Zivilbevölkerung.

Man muß es mal sagen: Schwarzafrikanern gehen alle die Tugenden ab, die aus Zivilisten gute Soldaten machen. Kein unsympathischer Zug, gewiß. Doch auch zum Operettensoldaten fehlt ihnen das Talent. Soldaten schützen in Schwarzafrika nur in Ausnahmefällen das Volk vor äußeren Feinden; in der Regel schützen sie die Herrschenden vorm Volk. Die Spitzen der Bajonette zeigen fast immer landeinwärts.

Der infernalische Terror, mit dem schwarze Gewaltpotentaten den schwarzen Kontinent auf weiten Strecken überzogen, war nur möglich, weil Ordnungskräfte zu autonomen Räuberbanden verkamen. Die Armeen der Machels und Mobutus sind schon deshalb für den Kampf gegen Südafrika nur bedingt einsatzbereit, weil sie für den Kampf gegen die eigenen Landsleute benötigt werden.

Über die Aussichten eines Waffengangs zwischen Schwarz und Weiß hat sich im Auftrag der Ford- und der Rockefeller-Stiftung auch eine Gruppe von amerikanischen Politologen Gedanken gemacht. Die Studie ist ein geradezu aberwitziger Beleg für die Irrationalität, mit der die westliche Weltmacht zuweilen politische Realitäten außerhalb ihres eigenen Gesichtskreises beurteilt.

Der Blick in die Kristallkugel offenbarte den Auguren zwei Alternativentwicklungen. Die eine Möglichkeit, das »uneventful scenario«, läßt allerhand Deutungen zu. Zum Verlauf der friedlichen Entwicklung legen sich die Autoren nicht genau fest.

Aber das »eventful scenario« hat es in sich. Anfang der achtziger Jahre geht's los. Nachdem Algerien, Libyen und Nigeria den Vereinigten Staaten wegen deren Unterstützung Südafrikas bereits den Ölhahn zugedreht haben, kommt es zum Krieg zwischen Schwarz- und Weißafrika. Washington und London gelingt es zwar, den Sicherheitsrat durch ein

Dauerveto lahmzulegen. Aber derweil stoßen die schwarzen Armeen siegreich bis tief nach Südafrika vor. Wie der kleine Moritz sich den Rassenkrieg vorstellt.

Der entscheidende Durchbruch gelingt den Schwarzen, als junge Offiziere der nigerianischen Armee in Lagos die Macht an sich reißen und alle Reserven in die Schlacht werfen. Während die Nigerianer über Namibia in Richtung Kapstadt vorrücken, berennen die Tansanier von ihren Basen in Mosambik aus die Nordostflanke der südafrikanischen Verteidigung.

Der altböse Feind Moskau schürt, gleichsam flankierend, derweil das Feuer im Nahen Osten, um den Westen zu binden. Europäer und Amerikaner sind wieder mal uneinig.

Mit Verbissenheit und taktischer Klugheit gelingt es den schwarzen Streitkräften, die Buren von der Küste des Indischen Ozeans zu vertreiben und ins Landesinnere zu verjagen. Der Krieg endet 1988 mit einer Teilung des Landes in einen schwarzen und einen weißen Staat.

Ein lockeres und unverbindliches visionäres Planspiel realitätsgestörter Studiker, könnte man denken. Tatsächlich haben prominente Theoretiker an der Studie mitgearbeitet, darunter auch US-Außenminister Cyrus Vance. Und die Stiftungen haben sich das Projekt nicht weniger als 1,3 Millionen Dollar kosten lassen.

Da hätte sich das State Department lieber an die Zukunftsvision des britischen Generals Sir John Hacketts halten sollen, der in seinem dokumentarischen Fiction-Thriller »Der Dritte Weltkrieg« auch Südafrika und seinen Gegnern ihre Parts in einer fiktiven globalen Auseinandersetzung zwischen Ost und West zuweist. Hackett läßt eine multinationale Streitmacht aus Nigerianern, Kubanern, Jamaikanern, Angolanern und Swapo-Kämpfern gegen Südafrika aufmarschieren. Sie sollen die schwarzen »Onkel-Tom-Staaten« gegen die drei weißen Teilrepubliken mobilisieren.

Doch der von Angola, Namibia, Zimbabwe und Botswana vorgetragene Angriff der Roten rennt sich an dem 200000 Mann starken weißen »Volkssturm« fest. Die Weißen kämpfen »mit einer Wildheit«, der die Schwarzen nichts entgegenzusetzen haben. Derweil zerhämmert die südafrikanische Luftwaffe die Nachschublinien der Aggressoren. Resultat: Sieg auf der ganzen Linie für die Weißen.

Keine Chancen für Guerilleros

Und die innere Opposition? Über die Aussichten eines Volksaufstands gibt es keine wissenschaftlichen Studien. Aber die Erfahrung, die der schwarze Widerstand mit dem weißen Totalitarismus gemacht hat, sprechen für sich. Der weiße Geheimdienst hat die schwarzen und farbigen Wohnsiedlungen mit lückenlosen Spitzelsystemen überzogen. Im Hauptquartier von DONS (department of national security), der Nachfolgeorganisation von Hendrik van den Berghs BOSS, an der Johannesburger Skinner Street, wird Subversion meist schon im Keim entdeckt und in der Regel auch erstickt. Allein in Soweto hält sich DONS mehrere tausend schwarze Spitzel.

Zumindest die Geheimdienstler haben Lehren aus Soweto gezogen. Nicht zuletzt dank Lukas Barnard, des vermutlich jüngsten Geheimdienstchefs der Welt. Barnard, der es schon mit 29 Jahren zum Doyen für Politische Wissenschaften an der Universität von Bloemfontein brachte, hat den Dienst vom James-Bond-Muff befreit. Unter seiner Ägide operieren weltweit 5000 hauptberufliche Agenten, die nach ähnlichem Muster organisiert sind wie Pretorias Diplomatenkorps.

Barnard hat den südafrikanischen Geheimdienst zu einem der schlagkräftigsten der Welt ausgebaut. Seit der smarte junge Intellektuelle das Kommando bei DONS führt, üben Pretorias Agenten nicht mehr nur den Umgang mit Colt, Geheimtinte und toten Briefkästen. »Sie müssen Herbert Marcuse, Frantz Fanon und Stokely Carmichael lesen«, berichtete der geflüchtete Ex-BOSS-Mann Arthur McGiven im Londoner »Observer«. Für einen rechten Buren wahrhaft eine schlimme Bürde.

Hätten sie nur schon vorher mal in ihre Lektüre geschaut, als sie einen deutlichen Wahlsieg Zimbabwe-Premiers Abel Muzorewa voraussagten, der dann von dem Marxisten

Robert Mugabe haushoch ausgepunktet wurde. Doch das war vor Lukas Barnards Zeit.

Gewalt von innen – spontane Erhebungen wie in Soweto eingeschlossen – würde sich zwangsläufig an dem ausgeklügelten Anti-Terror-System brechen, das alle nur denkbaren Formen des Widerstands einkalkuliert. Soviel steht fest: Südafrika ist kein gutes Terrain für Guerilleros. Das hat Anfang des Jahrhunderts schon Lord Horatio Herbert Kitchener im Kampf gegen die rebellischen Burenrepubliken bewiesen.

Der Burenstaat hat Lord Kitcheners »Burenfalle« weiterentwickelt. Die schwarzen Gaue der Republik sind perfekt verzäunt, vor allem mit Gesetzen und Verordnungen. Dazwischen gibt es keinen Spielraum für gewaltsame Opposition. In Afrika hat – ob mit oder ohne Spielraum – noch nie eine Befreiungsbewegung ein autoritäres System ernsthaft gefährden können. Außer Algeriern und eventuell noch Zimbabwern hat sich kein einziges afrikanisches Volk selbst befreit. Die Unabhängigkeit haben den Afrikanern immer andere erkämpft: Ohne Charles de Gaulle, Antonio Spinola und die britischen Labour-Liberalen wäre Afrika noch heute kolonisiert.

Den von Mythos umsponnenen Befreiungskampf, von dem afrikanische Volkstribune gern fabulieren, hat es nie gegeben. Wo geschossen wurde, da ist fast immer nur das Blut der Schwarzen geflossen. Im berüchtigten kenianischen Mau-Mau-Aufstand etwa starben nach amtlichen britischen Angaben 35 000 Menschen. Davon war nur jeder Tausendste ein Weißer – die gefallenen Inder großzügig eingeschlossen. In den portugiesischen Überseegebieten war der Proporz etwas ungünstiger für die Europäer. Aber auch auf der portugiesischen Guerilla-Szene haben schwarze Partisanen mindestens zehnmal soviele schwarze »Verräter« und »Kollaborateure« umgebracht wie feindliche Siedler und Soldaten. Nicht viel anders in Zimbabwe/Rhodesien.

Für europäische Liberale bleiben schwarze Patrioten auch dann noch Patrioten, wenn sie schwarze Familien lebendig in ihren Hütten verbrennen, in Stücke hacken und braten oder sie mit Benzin füllen und in die Luft sprengen. Es ist zu bezweifeln, daß Staatsminister Claus von Dohnanyi wußte, wovon er sprach, als er die Mordbrenner in Rhodesien zu »Freiheitskämpfern« hochstilisierte, »für die die gleichen Maßstäbe gelten müssen wie für Stauffenberg«.

Menschenrecht und Parteipolitik

Die Rechte nimmt dem Schwachsinn gleich wieder die Abschreckungskraft, indem sie ihn vor den Hintergrund ihrer kleinbürgerlichen Schreckbilder zerrt. Dem CSU-Bundestagsabgeordneten Hans Graf Huyn fiel zu Dohnanyis Mesallegorie nichts Passenderes ein als der Hinweis auf die verderbliche Weltanschauung der schwarzen Folterknechte. Das mörderische Treiben an sich fand er schon unkultiviert. Schlimmer aber schien ihm die Tatsache, daß die Schlächter »im Solde Moskaus« stehen. Ein Killer muß schon Kommunist sein, damit ihn ein Konservativer so recht verabscheuen kann.

»Menschenrecht« ist in der Bundesrepublik in erster Linie eine parteipolitische Vokabel. Die Glaubwürdigkeit der bundesdeutschen Totalitarismusgegner würde beträchtlich gewinnen, wenn mal ein Rechter den Finger auf Pinochets und ein Linker den Finger auf Nyereres Wunden legen würde. Die Erfahrungen mit den militanten Unabhängigkeitsbewegungen in Zimbabwe wie auch in den ehemaligen portugiesischen Kolonien nähren gesunden Zweifel an den gemeinnützigen Absichten der Freiheitskämpfer.

Festo Kivengere, der von Idi Amin vertriebene Bischof von Westuganda, hat die Distanz aufgebracht, die westlichen Szenenbeobachtern meist abgeht. Er sagte im Oktober 1977 anläßlich der Verleihung des »Libertas«-Friedenspreises in Oslo: »In den letzten drei Jahrzehnten hat Afrika Zehntausende seiner Bürger durch die Mörderhände von Afrikanern verloren – alles im Namen der Befreiung.«

Die Freiheit, für die die Guerilleros im südlichen Afrika gekämpft haben, das ist und war in erster Linie die Freiheit, anderen ihre Macht aufzuzwingen. Bei allen Meinungsverschiedenheiten waren sie sich immer in einem wesentlichen

Punkt einig: Demokratie stand stets ganz unten auf ihrem Wunschzettel.

Die südafrikanische Verteidigungskonzeption basiert trotz der einstweilen nicht nennenswerten Bedrohung auf dem Prinzip des größten denkbaren Risikos. Im Ernstfall hätten Pretorias Streitkräfte 3800 Kilometer Grenzen und 2082 Kilometer Küstenlinie zu verteidigen. Aber die Abwehrtaktik zeigt deutlich, wo die künftige Front vermutet wird. Die Grenzen von Swasiland, Lesotho und Botswana sind fast ungeschützt, desgleichen – vorerst noch – die Grenzen nach Zimbabwe und Namibia. Die 508 Kilometer lange Demarkationslinie zwischen Südafrika und Mosambik dagegen wird bewacht wie der Eiserne Vorhang. Trotzdem: den weißen Farmern in den Grenzgebieten ist das System noch immer nicht sicher genug. Seit Mitte der siebziger Jahre wurden 10000 von 80000 Farmen liquidiert.

Längs der Nordgrenze des Krüger Nationalparks und der Nordostgrenze Transvaals patrouilliert Tag und Nacht eine Flotte von zweimotorigen Cessna-Flugzeugen, um einsikkernde Partisanen abzufangen. Die für die Südafrikaner beruhigende Tatsache, daß der bankrotte Kolchosenstaat Samora Machels auf Jahre hinaus wirtschaftlich von Pretoria abhängig sein wird, tangiert ihr Mißtrauen nicht. Denn zumindest als Terroristen-Mäzen hat sich Samora Machel seine Unabhängigkeit bewahrt. Die Saboteure, die im Mai 1980 bei Johannesburg mehrere Treibstoffcontainer in die Luft jagten und Millionenschäden anrichteten, kamen aus Mosambik.

Mit dem Ende der portugiesischen Kolonialära und der Unabhängigkeit Zimbabwes hat Südafrika seinen *Cordon sanitaire* verloren. Das Ende der rhodesischen Siedlerrepublik verlagert die präsumtive Nordfront vom Sambesi (Rhodesiens Grenzfluß) an den Limpopo. Die Nordgrenze ist relativ leicht zu überschauen und zu kontrollieren. Schwieriger wird's möglicherweise an der kaum zu kontrollierenden Botswana-Grenze.

Die 1610 Kilometer lange Grenzlinie zwischen Botswana einerseits sowie der Kapprovinz und Transvaal andererseits ist auf SADF-Generalstabskarten als gefährdet markiert.

Botswana ist dem mächtigen Nachbarn zwar verpflichtet, kann sich aber seiner Freunde aus den »Frontstaaten« nicht oder nur schwer erwehren, wie sich 1976 und 1977 erwiesen hat, als Joshua Nkomos ZAPU-Kämpfer gegen das ausdrückliche Verbot der Regierung in Gaberone im nördlichen Botswana Nachschubbasen für Aktionen gegen Rhodesien errichteten. Die Grenze nach Botswana wäre im Ernstfall nur unter beträchtlichem Aufwand abzuriegeln.
Botswana ist schon deshalb für Südafrika das gefährlichste potentielle Guerilla-Aufmarschgebiet, weil seine Grenze nur zwei Autostunden vom Industriedreieck Pretoria–Johannesburg–Rustenburg entfernt ist, wo gut die Hälfte des südafrikanischen Nationalprodukts erwirtschaftet wird. Mit der Unabhängigkeit Bophutatswanas ist die Gefahrengrenze noch näher an das Kernland der weißen Macht im Witwatersrand gerückt.

Immer Ärger mit den Domestiken

Bophutatswana gehört zu den halbautonomen *Bantustans*, die aufgrund ihrer wirtschaftlichen Potenz und ihrer geographischen Lage trotz der Abhängigkeit von Südafrika außer Kontrolle geraten könnten. Nicht solange die von Pretoria eingesetzten Satrapen regieren natürlich. Doch deren politische Kontinuität ist langfristig nicht gesichert. Die Vermutung ist nicht abwegig, daß mit der Massenumsiedlung der Schwarzen in die Bantustans die Schwerpunkte des Widerstands von der Stadt aufs Land verlagert werden.
Nicht mal auf die Loyalität ihrer traditionellen Domestiken können sich die Südafrikaner verlassen, wie die »diplomatische Krise« zwischen Pretoria und Umtata im April 1978 gezeigt hat. Wenn Vorster seine Gebietsforderungen nicht erfülle, so drohte damals Transkei-Kaiser Matanzima, werde er sich überlegen, »einer ausländischen Macht« Stützpunktrechte im Transkei-Hafen Port Shepstone abzutreten. Natürlich hat ihn niemand ernstgenommen. Aber in Pretoria rief Matanzimas Drohung in Erinnerung, daß Südafrika mit der Herrschaft über Pondoland und die Transkei auch die

Kontrolle über 300 Kilometer Küstenlinie aufgegeben hat. Und mit der Gründung Kwazulus tun sich neue Lücken im Verteidigungssystem auf – lauter Eventualitäten, an die vorher keiner gedacht hat.

Die Lage im Norden Namibias hat sich für die Südafrikaner dank innerangolanischer Händel zunehmend günstig entwikkelt. Die Rebellion des westlich orientierten UNITA-Chefs Jonas Savimbi gegen das marxistische Regime in Luanda hat eine Art Pufferzone zwischen Nordnamibia und das angolanische Hinterland gelegt, die die Aktionsfähigkeit der SWAPO-Freischärler fühlbar gebremst hat.

Die südafrikanischen Streitkräfte sind nach Schweizer Vorbild organisiert: klein, aber mobil und extrem gut ausgerüstet. Den Kern bilden rund 20000 Berufsoffiziere und -unteroffiziere. Dazu kommt die »Permanent Force« aus 50000 bis 60000 Wehrpflichtigen, die zwei Jahre Dienst tun. Die Altgedienten formieren sich zur »Bürgerwehr«, einer gut eine Viertelmillion starken Miliztruppe, die innerhalb von drei Tagen voll einsatzfähig sein kann. Als Eingreifreserve fungiert die knapp 40000 Mann starke Polizeitruppe, die seit ein paar Jahren paramilitärisch gedrillt wird. Insgesamt kann das Defence Headquarter in der Potgieter Straat in Pretoria rund 400000 Mann mobilisieren – zweimal soviel wie die sieben unmittelbaren schwarzen Anrainerstaaten. Noch imposanter wird die Rechnung vor dem Hintergrund der Tatsache, daß jeder potentielle Frontsoldat nur einen Mann in der Etappe benötigt. Das analoge Verhältnis bei den Amerikanern in Vietnam betrug immerhin 1:7.

Nur schwer zu kalkulieren ist das latente Potential der privaten Waffenbesitzer. In der Republik waren 1979 fast 1,5 Millionen Handfeuerwaffen registriert. Wenn man die Dunkelziffer der nicht registrierten Waffen hinzuzählt, haben statistisch drei von vier weißen Südafrikanern ein Gewehr oder eine Pistole im Schrank. Ein Karabiner ist in Südafrika leichter zu haben als ein Röhrchen Schlaftabletten. Für Weiße, versteht sich. Ein zuverlässiger Gradmesser für die allgemeine Volksbewaffnung ist auch die ungewöhnlich hohe Zahl der tödlichen Jagdunfälle.

Aller Staatsdoktrin zum Trotz tun in den südafrikanischen

Streitkräften, die in erster Linie die Hegemonie des weißen Mannes zu verteidigen haben, auch Schwarze Dienst. Und zwar seit Mitte der sechziger Jahre, wie das Verteidigungsministerium in Pretoria Ende 1975 der streckenweise entsetzten Nation enthüllte.

Die Armee ist ein Reservat, in dem die schwarzen und braunen Parias es zu erstaunlichen Rechten gebracht haben. Sie setzt sich auch souverän über das Bantustan-Dogma hinweg, das Nichtweißen keine Bürgerrechte in der Republik zugesteht und naturgemäß auch als Vaterlandsverteidiger ausschließt. Neuerdings können Schwarze in der Armee theoretisch sogar Vorgesetzte von Weißen werden. Theorie? Nein, in der Marine dienen bereits seit Jahren weiße Seeleute unter farbigen Offizieren.

Die rhodesischen Streitkräfte haben nachgewiesen, daß es schwarze Soldaten unter professioneller – hier: weißer – Führung zu einiger Effizienz bringen können – vorausgesetzt, daß sie gut bezahlt und nicht als Menschen zweiter Klasse behandelt werden. Deshalb wollen die Südafrikaner ihre Bantu-Hilfstruppen beträchtlich aufstocken, wenngleich vorwiegend in rein schwarzen, nach Stämmen getrennten Einheiten unter der Führung weißer Offiziere.

Alle patriotischen Salbadereien freilich täuschen nicht darüber hinweg, daß die Schwarzen in der südafrikanischen Armee formaljuristisch gesehen, den Status von Söldnern haben. Denn nach dem gültigen Bantustan-Konzept sind sie ja Ausländer. Wie es aussieht, strebt die Armeeführung für Mitte der achtziger Jahre eine Art schwarze Fremdenlegion an.

»Auch der Bantu ist eine Person«

Seit General Magnus Malan, Südafrikas prominentester *Verligter* in Uniform, an der Spitze der Streitkräfte steht, wird mit noch mehr Dampf reformiert. Das neue Personalkonzept der Armee macht einen neuen Umgangston erforderlich. Zu welchen Rücksichten sich Südafrikas Weiße gegenüber ihren schwarzen Mitbürgern hinreißen lassen, wenn sie sie brauchen, zeigt ein Rundschreiben, das die Armeeführung an die weißen Unterführer der überwiegend schwarzen Grenzschutzeinheiten in Nordnamibia verschickte. Dort hieß es unter anderem: »Man muß den Bantu als einen wichtigen Faktor in der Verteidigung Südafrikas erkennen. Sonst leben wir in einem Elfenbeinturm... Vermeiden Sie es deshalb, einen Bantu ›Affe‹ oder ›Pavian‹ zu nennen oder zu sagen, er habe einen Mund wie ein Krokodil, denn eines dieser Tiere ist womöglich ein Totem. Und das könnte ihn schwer beleidigen...

Auch der Bantu ist eine Person. Wenn Sie ihn kennen, sprechen Sie ihn mit beiden Namen an und fügen Sie Mister hinzu. Wenn es sich um eine ältere Person handelt, grüßen Sie ihn mit Vater oder Mutter... Wenn Sie wissen, er gehört zum Hurutshe-Stamm, der den Pavian als Totem hat, grüßen Sie ihn als Hurutshe, Kind des Pavians... Wenn Ihnen eine Hand zum Gruß entgegengestreckt wird, ergreifen Sie sie. Ihre Hand wird davon nicht die Farbe ändern.«

Coloureds und Inder dienen schon seit Jahrzehnten in der weißen Wehr. In der Marine ist bereits jeder dritte ein Inder oder Coloured. Auf südafrikanischen Schiffen gibt es schon seit Jahren keine Apartheid mehr. Allerdings ist bei den Braunen der Loyalitätsüberhang größer als bei den Schwarzen.

Eine Umfrage der Johannesburger Negerillustrierten »Drum« (Herausgeber: der weiße Industrielle und Schafzüchter Jim Bailey) zur Bereitschaft der schwarzen Kulaken, für ihre weißen Prinzipalen den Kopf hinzuhalten, kam zu niederschmetternden Ergebnissen. Vor allem in der jungen Generation zeigt sich nicht viel Neigung, dem burischen Vaterland zu dienen. Sie sind anderer Ansicht als Richard Maponya, der ehemalige schwarze Präsident der Afrikanischen Handelskammer, der »lieber einem Teufel, den wir kennen, als einem Teufel, den wir nicht kennen«, dienen wollte.

Weil die innere Gefahr kalkulierbar ist, konzentriert sich die Abwehrbereitschaft des weißen Ständestaates auf den potentiellen äußeren Feind. Die Rüstungsausgaben sind unter dem Eindruck der Ereignisse in Zimbabwe, Angola und Mosambik rapide in die Höhe geschnellt – 1980 auf rund drei Milliarden Dollar. Der Verteidigungshaushalt hat sich in drei Jahren fast verdoppelt. Trotz rückläufiger weißer Bevölkerungsziffer erreichte die Zahl der eingezogenen weißen Wehrpflichtigen mit 15000 Rekruten ihren absoluten Höchststand. Die – ab 45 Jahren eingeschränkte – Wehrpflicht erfaßt alle Weißen von 18 bis 65 Jahren. Solange müssen nicht einmal die Israelis dienen.

Der Anteil der Rüstungskosten am Bruttosozialprodukt hat sich an der Fünf-Prozent-Marge eingepegelt, bei weiterhin steigender Tendenz. Das sind Dimensionen, die man aus dem Rüstungswettlauf zwischen dem Warschauer Pakt und den NATO-Staaten kennt.

Die Indexwerte steigen, wenn man internationale Produktionskostenmaßstäbe anlegt, denn die Herstellerpreise moderner Waffensysteme, die Südafrika in Lizenz produziert – zum Beispiel für die gepanzerten Transport- und Kampffahrzeuge, die in den Kap-Filialen von »General Motors« produziert werden –, liegen wegen der extrem niedrigen Arbeitslöhne deutlich unter dem Weltmarktniveau.

Hauptpatentlieferant ist Frankreich. Die Franzosen haben sich rigoroser als die übrigen Westmächte über das Waffenembargo der Vereinten Nationen von 1963 hinweggesetzt. Französischem Kaufmannsgeist, der auch in Schwarzafrika erfolgreich seine Märkte verteidigt, ist es zu danken, daß Pretoria heute weitgehend auf den Import leichter und mittlerer Waffen verzichten kann. Unter der Anleitung von französischen Ingenieuren werden in Südafrika sogar Mirage-Jäger und Hubschrauber der Typen »Alouette«, »Puma« und »Super Frelon« hergestellt.

Die knappe Hundertschaft französischer Mirage-Jäger bildet das Rückgrat der südafrikanischen Luftwaffe, die über annähernd 750 Flugzeuge verfügt. Das buntscheckige Spektrum des südafrikanischen Waffensystems reflektiert die Vielfalt der heimlichen Verbündeten. Dazu gehören unter anderem deutsch-französische Transalls, britische Canberra-Bomber und israelische Boden-Boden-Raketen vom Typ »Gavriel«.

Die Landstreitkräfte sind mit 250 britischen Panzern der

Typen »Centurion« und »Comet« ausgerüstet. Die 4500 Mann starke Marine hat vierzig Schiffe, darunter zwei Zerstörer, sechs Fregatten, zehn Minensuchboote und drei Unterseeboote aus britischer und amerikanischer Produktion.

Ein internationaler Waffenboykott könnte Südafrikas Abwehrkraft gegen die derzeit denkbaren Gegner nicht wesentlich schwächen. Vom Überschallbomber zur Infanteriepatrone wird alles in Südafrika hergestellt. Lücken klaffen nur in der Produktion von Hubschraubern, Langstreckenbombern und strategischen Kriegsschiffen. Da fehlt es am einheimischen Know-how. Doch einstweilen sind ja noch die westlichen Experten da. Und Hochseekriegsschiffe sind bei dem zu erwartenden Konflikt ohnehin entbehrlich.

Bei der »Armscor«, dem größten südafrikanischen Rüstungsproduzenten, arbeiten Fachleute aus beinahe allen westlichen Industrienationen, die meisten – in der Reihenfolge ihrer numerischen Stärke – aus Frankreich, Großbritannien, den Vereinigten Staaten, Israel und der Bundesrepublik. Die Franzosen, die in allen Südafrika-Abstimmungen der Vereinten Nationen stets beflissen mit den Delegierten der Dritten Welt stimmten, sorgen dafür, daß der waffentechnische Standard der südafrikanischen Streitmacht nicht abflacht.

Tansanias Staatschef Julius Nyerere hat es offen angeprangert: »Frankreich ist der größte Freund des Rassismus in Afrika.« Und: »Französische Waffen werden benutzt, um Afrikaner zu massakrieren.« Was Nyerere sagt, das haftet und wird weithin gehört. Unbeschadet seiner durchaus nicht fleckenlosen moralischen Autorität gilt er über den Rahmen des linken Lagers hinaus auch in Europa als Sprecher der guten Neger. Ein Tadel aus seinem Mund ist wie ein Kainsmal.

Dabei wußte Nyerere damals noch längst nicht alles über das waffentechnische Engagement der Franzosen am Kap. Inzwischen hat sich herumgesprochen, daß französische Wissenschaftler federführend an der Herstellung einer südafrikanischen Atombombe beteiligt sind. Und nicht erst seit gestern.

Im Atomforschungszentrum Valindaba (Zulu für »Schluß mit dem Palaver«) westlich von Pretoria arbeitet ein stattliches Expertenteam von Experten aus dem französischen Kernforschungsinstitut Pierrelatte seit Jahren an einem Geheimauftrag. Und in Koeberg bei Kapstadt baut die Reaktorfirma »Framatome«, eine Tochter der Creuzot-Loire, zwei schlüsselfertige Kernkraftanlagen der »Druckwasserreihe« mit einer Nettoleistung von 922 Megawatt. Veranschlagter Preis: 2,7 Milliarden Mark. Voraussichtliche Fertigstellung: 1982. Amerikanische Fachleute haben nachgerechnet: Die Koeberg-Anlage wird dann in der Lage sein, genügend Plutonium für jährlich hundert A-Bomben des Hiroshima-Typs zu produzieren.
Die Südafrikaner wissen, was sie Frankreich schulden. Nach dem Abschluß des Atomvertrags jubelte die Johannesburger »Sunday Times« in einer Überschrift: »Südafrika wird Atommacht. Vive la France.« Die Schwarzafrikaner wissen es auch. Oliver Kamanda, stellvertretender OAU-Generalsekretär, kommentierte den Vorgang mit den Worten: »Das herrschende Frankreich hat Afrika in eine Falle gelockt.«

Hat Pretoria die Bombe?

Daß Südafrika neben einem Dutzend anderer nichtatomarer Mächte über das Know-how zum Bau der Bombe verfügt, steht außer Frage. Daß Pretoria atomare Ambitionen hat, ist nicht erwiesen, aber wahrscheinlich. Abraham Roux, der Vorsitzende der nationalen Atomenergiebehörde wies alle einschlägigen Verdächtigungen als Phantasmagorien zurück. Südafrika, sagte Roux, habe von den Vereinigten Staaten »nicht nur eine Menge Technik, sondern auch die dazu passende Philosophie übernommen«.
Doch die gilt nicht für alle. Der inzwischen geschaßte Innenminister Connie Mulder etwa teilte 1978 in einem Interview mit: »In einem Krieg, der unsere Existenz gefährdet, werden wir keinerlei Regeln anerkennen.« Südafrika werde sich mit allen zur Verfügung stehenden Mitteln verteidigen. Wohl deshalb hat sich Südafrika – neben anderen Schwellenmäch-

ten – stets geweigert, dem Atomwaffensperrvertrag beizutreten. Wer gehofft hatte, es sei alles nur antisüdafrikanische Propaganda oder ein großes Mißverständnis, der wurde im Oktober 1977 eines Schlimmeren belehrt. Wer hat denn gesagt, bellte Vorster in Richtung Washington, daß wir auf die Atombombe verzichtet haben?

Im südlichen Afrika ist mittelfristig kein militärischer Konflikt in Sicht, der den Einsatz von Kernwaffen herausfordern könnte. Aber die »Washington Post« will erfahren haben, daß Pretoria noch zwei, drei Jahre benötigt, um sich eine taktische A-Bombe zu verschaffen. »Wenn sie sich beeilen«, so die »Post«-Quelle, »schaffen sie es auch in ein paar Monaten.« Das war im Frühjahr 1977.

John Vorsters Besuch in Israel hat die Ahnungen beflügelt, daß der Judenstaat mit den Südafrikanern unter einer nuklearen Decke steckt, obwohl Jerusalems Botschafter in Pretoria, Yitzhak Unna, noch im April 1977 beteuerte: »Dieser Atomblödsinn ist einfach nicht totzukriegen.«

Exzellenz hatten offenbar geschwindelt. Im September 1979 registrierte ein amerikanischer Forschungssatellit vor der südafrikanischen Küste einen ungewöhnlich starken Lichtblitz – ohne Zweifel eine Atombombenexplosion. Erst wollte es keiner gewesen sein. Doch dann kam heraus: »Die Bombe war koscher« (so das britische Satiremagazin »Punch«). Und die Lage des Testgeländes ließ die Vermutung zu, daß die Buren beim Test mitexperimentiert hatten.

Auch Westdeutsche sind mit von der Partie. Der Karlsruher Atomforscher Erwin Becker hat nie ein Hehl daraus gemacht, daß die Kollegen aus Valindaba jederzeit freien Zugang zu seinen Forschungsanlagen hatten. Umgekehrt war's, wie Becker sagt, ganz anders. Er war angeblich nur einmal zu Besuch in Valindaba. Und selbst da »haben sie mich nicht reingelassen«. Was er gesehen habe, das sei »längst von Zeitungsbildern her bekannt gewesen«. Immerhin steht fest: Das von den Kernspaltern am Kap entwickelte Billigverfahren zur Anreicherung von spaltbarem Material ähnelt nach Ansicht von Fachleuten auf verblüffende Weise der westdeutschen Injektions-Methode.

Schon die Materie beflügelt die Phantasie. Die zwei Linksautoren Zdenek Cervenka und Barbara Rogers haben in einem umfangreichen Dokumentationswerk versucht, Bonn ein internationales Atomkomplott anzuhängen und die westdeutsche Nachfolgerepublik als klammheimliche Nuklearmacht anzuschwärzen. Außer Mutmaßungen und mystifizierten Trivialitäten, selektiv geordneten Teilwahrheiten, kam jedoch nichts dabei heraus. Wahr ist, daß die Bundesregierung keinerlei Handhabe hat, die nukleartechnische Zusammenarbeit von deutschen und südafrikanischen Wissenschaftlern zu unterbinden, solange deren militärische Natur nicht bewiesen ist.

Daß die Südafrikaner an der Bombe arbeiten, gilt in Fachkreisen als erwiesen. Fraglich ist nur, was sie damit wollen. Aus Afrika droht keinerlei Gefahr, die mit Atombomben zu meistern wäre. Und der nächste ernstzunehmende außerafrikanische Feind steht weit außerhalb der Reichweite südafrikanischer Flugzeuge. Kenner der Burenpsyche erklären sich deshalb die irrationale Lust am Overkill durch den apokalyptischen Romantizismus, der schon die Trecksoldaten Piet Retlefs auf ihren historischen Zügen ins Ungewisse beflügelte.

Die Gewalt über eine Untergangsmaschine im Megatonnenformat könnte das nach wie vor latent vorhandene Bloodriver-Syndrom aufbrechen lassen, wenn Burentrotz herausgefordert wird. Wo immer gewaltsamer Widerstand gegen die weißen Herrenmenschen aufloderte, haben ihn die Buren mit der vollen Wucht ihrer physischen Überlegenheit niedergewalzt. MG-Salven gegen demonstrierende Schulkinder. Warum nicht auch ein strafender Atomschlag gegen ausländische Partisanenbasen?

Alle strategischen Planspiele gehen einstweilen davon aus, daß sich die Sowjetunion und ihre Verbündeten nicht aktiv in die Auseinandersetzung einmischen. Wenn Moskau allerdings die Karten neu mischt im großen Spiel um die Macht im Schwarzen Kontinent, ändern sich auch die Spielregeln. Dann könnte der Konflikt schnell in eine Entscheidungsschlacht münden.

Aber die Zeichen stehen nicht auf Sturm, wie die Berufsapokalyptiker vermuten. Angola war kein Präzedenzfall. Der

Kreml ist dort lediglich – unter Ausnutzung der amerikanischen Krisenverdrossenheit – in ein machtpolitisches Vakuum vorgestoßen. Ähnliches gilt für Äthiopien. Den großen Showdown haben die Sowjets in Afrika noch nie riskiert. Sie siedeln stets in den Grauzonen der politischen Szene – bei Killerpotentaten, die sich ihre Freunde nicht aussuchen können, oder bei linken Despoten vom Schlage Mengistu Haile Mariams, denen das Wasser bis zum Hals steht.
Moskaus Mission im schwarzen Afrika geht auf die Anfänge der russischen Revolution zurück. Schon Altbolschewik Nikolai Bucharin hatte angeregt, »Hottentotten, Buschmänner, Neger, Inder und andere« gegen ihre Kolonialherren aufzuwiegeln, »weil das Wasser auf unsere Mühlen ist«.
Das gilt ohne Abstriche noch heute. Unter den Akteuren, die sich auf der – vor allem auch südafrikanischen – Befreierszene tummeln, sind eine Menge Wasserträger des roten Expansionismus.

Moskaus Griff nach Afrika

Die Sowjets haben seit Beginn der siebziger Jahre in Afrika eine Menge Boden dazugewonnen: Angola, Mosambik, Äthiopien. Aber sie haben auch Terrain verloren: Ägypten, Somalia, Sudan. Per Saldo bleibt im Zweifelsfall immer noch ein leichtes Plus für den Westen, besonders, wenn man die Staaten der französischen Einflußsphäre gegen die östlichen Satelliten und Sympathisanten aufrechnet. Immerhin, Moskau ist am Zug.
Die Gründe für die geringen Chancen des sowjetischen Werbens um die Gunst aufgeklärter Afrikaner hat der Nestor der Afrika-Abteilung im amerikanischen State Department, William Attwood, aufgelistet: »Die Kommunisten verstehen einfach nicht, mit Afrikanern umzugehen. Sie begreifen ihre Mentalität nicht, sie ärgern sich über sie... Der Afrikaner sieht Fremde gern freundlich und gelöst. Die Russen treten mürrisch und gleichgültig auf.«
Schlimmer noch: »Die Russen sind Rassenfanatiker. Sie sind

unkultiviert, weil sie nur russisch sprechen. Sie sind unfähig, weil ihre Maschinen schlechter funktionieren als die der ehemaligen Kolonialherren. Sie gehören in die Kategorie der Kolonialherren zweiter Klasse.« So mies denken Afrikaner nicht mal über Briten und Franzosen, von denen sie jahrzehntelang kujoniert wurden.

Die Russen haben diesen Makel offenbar erkannt. Die neue rote Elite des schwarzen Kontinents wird nicht mehr in Moskau ausgebildet, sondern in Kuba. Auf der »Insel der Pinien« bei Havannah trimmen Castros Indoktrinateure über 10000 schwarze Schüler aus den afrikanischen Satellitenstaaten des Kreml in zehn- bis zwölfjährigen Lehrgängen für ihre künftigen Kaderaufgaben.

Ob Afrikaner für den Sozialismus taugen oder nicht, ist umstritten. Regimes, die als sozialistisch firmieren, sind durch die Bank finsterste Feudaldespotien. Ihren Marx und ihren Lenin tragen die afrikanischen Sozialisten alle nicht unter dem Arm. Samora Machel nicht, der Renaissance-Marxist aus Mosambik, der seine Garderobe im Johannesburger »Carlton Center« kauft, während sein Volk in Lumpen geht. Achmed Sekou Touré nicht, der sprunghafte Altvater der afrikanischen Linken, der das Volk der Guineer einer blutigen und korrupten Familiendiktatur unterworfen hat. Äthiopiens linker Soldatensouverän Mengistu Haile Mariam nicht, der die Progressiven mit noch konsequenterer Grausamkeit verfolgt als die entmachteten Kaiserlichen. Und auch Julius Nyerere nicht, der »kleine Liebling der ganzen Welt« (so die Pariser Zeitung »Le Monde«), der südwestafrikanische Freiheitskämpfer wegen ihrer »Konspiration« mit Südafrika zu Hunderten einkerkert, während er selbst frohgemut Handel mit den Buren treibt.

Sozialismus ist in Afrika ein fashionables Reizwort. Selbst Idi Amin, der makabre Clown von Uganda, gefiel sich zuweilen in der Rolle des Sozialisten. Und auch der Prügel- und Kannibalenkaiser Bokassa steckte sich gern die rote Nelke ans paspelierte Seidenrevers, wenn linker Besuch kam.

Sozialismus ist aber auch Trotz, eine unbewußte Abwehrreaktion gegen die ungebrochene Dominanz des weißen Mannes. Im Bewußtsein vieler schwarzer Südafrikaner ist Sozialismus zu einem Synonym für Freiheit arriviert. Logik: Wenn die Buren dagegen sind, muß es gut für die Schwarzen sein. Wie käme sonst John Vorster dazu, den Sozialismus als »gottlose kommunistische Versklavung« zu verteufeln?

Das Werben der Sowjets und ihrer Satrapen um die Gunst der Afrikaner gibt – solange es nicht von militärischen Aktionen flankiert wird – keinen Grund zur Beunruhigung für den Westen. Die roten Indoktrinierungsversuche zielen am herkömmlichen Klassenbewußtsein der Afrikaner vorbei. »Sie quasseln vom Aufstand der Arbeiter«, spottete der nigerianische Starpublizist Peter Enahoro, »in einem Land, in dem fast nur Bauern leben.« Und der senegalesische Dichterpräsident Leopold Senghor rügt: »Die geistigen Werte, die so schwer im Herzen der Afrikaner wiegen, hat Marx nicht betont.« Was auch immer er mit den geistigen Werten meinen mag...

Ghanas mondäner »Erlöser« Kwame Nkrumah und Tansanias zorniger Modellasket Julius Nyerere verstanden und verstehen den Sozialismus als Fortführung traditioneller afrikanischer Lebensweise mit anderen Mitteln. Doch das verklärte Traumbild vom demokratischen Urkommunalismus ist die Folge selektiver Geschichtsklitterei. Die Palaverdemokratien der präkolonialen westafrikanischen Geschichte wie Ghana, Mali, Kanem-Bornu sind für Afrika noch weit untypischer als die Freien Hansestädte für das mittelalterliche Deutschland.

Das Ressentiment gegen die Sowjets sitzt bei jenen Afrikanern am tiefsten, die den engsten Kontakt mit ihnen gehabt haben. Den ehemaligen Studenten der Moskauer Lumumba-Universität zum Beispiel. Der amerikanische Autor Victor Lasky hat in dem von seinen Landsleuten begeistert aufgenommenen Bestseller »Der häßliche Russe« die Grundzüge des farbigen Antisowjetismus anhand von Fallstudien nachgezeichnet. Seine Enthüllungen sind gut ein Jahrzehnt alt, aber immer noch brandaktuell. Ein ghanaischer Student offenbarte Lasky: »Die Amerikaner geben sehr viel Geld dafür aus, die Afrikaner nicht in die Hände der Kommunisten fallen zu lassen. Dabei würde es schon genügen, wenn

sie unseren Jungs einfach ein Stipendium für ein Studium in Moskau geben würden. Die Erfahrungen, die meine Freunde mit der sowjetischen Lebensweise gemacht haben, haben sie gründlicher kuriert als beste amerikanische Propaganda.«
Ein anderer Afrikaner sagte es noch deutlicher: »Man hat uns schwarze Affen und Buschvolk genannt und wie Dreck behandelt. Wer auch immer von uns ein Linker war – er ist geheilt.« Wenn sie schon nicht die Seelen der Afrikaner gewinnen können, dann vielleicht ihre Reichtümer. Aber Kupfer, Bauxit, Gold und Diamanten, Erdöl und Kohle haben die Sowjets auch daheim reichlich im eigenen sibirischen Kolonialreich.
Und nicht zu vergessen: Alle afrikanischen Staaten, die von Zeitungsgraphikern leichthändig als sowjetische Satelliten markiert werden – darunter Mosambik und bedingt Angola –, sind wirtschaftlich nach wie vor fest am Westen vertäut. Um ihre afrikanischen Satelliten wirtschaftlich zu kontrollieren, müßte der Kreml sie schon regelrecht annektieren. Und soweit ist er nicht einmal in seinem osteuropäischen Kolonialreich gegangen.
Weit weniger Zurückhaltung freilich zeigen die Kubaner in ihren afrikanischen Protektoraten. In Angola wüteten Castros Demontagekolonnen wie einst die Russen im besetzten Osteuropa. Sie zerlegten ganze Industriebetriebe und schafften sie nach Kuba.

Keine Angst vor der gelben Gefahr

Wenn schon die Roten nicht so gefährlich sind, wie steht's dann mit der gelben Gefahr?
Nicht sonderlich imponierend, wie die jüngere Vergangenheit gezeigt hat. Die chronisch untermotorisierte chinesische Einflußpolitik in Afrika hat – auch vor Angola – noch weit weniger Geländegewinn als die russische machen können. Ihre entwicklungspolitischen Paradeprojekte haben unzweifelhaft großen Eindruck – wenn auch meist wenig wirtschaftlich relevante Resultate – hinterlassen. Die Afrikaner bewundern ihre Energie und ihre Dynamik. Aber sie lieben sie

nicht, wenn auch Schwarze und Gelbe längst nicht so viel trennt wie Schwarze und Sowjets.
Als Ende der sechziger Jahre die ersten chinesischen Vermessungstrupps in Tansania und Sambia anrückten, um die Trasse der von Peking finanzierten »Uhuru«-Bahn (Uhuru = Freiheit) von Daressalam nach Kapiri Mposhi abzustekken, hatte Expremier John Vorster in Kapstadt die düstere Vision von »Millionen Chinesen«, die nach Afrika einfielen, um die Schwarzen zu majorisieren.
Der Apartheid-Boß machte sich gar Sorgen um die Reinheit der schwarzen Rasse. Die Gelben, so wollte er erfahren haben, planten, Hunderttausende von chinesischen Mädchen nach Afrika zu importieren, um das schwarze Erbgut zu vermanschen.
Doch die gelbe Gefahr zog vorüber. Die Rotchinesen bauten ihre Eisenbahn und traten sang- und klanglos den Rückzug an. Statt der befürchteten gelben Massen blieben nur ein paar hundert Techniker, Ärzte und Militärberater – und natürlich ein Riesenberg Schulden von mehr als einer Milliarde Dollar, an dem vermutlich noch die nächsten zwei Generationen von Tansaniern und Sambiern tragen werden. Die viel beklatschte »Freiheitsbahn« ist, wie Weltbank-Experten bereits vor Baubeginn exakt vorausgesagt hatten, zum Provinzbähnle degeneriert.
Wie konkret die kommunistische Bedrohung in Afrika auch immer sein mag – sicher ist, daß Südafrikas Blut-und-Boden-Strategen dazu neigen, sie, mehr als sie es verdient, zu kultivieren, einfach um ihre eigene Unentbehrlichkeit für das westliche Verteidigungssystem zu unterstreichen. Die Eilfertigkeit westlicher Lieber-tot-als-rot-Strategen haben sich schon andere dubiose Potentaten zunutze gemacht. Auch Caetano, Salazar, die griechischen Obristen, Pinochet und Din Diem konnten sich dem Westen – bei nur schwachem Widerspruch – als Torwächter der freien Welt andienen und damit lange überleben. Als die Katangesen 1977 in Shaba einmarschierten, »brauchte Mobutu nur ›Wolf, Wolf‹ zu rufen« (so die Londoner »Times«), und Washingtons Verbündete traten für sein Chaotenregime ins Gewehr.
Aber wenn auch Moral als Kriterium westlicher Außenpoli-

tik an Boden gewonnen hat – die Tendenzwende ist schon in Sicht. Seit dem Überfall der Roten Armee auf Afghanistan und dem drohenden Griff der Kreml-Herren nach dem Persischen Golf denkt man im Weißen Haus anders über »Politik und Menschenrechte«. Keine Frage, daß auch Alliierte mit nicht fleckenloser Weste wieder willkommen sein werden, wenn die rote Offensive weiterrollt.
Inzwischen hat sich auch in den progressivsten Kreisen herumgesprochen, was Franz-Josef Strauß vor der Bundestagswahl von 1980 dem Wähler zur Frage der Teilbarkeit oder Unteilbarkeit der Entspannung ins Stammbuch schrieb: »Breschnew hat einen anderen moralischen Violinschlüssel als wir.«

»Ganz Afrika für die Neger«

Das Trugbild von Südafrika als vorgeschobenem Bollwerk der westlichen Zivilisation ist nicht neu. Am Freund-Feind-Bild der weißen Rasse stricheln seit Jahrzehnten die absonderlichsten Interpreten herum. Adolf Hitlers Chefrassist Alfred Rosenberg enthüllte bereits 1933 in seinem »Mythus des 20. Jahrhunderts«: »In vielen Punkten Afrikas entstanden politische Geheimbünde, die darauf hinarbeiten, ganz Afrika für die Neger zu erobern.« Afrika für die Neger erobern. Man beachte den Zeitgeist. Damit dies Unglück nicht geschehe, so postulierte Rosenberg, müsse »Südafrika in nordischer Hand bleiben, als Sicherung des anderen Seewegs nach Indien«.
An der Denkart der Untergangssimplifikateure hat sich nicht viel geändert. Sie haben ein paar Vokabeln ausgetauscht, gewiß. An die Stelle der »nordischen Rasse« ist die »freie Welt« getreten. Statt »Mohren« sagt man »Afrikaner«. Der Duktus aber ist der gleiche geblieben. »Der Fall Südafrikas«, lehrt der neuzeitliche Rechtspublizist Hans-Georg von Studnitz, »würde für die freie Welt eine Katastrophe bedeuten, die Europa so furchtbar träfe wie die Vereinigten Staaten.«
Die Alpträume westlicher Bollwerk-Theoretiker hat Karl Breyer, in Südafrika lebender Nestor der deutschen Afrika-

Berichterstatter, in einem fettleibigen Buch zusammengefaßt. Breyer schildert kenntnisreich, aber selektiv die roten Ranküne, die auch Frankreichs Ministerpräsident Valery Giscard d'Estaing die Vision vermittelt haben, »daß der schwarze Kontinent spätestens Ende des Jahrhunderts unter Moskaus Herrschaft stehen wird, wenn Westeuropa nicht energisch auf die sowjetisch-kubanische Offensive reagiert«. Nur daß »Moskaus Faust in Afrika« (so der Breyer-Buch-Titel) auch reichlich Luftlöcher gehauen hat, läßt er unerwähnt.

Was passieren würde, wenn der Flugzeugträger der NATO in der südlichen Hemisphäre (so Exbundeswehrchef Ulrich de Maiziere) für den Westen verloren ginge, haben die Chronisten nicht im einzelnen ausgeführt. Nicht zu bestreiten ist in der Tat, daß jede Veränderung des bestehenden Zustands für sie (die Sowjetunion) nur Vorteile bringen kann, wie Fernsehkorrespondent und Südafrika-Porträtist Klaus Stephan erkannt hat.

Joseph Stalin liebäugelte in den vierziger Jahren mit der Aussicht, daß es den »fortschrittlichen Kräften« dereinst gelingen möge, »die afrikanischen Rohstofflager und damit die Reserven des Imperialismus zu zerstören.«

Was Stalin und Hans-Georg Studnitz verbindet, ist die Überschätzung der geo-ökonomischen Bedeutung Südafrikas. Die Vorteile, die der Untergang des Apartheid-Staates dem Ostblock bringen könnte, sind nämlich bei weitem nicht so gravierend, daß sie der Westen als Katastrophe empfinden müßte.

Die Vorstellung, daß es die Roten auf Südafrikas Bodenschätze abgesehen haben, um die westlichen Industrienationen ihrer lebenswichtigen Ressourcen zu berauben, ist geoökonomisch nicht haltbar. Solange nicht die Rote Armee am Oranje-Fluß aufmarschiert und den Afrikanern die Rohstoffpreise diktiert, ist auch die Sowjetunion weltmarktwirtschaftlichen Mechanismen unterworfen. Was sie haben will, muß sie bezahlen. Es hat sich gezeigt, daß Afrikaner lieber Geschäfte mit Kapitalisten machen, weil im Westen bessere Preise zu erzielen sind als im Osten. Daß die Roten auf lange Sicht dem Westen nicht das Wasser abgraben können, ist

schon durch die Schwächen des planwirtschaftlichen Systems gewährleistet.
Doch selbst wenn in Pretoria ein Moskau-treues Regime ans Ruder kommen sollte, bräche die Rohstoffversorgung des Westens nicht zusammen. Schließlich liefen selbst auf dem Höhepunkt des Kalten Krieges die Rohstofflieferungen der Sowjets an den Westen immer reibungslos.
Gefährlich für den Westen könnte es im Kriegsfall werden. Aber es würde viele Monate dauern, bis die Baisse kriegsentscheidende Ausmaße annähme. Und solange wird der nächste Krieg wahrscheinlich nicht dauern. Sicher ist allerdings auch, daß die Bundesrepublik Deutschland, die nicht weniger als 48 Rohstoffe aus dem südlichen Afrika bezieht, wesentlich stärker betroffen wäre als andere Industriestaaten.
Und was ist, wenn die Buren, weil sie vom perfiden Westen enttäuscht sind, freiwillig die Fronten wechseln und ins östliche Lager überlaufen?
Dummes Zeug? Aber sicher. Doch Pretoria hat allen Ernstes versucht, die westlichen Regierungen mit dieser absurden Option unter Druck zu setzen. 1976 berichtete die Hamburger »Welt«, BOSS-Chef Hendrik van den Bergh habe in Gesprächen mit sowjetischen Unterhändlern eine Kompromißformel für die Zukunft ausgehandelt. Moskau habe sich erboten, seinen »Satelliten« im südlichen Afrika eine kosmetisch hergerichtete Form der Apartheid schmackhaft zu machen. Dafür sollte Vorster Namibia und Zimbabwe den kommunistischen Befreiungsorganisationen überlassen, den 1975 von den Briten geräumten Marinestützpunkt Simonstown an die Rote Flotte abtreten und sein Erz künftig von einer sowjetisch-südafrikanischen Marketing-Organisation auf den Weltmarkt handeln zu lassen.
Natürlich wollte Vorster dem Westen nur ein wenig Angst machen. Tenor: Wenn ihr nicht mit uns wollt, bitte schön. Wir können auch anders. Seht zu, wo ihr dann eure Rohstoffe herkriegt. Natürlich war das ein Roßtäuschertrick. Aber im Westen haben ein paar Staatsmänner erstmal tief durchatmen müssen.
Anfang 1979 holte Piet Botha den Neutralitätsknüppel noch-

mal aus dem Sack. Er kündigte an, daß sich Südafrika als neutralistisches Land zwischen den Blöcken einrichten werde, weil es sich von der westlichen Welt enttäuscht fühle. Er hätte vorher in die Runde schauen sollen, um zu sehen, in wessen Gesellschaft er sich begeben würde, wenn er seine Drohung wahr machte. Nein, die Südafrikaner haben keine andere Wahl, als an der Seite des Westens auszuhalten, selbst wenn sie sich noch so schlecht von ihm behandelt fühlen.

NATO-Flugzeugträger Südafrika

Was Südafrika wirtschaftlich für den Westen bedeutet, zeigt ein Blick auf die Exportstatistik. Vom Gesamtbedarf der westlichen Welt an Rohstoffen lieferten die Südafrikaner 1979 gut zwei Drittel des Goldes, 73 Prozent des Vanadiums, 40 Prozent des Chroms, 67 Prozent des Mangans, 91 Prozent des Platins und 20 Prozent des Urans.

Der Verlust Südafrikas als Rohstofflieferant wäre schmerzlich für den Westen. Aber er wäre nicht tödlich. Nach einer Studie der US-Wirtschaftsstrategen Walter Hahn und Alvin Cottrell von der Universität Miami werden von zwanzig Rohstoffen, die das Weiße Haus als »wichtig im Sinne der Sicherheit des Staates« betrachtet, neunzehn in Südafrika gefördert. Aber anderswo werden sie auch gefördert. Nur sind sie in Zaïre und Guinea nicht ganz so leicht zugänglich. Nahezu unersetzlich und unsubstituierbar ist nur das Chrom aus Südafrika, das die amerikanischen Flugzeugbauer für die Herstellung von Düsentriebwerken benötigen. Einziger Alternativlieferant ist die Sowjetunion.

Fest steht: Der Westen kann überleben, auch wenn Südafrika in die Hände der Kommunisten fällt, was derzeit allenfalls Gegenstand utopischer Planspiele ist. Die Regel gilt auch mit strategischen Vorzeichen. Seit den Tagen Vasco da Gamas hat Südafrika beträchtlich an strategischer Bedeutung verloren. Keine Frage: Kapstadt haben ist besser als Kapstadt nicht haben. Aber die Annahme, daß in einem künftigen Weltkrieg das Land am Kap kriegsentscheidende

Bedeutung haben könnte, wurzelt in der militärischen Vorstellungswelt des vergangenen Jahrhunderts, als der Besitz einer gut placierten Kohlestation kriegsentscheidend sein konnte. Konventionelle Kriege und erst recht Druckknopfkriege werden zentralistisch geführt. Deshalb haben die Vereinigten Staaten ja auch ihr weltweites Stützpunktsystem radikal ausgedünnt.

Als »Flugzeugträger der NATO« (so die »Rand Daily Mail«) ist Südafrika willkommen, aber nicht unentbehrlich. Wenn es zum großen Knall kommt, wird die Rote Flotte den westlichen Tankerrudeln nicht erst am Kap den Weg verlegen, sondern gleich am Persischen Golf, solange sie sich noch in Reichweite sowjetischer Mittelstreckenbomber befinden. Entscheidungen fallen auf der nördlichen, nicht auf der südlichen Halbkugel.

Professor Jack Spence, der Militärexperte der Witwatersrand-Universität, vermag im Gegensatz zu seiner Regierung die sowjetische Bedrohung nicht zu erkennen. »Es ist schwierig zu sehen«, meint Spence, »welchem politischen Ziel eine solche Aktion (die Unterbrechung der Schiffahrtslinien ums Kap) dienen sollte, außer vielleicht einer Provokation, um die Westmächte in eine große Konfrontation mit dem Ostblock zu zwingen, deren Dimensionen sich schnell über den engen südatlantischen Raum hinaus ausdehnen würden.«

Die Meere links und rechts vom Kap sind geostrategische Randzonen und werden dementsprechend von den Supermächten behandelt. Deshalb war es für Experten auch kaum verwunderlich, daß die britische Regierung das Simonstown-Verteidigungsabkommen mit der Südafrikanischen Republik kündigte, als es politisch noch längst nicht erforderlich war.

In der Operationszentrale der südafrikanischen Navy in Simonstown hängt eine große Schautafel, auf der die riesige Handelsarmada, die sich Jahr für Jahr am Kap entlangwälzt, durch Tausende kleine Spielzeugschiffchen markiert ist: 2500 Schiffe im Jahr, anderthalb Millionen Bruttoregistertonnen pro Tag. Darunter steht in zackiger Kalligraphie das Credo des sowjetischen Marinechefstrategen Sergej Gorschkow: »Die Unterbrechung der Meereskommunikationslinien, jener besonderen Arterien des militärischen und wirtschaftlichen Potentials der aggressiven, imperialistischen Staaten, ist eine der wesentlichen Aufgaben der Roten Flotte.« In Simonstown wird kein westlicher Besucher entlassen, der nicht diesem Geßlerhut seine Referenz erwiesen hat.

Was dran ist an der Bedrohung, zeigt die militärische Konzentration in den südlichen Meeren beiderseits des Kaps: Weder die US-Navy noch die Rote Flotte haben nennenswerte Kontingente in der Nachbarschaft Südafrikas unter Dampf, bei allerdings steigender Tendenz auf russischer Seite. Und die Hauptmacht der schwimmenden Festungen konzentriert sich auf die Gewässer vor dem Iran und dem Persischen Golf, wo gut die Hälfte der bekannten Welterdölreserven ruhen. Mag sein freilich, daß sich die NATO in den südlichen Gewässern auch deshalb zurückhält, weil sie weiß, daß die Buren auf Posten sind. Die Informationen, die das elektronische Überwachungszentrum in Silbermine bei Simonstown sammelt, finden selbstverständlich ihren Weg in die NATO-Computer.

Stimme der Vernunft

Seit der Umgang mit dem nordamerikanischen Bündnispartner problematisch geworden ist, sucht Pretoria nach neuen Alliierten. Erste erkennbare Stoßrichtung war der moderate Block schwarzafrikanischer Staaten, die mehr oder minder deutlich zu erkennen gegeben hatten, sie seien zur Annäherung an Pretoria bereit.

In einem theatralischen Appell ermahnte John Vorster schon 1974 die Afrikaner, sich der Friedensmission der Buren nicht zu verschließen. Die Resonanz war günstig. Drei Tage nach der Vorster-Rede lobte Sambias sanguinischer Staatschef, Kenneth Kaunda, die »Stimme der Vernunft, die über Limpopo und Sambesi zu ihm herüberdrang«. Kurz darauf landete Vorster in einer Sondermaschine der »South African Airways« in Yamoussoukro an der Elfenbeinküste, um mit den zwei großen alten Männern des frankophonen Afrika, Senegals Dichterpräsident Leopold Senghor und dem ivoirischen Patriarchen Felix Houphouët-Boigny die Konditionen einer schwarzsüdafrikanischen Annäherung auszuhandeln. Einige Wochen später zog Vorster auch den damaligen liberianischen Staatschef William Tolbert in seine »Détente«-Bemühungen ein. Und als im August 1975 Vorster und Kaunda einander auf der Eisenbahnbrücke hoch über den Victoriafällen unter herzerweichenden Verbrüderungsbeschwörungen die Hände schüttelten, da hatten sogar die Reporter Tränen in den Augen. Selbst Berufsbure Vorster war zutiefst gerührt. »Afrika ist gut zu uns gewesen«, sagte er in einem Interview. »Wir wollen Afrika etwas von dem zurückzahlen, was es uns geschenkt hat.« Friede, Freude, Eierkuchen – und lauter Geschwafel.

Die schwarzweiße Entente zerplatzte bald darauf wie eine Seifenblase. Denn als die Schwarzafrikaner den Wechsel auf die schöne neue Welt einlösen wollten, die ihnen Vorster versprochen hatte, zeigte sich, daß sie die Konzessionsbereitschaft der Buren überschätzt hatten. Natürlich wollte Vorster Brüderschaft mit den Afrikanern, aber nicht mit denen im eigenen Land. Die Apartheid sollte im wesentlichen schon so bleiben wie sie war. Seitdem sind die Fronten zwischen Pretoria und Schwarzafrika viel klarer. Auch ein Erfolg.

Weil das Bündnis mit den Westmächten wackelt, hat sich Pretoria auch in ferneren Weltgegenden nach bündnisfähigen Partnern umgesehen.

Der damalige Verteidigungsminister Piet Botha hatte sich schon 1968 gefragt, »ob nicht die Zeit für uns gekommen ist, die Kooperation von befreundeten Nationen im Bereich des Südatlantik zu fördern«.

Die Favoriten kommen aus der »Internationale der Unberührbaren« (so die Afrikaans-Zeitung »Beeld«). Sie sind, ähnlich wie Südafrika selbst, Randexistenzen der Völkerfamilie: Israel und Taiwan.

Extrawurst für »Ehrenweiße«

Delikate Partnerschaften erfordern Verständnis und Einfühlungsvermögen auf allen Seiten. Die Israelis übersehen geflissentlich die antisemitische Vergangenheit der Burenprominenz. Dafür hat John Vorster die antisüdafrikanischen Parolen bei seinem Israel-Besuch im Frühjahr 1975 nicht weiter übelgenommen. Und reisende Peking-Chinesen finden sich damit ab, daß sie im Hotel und in der Eisenbahn einstweilen noch als Japaner oder Taiwanesen auftreten müssen, um uneingeschränktes Gastrecht genießen zu können. Denn Asiaten werden als »Ehrenweiße« behandelt, wo es die Geschäftsbeziehungen erfordern. Auch hier bringt Handel Wandel.

Die Geächteten tauschen außer Waren und Waffen auch Verhaltensmuster aus. Südafrika kokettiert wie Israel mit dem Klischee des kleinen David, der, umtobt von den Gewalten der Finsternis, seinem Schicksal trotzt. Wie die Taiwanesen fühlen sich die Buren als Vorposten der Zivilisation gegen die alles zermalmende rote Flut.

Heimliche Freunde mit hinreichend Verständnis für die südafrikanische Sache gibt es auch in Lateinamerika. In erster Linie in Brasilien, Argentinien, Paraguay und Uruguay. Pretoria läßt sich die Freundschaft auch was kosten, mal einen 21,9-Millionen-Dollar-Kredit für Paraguay, mal zehn Millionen für die Urus. Beim Besuch in Paraguay und Uruguay im August 1975 versuchte Vorster seine Gastgeber dazu zu überreden, die traditionellen Handelsbeziehungen zu einem südatlantischen Verteidigungspakt auszubauen.

Marinechef James Johnson richtete über das »Jornal do Brasil« einen flammenden Appell an die Militärs in Brasilia: »Die Kommunisten machen aus dem Südatlantik einen sowjetischen Teich... Wir selbst haben nicht die Mittel, diese Seite des Meeres zu kontrollieren.« Johnson würde, wie er versicherte, seinen rechten Arm hergeben, wenn er »eines von diesen fabelhaften britischen Unterseebooten oder eine dieser Fregatten besitzen könnte, die die brasilianische Marine soeben gekauft hat«. Aber er ist sich gleichzeitig »der politischen Probleme bewußt, die es Brasilien unmöglich machen, uns zu helfen. Und das macht mich ganz unglücklich.« Brasilien nämlich fürchtet aus gutem Grund, durch zu enge Bindungen an den Apartheid-Staat seiner enorm offensiven Handelspolitik in Schwarzafrika den Boden zu entziehen.

Dabei fehlt es nicht an gemeinsamen Interessen. Seit der Landung der Kubaner in Angola sehen sich die Rechten beiderseits des Südatlantik in einem Boot. Die gemeinsame Front gegen den aggressiven Fidelismus schlägt die Brücke über ideologische Kluften hinweg. Das konservative argentinische Regierungsblatt »La Nación« formuliert das so: »Wir müssen unser Verhältnis zu Südafrika überdenken. Argentinien kann eine Menge tun, um die Haltung anderer Nationen zu beeinflussen... Schließlich ist Südafrika eine Bastion im Kampf gegen den Kommunismus.« Aber leider eben auch im Kampf gegen die Freiheit der schwarzen Rasse.

Ein argentinisch-brasilianisch-südafrikanischer Dreierbund zur See wäre in der Tat ein strategischer Faktor, den der Warschauer Pakt in seinem militärischen Kalkül berücksichtigen müßte. Die Südatlantiker gebieten insgesamt über etwa 35 Zerstörer, einen Flugzeugträger, 25 Fregatten und Korvetten und mindestens 25 Unterseeboote. Eine südatlantische Allianz, die ihnen die Wächterrolle im Südatlantik abnehmen würde, könnte auch des stillschweigenden Segens der Nordamerikaner sicher sein. Washington ist aus optischen Gründen stark daran interessiert, seine Präsenz im Apartheid-Staat abzubauen. Im Regierungslager Pretorias träumt man bereits von einem Militärverbund von Grönland bis zum Kap, der neben der NATO die Partner der noch zu bildenden Achse Pretoria–Buenos Aires–Brasilia einschließen würde.

Über die Aussichten äußerte sich der amerikanische NATO-Botschafter Hubert Strausz-Hupé gegenüber dem »Spiegel«: »Einzelne Mitglieder sind sehr interessiert. Aber die NATO ist nicht interessiert, einfach weil sie nicht interessiert sein darf.« Zu den Interessenten gehört mit Sicherheit auch die Führungsmacht USA. Sie darf es sich nur nicht anmerken lassen, wenn sie nicht ihre Glaubwürdigkeit verlieren will.

Wo bleiben die Raureiter?

Washington hat Südafrika gewiß nicht abgeschrieben, wie Pretorias Nationalisten glauben. Aber amerikanische Präsidenten sind nun mal auch den farbigen US-Bürgern verpflichtet. Die antisüdafrikanischen Ausfälle von Jimmy Carters exzentrischem Paradeneger, dem ehemaligen UN-Botschafter Andrew Young, müssen den Buren nach dem langen, schönen amerikanisch-südafrikanischen Dauerfrühling einen schlimmen Schlag versetzt haben. Nur, die strengen Reden waren ja in Wirklichkeit eher für den innenpolitischen Gebrauch.

In Pretoria setzt sich nur schleppend die Erkenntnis durch, daß Südafrika im Kampf gegen die Weltherrschaft des Kommunismus kein unentbehrlicher Verbündeter ist. Deshalb können sich die Südafrikaner auch nicht mehr wie vielleicht noch während der Nixon-Kissinger-Ära darauf verlassen, daß Amerika sie – wie einst Korea – trotz politisch-moralischer Vorbehalte raushauen wird, wenn die Roten wirklich mal kommen. Auf die »US-Kavallerie, die aus der untergehenden Sonne hervorgaloppiert, um sie zu retten, wenn alles verloren scheint« (so »Observer-Korrespondent« John de Saint Jorre), werden sie allem Anschein nach vergeblich warten. Carters Vize, Walter Mondale, hat es Vorster schon 1977 in Wien mit der erforderlichen Deutlichkeit gesagt: »Wir werden Südafrika nicht vor den Folgen seiner Politik bewahren.«

Das amerikanisch-südafrikanische Verhältnis braucht Zeit, um die Relikte jener Ära abzuschütteln, in der Washingtons Schwarzafrika-Politik »von der Putzfrau im State Department miterledigt wurde« (so die »New York Times«). Aber im Weißen Haus setzt sich die Überzeugung durch, daß Amerikas Zukunft in Afrika nicht mehr primär von Weißen bestimmt wird – vielleicht deshalb, weil die Führungsmacht Nigeria die Südafrikaner als Amerikas afrikanischen Haupthandelspartner abgelöst hat.

Ohne die Signalwirkung, die der New Look der amerikanischen Südafrikapolitik auf die Westeuropäer ausübte, wäre auch das regierungsamtliche Problembewußtsein der Euro-

päer noch nicht so weit. Wenn der US-Botschafter in Pretoria als Beobachter an einer Bürgerrechtsdemonstration teilnimmt, dann trauen sich auch die anderen hin. Seitdem die USA – allerdings an ausgesuchten Objekten – nachgewiesen haben, daß Außenpolitik und politische Moral einander nicht ausschließen, ist auch in Europa die Moraldebatte auf Touren gekommen. Und im Zielgebiet Südafrika wird sie ohne das Pragmatismus-Handikap geführt, das es der westeuropäischen Entspannungslobby verbietet, Menschenrechtsverletzungen im Ostblock oder in China mit der wünschenswerten Deutlichkeit zu verurteilen wie in Rechtsdiktaturen.
Mehr als die militärische Bedrohung durch seine Feinde muß Südafrika das wachsende Mißtrauen seiner Freunde fürchten. Die Wirtschaft des Rassen- und Klassenstaates am Kap ist fast auf Gedeih und Verderb an die westlichen Industrienationen gekettet (und nicht etwa umgekehrt). Wenn die ausländischen Investitionen ausbleiben, geht der südafrikanischen Wirtschaft der Dampf aus. Zur Zeit jedoch ist der Trend gegenläufig. Die Anfälle von Kurzatmigkeit haben unter den Apartheid-Feinden illusionäre Hoffnungen geweckt. Jetzt noch ein kurzer, harter Wirtschaftsboykott obendrauf. Und die Festung ist sturmreif. Doch so geschwind marschiert die Apokalypse nicht.

Boom in der Krise

Was Selbstbeschränkung vermag, bewies das Ergebnis des rigorosen Sparprogramms, das Pretoria nach der Flaute der mittsiebziger Jahre über die südafrikanische Wirtschaft verhängte. Die Importbremse riß die Zahlungsbilanz von einem Budgetjahr aufs andere aus einem Minus von 2,592 Milliarden Rand (Anfang 1976) auf ein Plus von 1,277 Milliarden Rand (Mitte 1977).
Die öffentliche Hand nahm 1978 soviele Steuern ein, daß sie bereits im Oktober 1978 ihr Soll für das – bis zum 28. Februar laufende – Fiskaljahr erfüllt hatte. Die Minenindustrie erlebte gleichzeitig den größten Boom der Nachkriegszeit. Von 1972 bis 1978 stieg die Bergbauproduktion

um jährlich 20 Prozent auf einen Gegenwert von 5,5 Milliarden Rand. Und dann kam der Goldrausch. 1979, als der Unzengoldpreis bis dicht unter die Tausend-Dollar-Marge kletterte, erlebte Südafrika einen geradezu phantastischen Höhenrausch. Auf der Hitliste der wohlhabendsten Staaten der Erde belegte die Burenrepublik 1979 den respektablen 17. Platz. Und wenn die Konjunkturauguren recht haben und ihnen kein Krieg die Prognosen verdirbt, wird sie spätestens 1990 Platz zehn erreichen.

Kurzum: Südafrika ist kein unsicherer Krisenstaat. Südafrika geht's blendend. Sicher ist auch: Alle anderen Industrienationen haben in der Krise mehr Federn lassen müssen als Südafrika.

Keine Frage, daß ein exportabhängiger Industriestaat den Handelsboykott fürchten muß wie Cholera und Pestilenz. Nur, kein anderer hat dabei so gute Überlebenschancen wie Südafrika. Nachdem die Vollversammlung der Vereinten Nationen den Europäern und Amerikanern ein eher symbolisches Waffenembargo abgerungen hat, drängt nun die Dritte-Welt-Fraktion der UNO, unterstützt von den Ostblockstaaten, auf einen weltweiten Wirtschaftsboykott gegen Pretoria. Genauso könnte sie fordern, endlich das schlechte Wetter oder Sommer und Winter abzuschaffen.

Um die mangelnde Abschreckungskraft der Boykottpeitsche weiß man seit Bonapartes fehlgeschlagener Kontinentalsperre gegen die Briten, allerspätestens aber seit dem Rhodesien-Boykott. Die Siedlerrepublik am Sambesi, die 1965 ihrer Kolonialmutter Großbritannien mit der einseitigen Unabhängigkeitserklärung den Stuhl vor die Tür setzte, erlebte in dem folgenden Jahrzehnt ihrer selbstgemachten Unabhängigkeit den größten wirtschaftlichen Aufschwung der Geschichte. Hinter den Embargomauern blühte zehn Jahre lang die stabilste Wirtschaft des Kontinents, die sich über einen von britischen Banken gesteuerten grauen Markt mit den nötigen Devisen versorgte – zu leicht angehobenem Kreditzinssatz, aber sonst absolut problemlos. Rhodesien brachte es in den anderthalb Jahrzehnten der vorläufigen Unabhängigkeit auf ein durchschnittliches Wirtschaftswachstum von über fünf Prozent – für die große Mehrheit der afrikanischen Staaten ein Traumziel, das sie kaum so bald erreichen werden.

Der Fall Rhodesien beweist, daß Autarkiewirtschaft auch mitten im 20. Jahrhundert Überlebenschancen hat. Schließlich hat sie sich bereits unter wesentlich ungünstigeren Bedingungen bewährt. Den Nazis gelang es immerhin, die Produktionskurve der deutschen Wirtschaft trotz Abnabelung von ihren Rohstoffquellen mitten im Bombenhagel im zweiten Quartal des Jahres 1944 auf ihren absoluten Höhepunkt zu treiben.

Südafrika ist, trotz weltweit geschärften Problembewußtseins, in einer unvergleichlich besseren Ausgangslage, als es das Binnenland Rhodesien jemals war, vor allem militärisch. Um dem südafrikanischen Handel den Boykottriegel vorzuschieben, müßte man einen fünftausend Kilometer langen, kriegsmäßig ausgestatteten Marinekordon rings ums Kap legen.

Was die Boykott-Apologeten außerdem vergessen: Fünfzig Prozent aller europäischen Ölimporte aus dem Nahen Osten und dem Iran nehmen den Weg ums Kap. Weil nicht weit südlich von Kap Agulhas die Zone der »Roaring Forties« beginnt, ein ständig von Stürmen aufgewühlter Meeresabschnitt, der Schiffen mit Mammuttonnage die Passage unmöglich macht, müssen die Supertanker südafrikanische Hoheitsgewässer durchfahren. Eine Südafrika-Blockade würde zwangsläufig eine Sperrung der Kaproute auslösen – es sei denn, NATO-Ledernacken besetzten Kapstadt und Simonstown.

Aber selbst wenn die Boykottbremse wirklich greifen sollte, braucht sich Südafrika keine Sorgen ums physische Überleben zu machen. Nur die Sowjetunion und die Vereinigten Staaten sind ebenso autark wie Südafrika. Zwischen Kapstadt und Beit Bridge wird fast alles produziert, was eine Wohlstandsnation zum Überleben braucht: Lebensmittel, Mineralien, Atomkraft, Waffen, Autos, Flugzeuge, ein paar Dutzend Weinsorten und soviel Kohle, daß – bei entsprechendem Einsatz von Produktionsmitteln – die ganze Welt damit auf Jahrhunderte versorgt werden könnte.

Vergleichsweise leicht zugängliche Rohstofflager sichern

Südafrika langfristig Prosperität, ganz gleich, wie das Tauziehen um die politische Vorherrschaft am Kap ausgeht. Südafrika verfügt über ein üppiges Sortiment von Mineralien, auf die die Welt langfristig nur schwer verzichten kann. Es fehlt nur eins: Erdöl. Der schwarze Lebenssaft muß für teure Devisen aus vorwiegend unstabilen Weltgegenden eingeführt werden. Und das, so wissen die Krisenmanager in Pretoria, ist Südafrikas Achillesferse. Neun Zehntel des südafrikanischen Rohölbedarfs flossen aus dem iranischen Ölhahn – bis Ayatollah Khomeini in Teheran die Macht übernahm. Weil auch ein Großteil des Energiebedarfs der Dritten Welt, vor allem der schwarzafrikanischen Staaten, aus derselben Quelle sprudelt, konnte der Schah in Teheran, dessen UN-Diplomaten in Südafrika-Debatten der Vereinten Nationen selbstredend auf Seiten der Afrikaner mitstimmten, stets sicher sein, daß seine Mauschelei mit Pretoria nicht an die große Glocke gehängt wurde.
Und wenn schon... Schah Reza hatte Gefühlsbindungen an den Apartheid-Staat, die älter waren als das Emanzipationsbedürfnis der farbigen Völker. Er vergaß es den Südafrikanern nie, daß sie seinem Vater während des Zweiten Weltkriegs Asyl gewährten.
Weil die Buren wußten, daß mit mittelöstlichen Mächten kein ewiger Bund zu flechten ist, bemühten sie sich schon in den sechziger Jahren fieberhaft, die Energielücke im Autarkieverbund zu schließen. Mit achtbarem Erfolg, wie sich zeigen sollte. Die Umrüstung von Erdöl auf andere Energieträger ist in Südafrika weiter gediehen als in fast allen anderen Industriestaaten. Drei Viertel ihres Energiebedarfs deckt die südafrikanische Wirtschaft bereits jetzt aus eigenen Ressourcen. An dem letzten Viertel, das Südafrika einstweilen noch auf grauen Märkten im Nahen Osten und in Südamerika sowie an den internationalen Erdöl-Spotmärkten kaufen muß, wird mit Hochdruck gearbeitet.

Energielücke fast geschlossen

Das Planungsministerium baut auf den Energieträger, der nach Berechnungen Professor Bill van Rensburgs, des Energieexperten der *Rand Afrikaans University*, noch bis weit ins übernächste Jahrtausend zur Verfügung stehen wird. Laut Plan sollen im Jahr 1981 rund vierzig Prozent, bis Mitte der achtziger Jahre sogar fast die Hälfte des Bedarfs an Flüssigbrennstoff aus den Hydrierwerken gedeckt werden. Grundlage ist das Fischer-Tropsch-Verfahren, das die zwei Wissenschaftler Franz Fischer und Hans Tropsch aus Mülheim/Ruhr 1926 entwickelten, um die siechen Ruhrzechen wieder in Schwung zu bringen und dem vom Versailler Vertrag gebeutelten Deutschen Reich Devisen sparen zu helfen.

Die Südafrikaner hatten schon 1935 das Fischer-Tropsch-Patent gekauft. SASOL I, die erste Hydrieranlage der South African Coal, Oil and Gas Corporation, am Vaal-Fluß, produzierte bereits seit 1955 Benzin aus Kohle. SASOL II in der Nachbarschaft der Kohlegruben von Transvaal soll für sieben Milliarden Mark zusätzlich Entlastung bringen. Beide Kohlenstoffkombinate zusammen sollen 1985 insgesamt 20 Millionen Tonnen Kohle verflüssigen, und Kohle hat Südafrika noch genug für die nächsten 2000 Jahre.

Weil auch mit Synthetikbenzin allein der Fehlbedarf nicht ganz zu decken ist, experimentieren Energiewissenschaftler unter dem Druck der ungewissen Zukunft mit neuartigen Synthese-Techniken, die anderswo in der Welt die Grenzen akademischer Erörterung noch nicht hinter sich gelassen haben. So rechnet Professor Rensburg damit, daß im kommenden Jahrzehnt allein zehn Prozent des erforderlichen Flüssigkraftstoffs durch Äthanolzusätze eingespart werden können, die sich aus Zucker gewinnen lassen. An Anbaufläche für Zuckerrohr jedenfalls fehlt es nicht.

Das Verkehrsministerium in Pretoria hat überdies technologisch ausgereifte Pläne in der Schublade, Südafrika innerhalb weniger Jahre vom gegenwärtigen Individualverkehr auf vollelektrifizierten Massenverkehr umzupolen. Für die Übergangszeit mag die strategische Reserve reichen, die

Pretoria in Kavernen und stillgelegten Minen in Osttransvaal gehortet hat.
Wie lange der Vorrat reicht, kann man nur grob schätzen. Unter Berücksichtigung der ungebremsten Ölimporte der letzten Jahre sowie den durch autofreie Wochenenden, Geschwindigkeitsbeschränkungen und Polizeistunden für Tankstellen eingesparten Treibstoff kalkulieren Energieexperten die Reserven auf drei bis sieben Jahre – zehn- bis zwanzigmal soviel, wie sich die meisten NATO-Staaten im Angesicht einer wesentlich ernsteren Bedrohung leisten.
Wie auch immer die Boykottdiskussion ausgeht, die Südafrikaner können der weltweiten Energiekrise um die Jahrtausendwende ruhiger entgegensehen als Europäer und Amerikaner. Wenigstens ein Gebiet, auf dem der Rest der Welt von Südafrika noch was lernen kann. Der Wirtschaftsboykott gegen den Apartheid-Staat würde in erster Linie die Schwarzen treffen. Darin ist sich Exstaatschef John Vorster (»Wir Weißen werden schon zurechtkommen«) mit Zulu-Führer Gatsha Buthelezi und Black-Power-Journalist Percy Qoboza (»Wir werden leiden«) einig.

Der Boykott trifft die Schwarzen zuerst

Ein Wirtschaftsboykott ist unter den derzeit denkbaren politischen Konstellationen schon deshalb höchst unwahrscheinlich, weil Südafrika für den Westen ein überaus attraktiver Handelspartner ist. Nicht nur im Rohstoffbereich. Die südafrikanische Wirtschaft produziert zu konkurrenzfähigen Preisen und zu günstigen Lieferbedingungen zuverlässig hochqualitative Waren. In einer vom Wettbewerb bestimmten Welt ist ein solcher Partner nur schwer abzublocken, es sei denn, die Boykotteure ließen es auf eine militärische Konfrontation ankommen.
Aber selbst wenn... Mal unterstellt, es käme zum Boykott, und das Embargo würde greifen. Was dann?
Professor Arnt Spandau von der Witwatersrand-Universität in Johannesburg hat es überschlagen: Schon eine fünfzigprozentige Kürzung der südafrikanischen Exporte, die bei

anhaltendem Trend zur Autarkiewirtschaft unausweichlich ist, würde 1,1 Millionen Arbeitsplätze kosten – zu vier Fünfteln Arbeitsplätze der Schwarzen und Farbigen. Weniger qualifizierte Jobs lassen sich eh schneller wegrationalisieren, wenn die Gewinndecke dünner wird. Das ist eine Binsenweisheit, die sich durch die Geschichte belegen läßt. Auf dem Höhepunkt der Weltwirtschaftskrise, die dem Ölpreisschock von 1973/74 folgte, waren nicht mehr als ein Prozent der weißen, dagegen (geschätzt) zwölf Prozent der schwarzen und farbigen, aber weniger als drei Prozent der weißen Arbeitnehmer ohne Anstellung. Für einen Handelsboykott gegen Südafrika gilt die Zebratheorie: Man kann nicht auf die weißen Streifen schießen, ohne gleichzeitig auch die schwarzen zu gefährden.

Langfristig, so meint Professor Spandau, würde ein Handelsembargo zwar die wirtschaftlichen Grundlagen Südafrikas aushöhlen, das politische System aber eher stabilisieren. Denn: »Wir haben festgestellt, daß, wenn die internationalen Handelsströme ganz abgeschnitten würden, wahrscheinlich eine sehr starke Wachstumsphase für die Ersetzung von Einfuhrgütern durch einheimische Produktion stattfinden würde.«

Die Befreiung vom internationalen Wettbewerbsdruck würde zwangsläufig Produktivität und Produktionsqualität drosseln – bei unveränderter Gesellschaftsstruktur wiederum zu Lasten der unterprivilegierten Schwarzen. Fazit: sinkender oder günstigstenfalls stagnierender Lebensstandard. Doch mit so unpolitisch-realen Reflexionen geben sich europäische Embargoprediger nicht ab. Klassenkämpfer denken nicht gern, solange der selbstdefinierte Kampfauftrag sich an einem abstrakten, weil weit entfernten, Gegner orientiert.

Die Äußerungen der potentiell Betroffenen könnten wertvolle Denkanstöße geben. Zum Beispiel der Kommentar, den der farbige Arbeiterführer Fred Sauls aus der Automobilmetropole Port Elizabeth dem Kolumnisten des US-Wirtschaftsmagazins »Fortune« ins Mikrophon diktierte: »Das ist alles ganz prima für diese Leute, 8000 Meilen von hier in einem sicheren, hübschen Büro zu sitzen und den Investitionsstopp zu fordern. Aber wenn die Amerikaner hier ihre

Autofabriken schließen, dann haben wir Tausende von Männern, die keinen Job mehr haben und nicht wissen, woher die nächste Mahlzeit kommen soll.«

Wenn doch in den Kontoren der Anti-Apartheid-Bewegungen in Westeuropa und Amerika mal jemand darüber nachgesonnen hätte, warum militante Apartheid-Gegner wie der Mosambik-Staatschef Samora Machel, dessen Staat wirtschaftlich eng mit Südafrika verwoben ist, sich so hartnäckig aus der Embargodebatte heraushalten. Was Machel weiß, aber die anderen nicht wissen: Ein Boykott gegen Südafrika würde auch die Nachbarstaaten Sambia, Mosambik, Botswana, Lesotho, Zimbabwe und Swasiland unweigerlich ins Chaos stürzen.

Weitgehend unerforscht sind auch die psychologischen Folgen des Embargos. Die an Autarkie grenzende Selbstversorgung allein bietet jedenfalls keine Gewähr fürs Überleben. Ein ganzes Volk kann nicht jahre- oder gar jahrzehntelang seine Existenz in der Strafecke fristen. Und wenn es noch so gut im Futter steht. Auch ein Volk braucht seine Streicheleinheiten.

»Die Einsamkeit«, schreibt Willem de Klerk, der einflußreiche Chefredakteur des »Transvaaler«, »ist ein Feind von Personen und Staaten. Sie läßt einen wunderliche und zuweilen törichte Dinge tun. Doch wir können überwintern, sehr lange sogar. Aber wir alle werden leiden müssen, Weiße und Schwarze. Aber wir in Südafrika werden nicht die einzigen Leidtragenden sein.«

Nein. Auch die Europäer würden ihren Teil abbekommen. Deshalb, so vertraute John Vorster kurz vor seinem Rücktritt dem US-Nachrichtenmagazin »Time« an, »ist eine gute Portion des Spieles, das der Westen mit Südafrika spielt, nichts als Bluff.« Und: »Wir müssen jetzt herausfinden, wo der Bluff aufhört und wo der ernste Teil beginnt.«

Südafrika, ein Milliardenschatz

Nichts leichter als das. Piet Botha braucht sich nur die letzten Jahresberichte der südafrikanischen Handelskammer vorzunehmen, um die Grenzen der westlichen Pressionsmöglichkeiten zu fixieren. Die merkantilen Bindungen Südafrikas an seine westlichen Handelspartner lassen recht präzise Rückschlüsse auf die Richtung zu, aus der Querschüsse zu erwarten sind.

Die meisten Handelspartner in Übersee haben begriffen: »Südafrika ist ein Milliardenschatz« (so der deutsch-südafrikanische Großunternehmer Karl Friedrich Albrecht zum Wirtschaftsmagazin »Capital«). Die westlichen Industriestaaten sind am Kap mit mehr als 50 Milliarden Mark Investivkapital vertreten. Den Rekord halten die Briten mit fast zehn Milliarden. Westdeutsche und amerikanische Konzerne sind mit je 400 Niederlassungen und Zweigwerken in Südafrika präsent. Von A wie Agfa bis Z wie Zahnradfabrik Friedrichshafen sind die Deutschen mit von der Partie, darunter auch alle großen Automobil-, Chemie- und Montankonzerne. Trotz aller politischen Unerfreulichkeiten gilt das Land westlichen Wirtschaftsbossen nach wie vor als Investitionsparadies.

Die Zeiten der traumhaften Rückflußraten von bis zu 30 Prozent der Investitionen (1973) jährlich sind vorbei. Aber selbst im Rezessionsjahr 1975 waren es noch immer durchschnittlich 8,5 Prozent. Südafrika ist – so French-Bankdirektor Nils Groten, »auf lange Sicht das Land der Gelegenheiten«.

Und Siemens-Emissär Wilfried Wentges hat sich erst Anfang 1978 mit seinen Investitionsplänen »auf einen Zehn-Jahres-Atem« eingestellt. Auch BASF-Kapstatthalter Rolf Rauschenbach will sich »durch Vibrationen nicht beunruhigen lassen«. Ganz ähnlich wie die Deutschen denken die Amerikaner. Wie der britische »Economist« Anfang 1978 ermittelte, erwogen nur 15 Prozent der 400 US-Firmen in Südafrika einen Rückzug – was, wie kurz darauf die *US Chamber of Commerce in South Africa* verärgert mitteilte, »eine außerordentlich hohe Schätzung darstellt«. Bis zum April 1978 hatte sich lediglich der Kamerahersteller Polaroid aus Südafrika zurückgezogen, nachdem US-Studenten recherchiert hatten, daß Polaroid-Kameras von der südafrikanischen Sicherheitspolizei zur Identifizierung von Regimegegnern eingesetzt wurden. Andere US-Firmen dagegen bauen ihre Kapazitäten sogar noch aus. Ford will seine Montagebänder in Port Elizabeth erweitern. Caltex hat eine Finanzspritze von 134 Millionen Dollar zum Ausbau seiner Raffineriekapazität vorgesehen.

Siemens-Boß Wentges hat für die PR-Abteilung daheim das gemeinnützige Element im westdeutschen Südafrika-Engagement eruiert. Nach seinen Hochrechnungen sind in der Bundesrepublik 70000 Arbeitsplätze vom Südafrika-Export abhängig. Für Westdeutschland ist das vielleicht ein wenig hoch gegriffen. Aber in Großbritannien sind es eher noch mehr. Die britische Volkswirtschaft ist auch fast zwei Jahrzehnte nach Südafrikas Austritt aus dem Commonwealth noch immer so eng mit der südafrikanischen verknüpft, daß ein Totalboykott Südafrikas in England eine soziale Katastrophe auslösen müßte. »Die größten Stänkerer«, knurrt Freddy Rump, Direktor der *UK-South African Trade Association*, »sind die Leute, die nichts zu verlieren haben.«

Weil sie eine Menge zu verlieren haben, zögern die OECD-Staaten, ihren Südafrika-Anlegern die staatlichen Kreditgarantien zusammenzustreichen. Die Formel ist ziemlich simpel: ohne Kreditsicherungen keine Exporte. Ohne Exporte weniger Aufträge. Weniger Aufträge gleich mehr Arbeitslose. Weil der Handel die großen Wirtschaftsmächte eng aneinanderbindet, kann man nicht eine von ihnen zerschlagen, ohne daß auch die anderen was abkriegen. Wenn zum Beispiel der internationale Währungsfonds auf den Goldstandard verzichten würde, um die wichtigste Säule des südafrikanischen Außenhandels zum Einsturz zu bringen, wie Trivialökonomen fordern, würde auch die sowjetische Handelsbilanz ins Trudeln geraten, die ebenfalls vom internationalen Goldhandel abhängig ist. Genau deswegen ist auch der Kreml gegen derlei Radikalrezepte. Handelsembargo ja – aber bitte selektiv, so daß der sowjetische Außenhandel nicht gestört wird.

Moskau ist Pretoria wirtschaftlich ja in weit mehr Hinsichten verbunden, als sich die sowjettreue westeuropäische Linke träumen läßt. Durch ein nie gekündigtes Konsularabkommen, das so mancherlei Möglichkeiten eröffnet, und durch

ein Diamantenkartell, dem sich auf sowjetischen Druck auch der Sowjetsatellit Angola unterwerfen mußte.
Und nicht zu vergessen: Zu einem Boykott gehören zwei. Südafrika könnte gegen ein Investitionsembargo beachtliche Mittel ins Feld führen. Ob und in welchem Umfang Kapital aus Südafrika nach Europa oder Amerika repatriiert wird, ist ohnehin nur zum geringeren Teil in die Entscheidungsgewalt der Investoren gestellt. Der südafrikanische Fiskus erlaubt zwar die freie Überweisung von Gewinnen, nicht aber den Rücktransfer von Investivkapital. Zur Repatriierung ausgewiesenes Kapital muß für fünf Jahre in Regierungsanleihen angelegt werden. Und was die Regierung damit macht, ist ausschließlich ihre Sache. Sie kann es zum Bau von Wasserleitungen für schwarze Wohnsiedlungen oder zum Ankauf von Stacheldraht und Maschinengewehren verwenden.

Business as usual

Der Soweto-Schock hat Breschen in die Riege der Anlagewilligen geschlagen. Doch nach den ersten Panikreaktionen regte sich bald neues Leben an Märkten und Börsen. Der Aufwärtstrend im Goldgeschäft, die Entdeckung stattlicher neuer Erzlager, vor allem die um sich greifende Ernüchterung über die Aussichten einer schwarzen oder roten Machtübernahme haben die Segel wieder gebläht. Wenn es was zu verdienen gibt, sind westliche Business-Kapitäne zu ungleich höherem Risiko bereit, als es derzeit in Südafrika droht. Und dankbar haben sie alle das Verdikt des liberalen Diamanten-Zaren Harry Oppenheimer aufgegriffen, nach dem »wirtschaftliches Wachstum politischen Druck nach sich zieht«. Und daß die westliche Wirtschaft den progressiven Tendenzen in der südafrikanischen Arbeitswelt aufgeschlossen gegenübersteht, ist schließlich nicht zu bestreiten. Ohne die liberalen Bosse aus Übersee wären auch die Streiks der schwarzen Arbeiter in Johannesburg und in Port Elizabeth im Sommer 1980 nicht so glimpflich abgelaufen.
Der Abbau der Apartheid hat trotz empfindlich gestiegener

Lohnstückkosten die Investitionsbereitschaft des internationalen Big Business sichtbar gefördert. Dabei geht die westliche Industrie von der vagen, weil noch unbewiesenen Prämisse aus, daß mehr soziale Gerechtigkeit auch die politische und wirtschaftliche Stabilität fördert. Nach dem weltweit als zuverlässiges Konjunkturbarometer geschätzten Risiko-Index der Universität Delaware sind Investitionen in Südafrika mit geringerem Risiko verbunden als Investitionen in Brasilien, Israel oder Frankreich. Auf dem Index, der insgesamt 45 Länder umfaßt, rückte Südafrika von 1979 vom 20. auf den 18. Platz.

Dabei bestätigten die Business-Forscher eigentlich nur den Trend, den die Industrie längst vorgegeben hat. Deutsche Banken und private Geldanleger etwa haben nach Schätzungen Jost Hildebrandts, des Chefs der »European Banks«, in Johannesburg in den siebziger Jahren zwölf Milliarden Mark Bares in die südafrikanische Wirtschaft gesteckt. Ein Teil davon ist auch nach Soweto geflossen.

Für Geldanleger mit moralischen Skrupeln liefert Basil Herdov, der Präsident der *Building Industries Federation of South Africa*, die Motivation. »Wir selbst«, sagte Herdov auf dem Jahreskongreß seiner Organisation, »können nicht die immensen Sparsummen aufbringen, die wir benötigen, um mit den sozialen Problemen unseres Landes fertig zu werden... Deshalb müssen wir dem ausländischen Investor das Vertrauen in die Stabilität unserer Wirtschaft zurückgeben.«

Doch vorher muß die Regierung der weißen Bevölkerung das Vertrauen in den Fortbestand der Nation wiedergeben. In den zwölf Monaten nach dem Soweto-Aufstand erreichte die Auswandererquote ihren höchsten Stand seit fünfzig Jahren. Der Einwanderungsüberschuß fiel auf 750 Personen zurück gegenüber 14500 im Vorjahr. Ohne die Rückwanderer aus Rhodesien und den ehemaligen portugiesischen Gebieten und ohne die drastische Devisenausfuhrsperre stünde die weiße Gemeinschaft tief im Defizit. Selbst 1979, ein Jahr vor der endgültigen Unabhängigkeit Zimbabwes, als Tausende von weißen Rhodesiern aus Furcht vor einer Machtübernahme durch die Marxisten über den Limpopo nach Süden

treckten, blieb erstaunlicherweise nur ein bescheidener Saldo von 3000 Seelen.
Im weißen Johannesburger Nobelvorort Hillbrow waren Mitte 1979 Fünfzimmerhäuser mit Swimmingpool und Garten für 60000 Mark zu haben. In der Londoner »Times« inserierte ein heimkehrwilliger Brite ein »Weingut bei Stellenbosch mit Herrenhaus und hundert Mann Personal im Austausch für ein Haus mit drei Schlafzimmern in Kent oder Sussex«.
Auszehrung droht in erster Linie den akademischen Berufen. Nach Auskunft des Gesundheitsministeriums in Pretoria verließen 1977 allein 213 Ärzte mit ihren Familien das Land. Um Fehlinvestitionen in der Berufsbildung zu bremsen, wandte sich der Minister Anfang 1978 in einem hektographierten Rundschreiben an die angehenden Mediziner mit der Aufforderung, ihr Studium in Südafrika zu quittieren, wenn sie die Absicht hätten, das Land zu verlassen. Die Besorgnis hat gute Gründe: Nach einer Umfrage an der medizinischen Fakultät der Witwatersrand-Universität hatten 1977 nicht weniger als 82 Prozent der Medizinstudenten nur eins im Sinn: schnell fertig studieren und dann nichts wie weg. Die Tendenz wird auch von dem neuen Wirtschaftsboom nicht gebrochen.

Die Wagenburg bröckelt

Die beliebtesten Auswanderungsziele sind naturgemäß die englischsprachigen Länder: auf Platz eins England, dann mit einigem Abstand Kanada, Australien, Neuseeland und die Vereinigten Staaten. Selbst im rundum belagerten Israel fühlen sich viele Südafrikaner noch sicherer als in Südafrika. 1977 wanderten siebenmal soviele südafrikanische Juden nach Israel aus wie zwei Jahre zuvor. Und der Trend hält an. Pretoria könnte gegensteuern und durch attraktivere Einwanderungsbedingungen und durch die Senkung der Qualifikationsschwelle den Zuzug von außen fördern. Aber eine neue Einwanderungswelle würde nur neue Arbeitslose ins Land schwemmen. Südafrika braucht Akademiker und qua-

lifizierte Arbeitskräfte, keine Hilfsarbeiter, die das weiße Proletariat verstärken.
Torschlußpanik und Massenauswanderung sind kein Novum in der neueren südafrikanischen Geschichte. 1960, im Jahr des Sharpeville-Massakers, als aus Europa und Amerika erstmals kritische Töne herüberdrangen, horteten die Südafrikaner Kartoffeln, Öl und Benzin. Die Einwanderungsrate sackte auf minus 2800 durch, nur um in den Jahren danach auf neue Rekordhöhen zu klettern. Das Jahrzehnt bis zum Putsch in Portugal brachte jährliche Überschüsse zwischen 30000 und 50000 Menschen.
Heute wie damals bleibt der wirklich harte Kern der Bevölkerung von Alarmsignalen unberührt. Die Dickköpfigkeit der burischen Bevölkerung hat schon andere Krisen überdauert. »Denen, die sich verdrücken wollen, kann ich nur sagen: je eher, desto besser«, sagte Innenminister Connie Mulder 1978. »Afrika sucht sich selbst seine Söhne aus, die das Rückgrat haben, die Herausforderung anzunehmen.« Trotzdem versucht Pretoria, mit verschärften Devisenausfuhrbestimmungen den Exodus zu stoppen. Wenn jeder mitnehmen könnte, was ihm gehört, wäre Südafrika bald um eine Million weißer Einwohner ärmer.
Es sind freilich nicht nur hasenherzige Engländer, die Alternativen erkunden, bevor es ernst wird. Es kriselt gar schon im Innern der Wagenburg. Das US-Magazin »US News and World Report« zitierte einen Mitarbeiter der französischen Botschaft in Pretoria, in deren Konsulatsabteilung jährlich rund 10000 Visaanträge ausreisewilliger, afrikaanssprachiger Südafrikaner bearbeitet werden.
»Die Antragsteller«, berichtete der Beamte, »sind zum Teil dieselben Afrikaander, die öffentlich auf die Barrikaden steigen. Sie geloben, daß sie sterben wollen wie ihre Vorfahren und noch mit dem Rücken zur Wand kämpfen wollen. Und dann kommen sie zu uns und fragen, ob wir in Frankreich einen Job für sie haben.«

Neue Heimat für *Verkrampte*

Im Sommer 1978 traf eine Delegation der ultrarechten *Herstigte Nasionale Party* in Bolivien ein, um dort die Siedlungsbedingungen für auswanderungswillige südafrikanische Farmer zu erforschen. Ergebnis der Recherchen: Das Terrain ist gut. Und auch die gewachsenen Beziehungen zwischen Herren- und Dienerrasse sind noch in Ordnung. Nach der Rückkehr von dem Erkundungsausflug zog Delegationsleiter Jan Foley ein offenherziges Resümee. Die Reaktion der bolivianischen Regierung freilich wurde nicht überliefert.

Ihre »rassische Reinheit« und ihre »angeborene Intelligenz«, so ließ sich Mijnheer Foley vernehmen, prädestinierten die weißen Südafrikaner, »Boliviens Wirtschaft zu übernehmen«. Auch Bolivien sei »nicht gerade ein Paradies, aber immerhin dem vorzuziehen, was man heute in Südafrika erlebt«.

Anders als am Kap nämlich ist in Bolivien die Dominanz der weißen Rasse gesichert. Foley: »Die Leute praktizieren dort die gleiche Rassendiskriminierung wie hier. Die ganze Wirtschaft wird von einer kleinen Minderheit weißer Emigranten aus Europa beherrscht, welche die Spanier und die eingeborenen Indios auf den ihnen zustehenden Platz verweisen. Der einzige Unterschied zwischen ihnen und uns besteht darin, daß sie es in aller Stille machen und es nicht in die Welt hinausposaunen. Deswegen werden sich Südafrikaner dort auch zu Hause fühlen.« Foley und seine Männer hatten auch empirische Vergleichsforschung betrieben, um die Ausbeutbarkeit des autochthonen Proletariats zu sondieren. Ergebnis: »Die Indios sind in ihrer Intelligenz den Schwarzen Südafrikas vergleichbar«, so daß man ihnen problemlos die nötigsten manuellen Fertigkeiten beibringen könne.

Nun ja, »die produktivsten Menschen, die mir je begegnet sind«, räumte Foley ein, »sind sie bestimmt nicht«. Die Indios hätten nur wenig mehr Selbstachtung als die Bantus. Jedoch: »Sie halten sich ziemlich ordentlich und sauber.« Zu den Indios rechnet Foley großzügig auch die zugereisten Spanier.

Und noch etwas hatten die Lateinamerika-Touristen vom

Plattland am Kap wohlgefällig bemerkt: »In der ganzen Zeit, die wir dort waren, haben wir nicht einen einzigen dieser langhaarigen Hippie-Typen gesehen. Alle waren sauber und ordentlich und haben uns mit Respekt behandelt.«
Foley ist entschlossen, gegen die schwarze Flut zu kämpfen. »Jedoch, wenn es klar wird, daß sich die Regierung mit ihren Plänen durchsetzt, weiß ich, daß es ein anderes Land gibt, in dem meine Fähigkeiten willkommen sind.« Doch Jan Foley und die Seinen können ganz beruhigt sein. Von Pretoria droht einstweilen keine ernsthafte Gefahr.
Piet Botha und seine Nibelungen halten den Verhandlungsspielraum jetzt für erschöpft. Die Schwarzen haben ihre *homelands*, sie dürfen gemeinsam mit Europäern auf einer Parkbank sitzen. Sie dürfen sogar in ausgesuchten weißen Hotels übernachten. Bis dahin und nicht weiter. Alles, was darüber hinausgeht, bedroht die Existenz der weißen Rasse.
Vorster hat es schon 1978 klar gesagt: »Ich werde nicht über die Zerstörung meines eigenen Landes verhandeln.« Insgeheim mag er oft davon geträumt haben, wie Südafrika heute wohl aussähe, wenn die Buren auf den von ihm verehrten nationalsozialistischen Rassentheoretiker Alfred Rosenberg gehört hätten, der schon in den dreißiger Jahren gewarnt hatte: »Mag das Niggertum auch heute noch keine starke Macht darstellen; der Blutmythus ist auch hier erwacht. Seine Kraft wird nach fünfzig Jahren ungeheuer angeschwollen sein. Bis dahin hat der nordische Mensch Vorsorge dafür zu treffen, daß es in seinen Staaten keine Neger mehr gibt.« Wenn man vom moralischen Gehalt seiner Thesen absieht, kann man Rosenberg eine gewisse Einsicht in historische Perspektiven wahrhaftig nicht bestreiten.
Einen möglichen Weg aus der Sackgasse hat den Nationalisten bereits vor Jahren der damalige Chef des *Bureau of State Security*, Hendrik van den Bergh, gewiesen. Südafrika, meinte van den Bergh, kann sich nicht mehr mit kleinlichen Zugeständnissen über die Runden retten. Die Preisgabe Rhodesiens und Namibias hat Zeitgewinn gebracht, aber keine fühlbare Erleichterung von ausländischem Druck.
Südafrika muß nach van den Bergh »drastische interne Ver-

änderungen« herbeiführen, seine Bantustan-Politik korrigieren und auf eine Föderation nach dem Schweizer Modell hinsteuern. Nach van den Berghs Vorstellungen würden alle Bürger des zu bildenden Kantonstaates – anders als in den Bantustans – den gleichen Paß führen. Die Kantone würden ihre eigene Regionalpolitik bestimmen, sich aber in Außen- und Verteidigungsfragen einer Zentralregierung unterwerfen.

Selbst ein Sieg der Marxisten in Zimbabwe/Rhodesien würde die nationale Sicherheit Südafrikas nicht wesentlich gefährden, meinte van den Bergh. Pretoria sollte sich mit den Zimbabwe-Sozialisten nach dem gleichen Muster arrangieren, das seine Koexistenz mit den Ultras um Samora Machel gewährleistet. Wie Mosambik werde auch Zimbabwe nicht auf die friedliche Zusammenarbeit mit Südafrika verzichten können.

Die Entwicklung hat van den Bergh recht gegeben. Der überwältigende Wahlsieg Robert Mugabes in Zimbabwe jagte im Frühjahr Schockwellen durch Südafrika. Die Regierung in Pretoria, die alle ihre Hoffnungen – und wohl auch ein paar Millionen Rand, wie im »Muldergate-Skandal« herauskam – auf den gemäßigten Bischof Abel Muzorewa gesetzt hatte, war entsetzt.

Um so überraschender die Reaktion Mugabes. Seine sozialistische Regierung, ließ er in seiner ersten Stellungnahme nach der Wahl wissen, strebe eine friedliche Koexistenz mit der Apartheid-Republik an. Sie werde zwar den Befreiungskampf der schwarzen Südafrikaner unterstützen, aber nur mit friedlichen Mitteln.

Allerdings, ganz so konsterniert, wie er vorgab, konnte Piet Botha nicht gewesen sein. Südafrika-Beobachter wollen wissen, daß dem Sieg Mugabes eifriger Notenaustausch zwischen Pretoria und Maputo vorausging. Auf Druck des mosambikanischen Staatschefs Samora Machel, so heißt es, habe Mugabe sich bereit erklärt, »Kreide zu fressen«. Botha, der zunächst für den Fall einer marxistischen Machtübernahme in Salisbury mit dem Einmarsch seiner Truppen gedroht hatte, antwortete mit artigen Glückwunsch- und Kooperationsadressen.

Kein de Gaulle am Kap?

Auch für Südwestafrika hatte General van den Bergh ein Patentrezept. Südafrika, sagte er, solle statt der Turnhallenhäuptlinge die linke »Südwestafrikanische Volksorganisation« (SWAPO) unterstützen. Nur die SWAPO ist nach van den Bergh stark genug, die wirtschaftlichen Interessen Südafrikas in Namibia zu garantieren. Pretoria müsse handeln, und zwar sofort. Es sei in einer ähnlichen Lage wie Charles de Gaulle 1958, bevor er die »Algerie Française« liquidierte. Wenn der Premier die Nation retten wolle, müsse er sich über den rechten Flügel seiner Partei hinwegsetzen.
John Vorster freilich, an den der Appell damals gerichtet war, hatte anderes im Sinn. Wer ihn über »Détente« und schönen Worten den Liberalen zugeschlagen hatte, der hatte sich geirrt. Die Vorschläge erledigten sich später von selbst durch die Muldergate-Affäre, in deren Verlauf auch van den Bergh gekippt wurde.
Daß Piet Botha das historische Format besitzt, um das Steuer herumzuwerfen, bezweifeln nicht nur seine Gegner. Es ist ihm zwar gelungen, die Ablehnungsfront um Andries Treurnich aufzubrechen, die jedwede Reform von vornherein als schandbares Teufelswerk disqualifizieren. Aber Südafrika hat die Entmachtung der ultrarechten Reaktion mit einem schmerzlichen Abbau demokratischer Substanz bezahlen müssen. Botha hat nicht nur den rechten Flügel der Regierungspartei entmachtet, sondern auch die Regierung selbst. Wichtige Entscheidungen werden nicht mehr vom Kabinett in Pretoria getroffen, sondern von einem ZK-ähnlichen »Staatssicherheitsrat« mit Piet Botha an der Spitze. Ob die Demokraten am Kap das gewollt haben.
Wie lange die Wagenburg hält, wenn der Konflikt nicht bald an der Wurzel gelöst wird, und wann die ersten Stürme losbrechen, ist umstritten. Al Venter, der südafrikanische Autor der schmalztriefenden Zukunftsstudie »Freundschaft und Frustration«, glaubte bereits 1977, »daß wir um das Jahr

Seiten 288/289: Immer feste druff. Schwarze und weiße Polizisten knüppeln eine Demonstration bei Durban zusammen.

1980 herum aufstehen müssen, um gezählt zu werden«. Inzwischen weiß man, daß die Prognose zu düster war. Denn 1980 verstrich, und nichts geschah.
Daß die Weißen in Südafrika Heimatrecht haben, wird nicht einmal von dezidierten Apartheid-Gegnern bestritten. »Herr Vorster«, sagte Tansania-Staatschef Julius Nyerere 1975 in einem »Spiegel«-Gespräch, »ist für mich ein Afrikaner. Sein Volk – ich weiß nichts über seine unmittelbare Familie – kam vor 300 oder mehr Jahren nach Afrika. Was uns aber ärgert: Die Buren scheinen zu glauben, daß sie Afrikaner sind und wir nicht. Sie nennen sich Afrikaander, ihre Sprache ist afrikaans. Die Afrikaner auf der anderen Seite sind für sie Bantus oder Kaffern. Was für ein Quatsch.«
Es ist auch nicht zu befürchten, daß, wie Heinz-Dietrich Ortlieb, Nationalökonom an der Universität Hamburg, menetekelt, anderthalb Millionen Buren »in die Mehrheit der Schwarzen eingepflügt werden und als Kulturdünger dem Nutzen des angelsächsischen Wirtschaftsimperialismus dienen soll«.
Auch Oxford-Politologe William Johnson mag nicht glauben, daß die schwarzen Afrikaner die weißen allesamt ins Meer treiben wollen. Johnson ist voll Zuversicht. Wenn er Geld übrig hätte, betonte er in seiner Zukunftsstudie, dann würde er bis auf den letzten Penny alles in Südafrika anlegen. So sicher ist er seiner Sache. Er glaubt, daß die Weißen ihre Vorherrschaft bis ins nächste Jahrtausend hinüberretten können, wenn sie es geschickt anstellen. Und auch danach, meint er, ist noch längst nicht alles zu Ende. Die meisten Südafrikaner sind da nicht so sicher. Sie sehen die Götterdämmerung heraufziehen, die Linken wie die Rechten.

»Wir reiten, bis wir im Blut versinken«

Vos Louw, ein Farmer aus einem Dorf bei Kapstadt, hat in einem Gespräch mit dem Journalisten Peter Younghusband den Standpunkt der Falken zur Überlebensfrage formuliert: »Mein Großvater hat immer gesagt: ›Trau den Briten nicht.‹ Er hatte recht. Er kannte die Amerikaner nicht. Aber er hätte sie auch nicht leiden können. Well, laß sie nur kommen und versuchen, uns zu packen. Wir werden reiten, bis wir im Blut versinken.«

Reiten gegen wen? Gegen die Massen der anonymen schwarzen Parias, die trotz Soweto und weltweiter Solidarität weiterhin stumm ihren Job versehen, gegen all die Nannys und Onkel Toms, gegen den Briefträger aus der Ciskei, den Zulu-Milchmann? Das können sich die weitaus meisten Weißen partout nicht vorstellen.

Doch auch die friedfertigen dienstbaren Geister machen sich Gedanken über die Apokalypse. Im »Spiegel« berichtete die Südafrika-Deutsche Else von Zarnikow aus Durban über ein Gespräch mit ihrem treuen Hausboy, das sie nachdenklich gemacht hatte. »Was würdest du machen«, hatte sie gefragt, »wenn morgen der Aufstand losbräche?« Der Alte brauchte nicht lange zu überlegen: »Ihnen, Madam, würde ich nie etwas Böses tun können. Denn ich kenne Sie. Aber ich würde in Gegenden gehen, wo ich die Weißen nicht kenne. Und hierher kämen fremde Schwarze, um zu töten.«

Mutmaßungen zur Überlebensbefähigung von Minderheitenregierungen oder sonstigen illegalen Regimes haben selten ins Schwarze getroffen. Als Ian Smith 1965 die Taue zu Großbritannien kappte und Rhodesien zur selbständigen Republik ausrief, war es für den damaligen Herrn in der Downing Street, Harold Wilson, klar: »Die Kapitulation ist eine Frage von Wochen, nicht Monaten.« Tatsächlich dauerte es dann fast anderthalb Jahrzehnte, ehe »Tricky Smithie«, wie seine Freunde ihn nannten, klein beigab. Und wenn es nach dem militärischen Kräfteverhältnis zwischen schwarz und weiß gegangen wäre, hätten die weißen Rhodesier auch noch mal fünfzehn Jahre ausgehalten.

Das weiße Südafrika hat langfristig sicher gefährlichere Gegner, als das Smith-Regime sie hatte. Aber Südafrika ist auch eine ungleich härtere Nuß als Rhodesien. Nur über einen Punkt sind sich Optimisten und Pessimisten einig: Die Zeichen stehen auf Sturm. »Was wir mit Angola und Rhodesien erlebt haben«, menetekelte John Vorster nach dem ruhmlosen Rückzug seiner Truppen über den Cunene-Fluß, »das war nur ein laues Lüftchen.«

Der Schriftsteller Alan Paton hat seine Vorstellung von der Zukunft Südafrikas in eine Parabel gefaßt. Und die geht so: An die Tür des Reichen klopfen die Armen und Hungernden. Einige Familienmitglieder drängen den Hausherrn zu öffnen. Aber der zögert. Das Klopfen wird herrischer und herrischer. Da endlich macht der Reiche die Tür auf. Aber es ist zu spät. Denn draußen wartet der Tod.

Daten zur südafrikanischen Geschichte

1487 Der portugiesische Seefahrer Bartolomeo Diaz umschifft als erster das Kap der Guten Hoffnung.
1497 Vasco da Gama umsegelt das Kap auf dem Weg nach Indien.
1552 Erste Begegnung von Europäern und Bantus am Kei-Fluß.
1580 Der britische Seefahrer Sir Francis Drake landet am Kap.
1652 Der Holländer Jan van Riebeeck gründet im Auftrag der Holländisch-Ostindischen Gesellschaft die erste weiße Siedlung.
1688 Ankunft der ersten Hugenotten-Siedler aus Frankreich.
1717 Die ersten Treckburen ziehen vom Kap aus landeinwärts.
1778 Der Große Fischfluß wird Ostgrenze der Kapkolonie.
1779 Beginn des ersten Kaffernkrieges gegen die Xhosas.
1795 Proklamation der Batavischen Republik – England besetzt das Kap.
1803 Rückgabe der Kapkolonie an die französische Batavische Republik.
1806 Das Kap wird britische Kolonie.
1807 Die britische Regierung untersagt den Transport von Sklaven auf britischen Schiffen.
1815 Niederschlagung der Burenrebellion von Slagters Neck.
1816 Shaka wird König der Zulus.
1820 Die ersten 5000 britischen Siedler treffen in Kapstadt ein. Gründung von Port Elizabeth.
1828 Englisch wird Amtssprache. Shaka wird von seinem Halbbruder Dingaan ermordet.

1833 Verbot der Sklaverei.
1835 Trecks unter Louis Trichardt und Hans van Rensburg brechen nach Norden auf. Gründung von Durban.
1836 Trecks unter Andries Potgieter und Piet Retief ziehen nach Norden.
1837 Piet Retief und 365 Buren unterzeichnen das Manifest von Grahamstown. Ankunft der Voortrekker in Natal.
1838 Piet Retief wird in Dingaans Kraal ermordet. In der anschließenden Schlacht am Blutfluß schlagen 470 Treckburen eine Zulu-Armee von 10000 Mann in die Flucht.
1840 Proklamation der Burenrepublik Natalia.
1843 Natal wird britische Kolonie.
1852 In der *Sand River Convention* erkennt England die Existenz der Republik Transvaal an.
1854 England akzeptiert die Unabhängigkeit des Oranje-Freistaates.
1860 Die ersten indischen Kulis treffen in Natal ein.
1867 Bei Kimberley im Oranje-Freistaat werden die ersten Diamanten gefunden.
1868 Großbritannien annektiert Basutoland.
1877 Die Briten annektieren die Südafrikanische Republik (Transvaal).
1879 Zulu-Krieg.
1880–1881 Erster Burenkrieg. Transvaal erhält wieder die Selbstverwaltung.
1883 Paul Krüger wird Präsident der Südafrikanischen Republik.
1884 Präsident Krüger besucht Berlin. Beginn der deutschen Schutzherrschaft über Südwestafrika.
1886 Südlich von Pretoria wird Gold gefunden. Gründung von Johannesburg.
1889 Cecil Rhodes gründet die *British South Africa Company*.
1890 Cecil Rhodes wird Premierminister der Kapkolonie.
1892 Die Eisenbahn zwischen Kapstadt und dem Witwatersrand wird fertiggestellt.
1895 Putschversuch Cecil Rhodes' gegen Präsident Krüger (Jameson-Überfall).
1899 Ausbruch des zweiten Burenkriegs.

1902 Der zweite Burenkrieg endet mit dem Frieden von Vereeniging.
1906 Transvaal erhält beschränkte Autonomie.
1907 Der Oranje-Freistaat erhält beschränkte Autonomie.
1910 Gründung der Südafrikanischen Union. Burengeneral Louis Botha wird erster Ministerpräsident. Kapstadt wird parlamentarische, Pretoria administrative Hauptstadt.
1912 Gründung des *African Native National Congress* in Bloemfontein.
1914–1918 Südafrika nimmt am Ersten Weltkrieg teil. Botha erobert Deutsch-Südwestafrika, Smuts Deutsch-Ostafrika.
1919 Jan Smuts wird Ministerpräsident. Die Union übernimmt Deutsch-Südwest als Mandatsgebiet.
1922 Generalstreik und Arbeiteraufstand im Witwatersrand.
1924 General James Hertzog wird Ministerpräsident.
1925 Afrikaans wird zweite Amtssprache.
1927 Erlaß des *mixed marriage act* (Verbot von schwarzweißem Sex).
1931 Südafrika erhält Dominion-Statut und volle Souveränität.
1933 Bildung einer Koalitionsregierung aus der Nationalen und der Südafrikanischen Partei. General Hertzog wird Ministerpräsident.
1939 Jan Smuts wird Ministerpräsident.
1939–1945 Teilnahme Südafrikas am Zweiten Weltkrieg. 350000 südafrikanische Freiwillige kämpfen in Europa und Nordafrika.
1948 Überwältigender Wahlsieg der Nationalen Partei. Daniel François Malan wird Premierminister. Das Apartheid-Programm wird Regierungspolitik.
1950 Erlaß des *group areas act*, *suppression of communism act* und Beginn der Umsiedlungskampagnen.
1954 Johannes Gerhardus Strijdom wird Ministerpräsident.
1955 Südafrika beginnt mit dem Bau der ersten Kohleverflüssigungsanlage.
1956 Die *Coloureds* verlieren ihr Wahlrecht.

1958 Hendrik Frensch Verwoerd wird Ministerpräsident.

1960 Unruhen in Sharpeville. Die Polizei erschießt 69 Schwarze.

1961 Südafrika wird Republik und scheidet aus dem Commonwealth aus. Albert Luthuli erhält den Friedensnobelpreis.

1966 Balthazar Johannes Vorster wird Ministerpräsident. Lesotho und Botswana werden unabhängig.

1968 Swasiland wird unabhängig.

1971 Präsident Felix Houphouët-Boigny von der Elfenbeinküste setzt sich für einen Dialog mit Südafrika ein.

1974 Staatsstreich und Machtwechsel in Portugal. Premierminister Vorster besucht mehrere afrikanische Staaten, um seine Détentepolitik zu forcieren.

1975 Premierminister Vorster trifft seinen sambischen Kollegen Kenneth Kaunda an den Victoriafällen. Südafrikanische Truppen stoßen auf Luanda vor. Die Kubaner landen in Angola.

1976 Rückzug der Südafrikaner aus Angola. Ein Aufstand in der Johannesburger Trabantenstadt Soweto fordert mehrere hundert Todesopfer. Die Transkei erklärt als erstes Bantustan seine Unabhängigkeit.

1977 Die Nationalen erringen bei Neuwahlen einen überwältigenden Sieg.

1978 Premier Vorster macht Pieter Wilhelm Botha Platz, nachdem der »Muldergate«-Skandal seine Position unhaltbar gemacht hat.

1979 Ministerpräsident Piet Botha beginnt mit der Demontage der »kleinen Apartheid«.

1980 Rhodesien/Zimbabwe wird unabhängig. Zimbabwe-Premier Robert Mugabe bekennt sich zur friedlichen Koexistenz mit Südafrika.

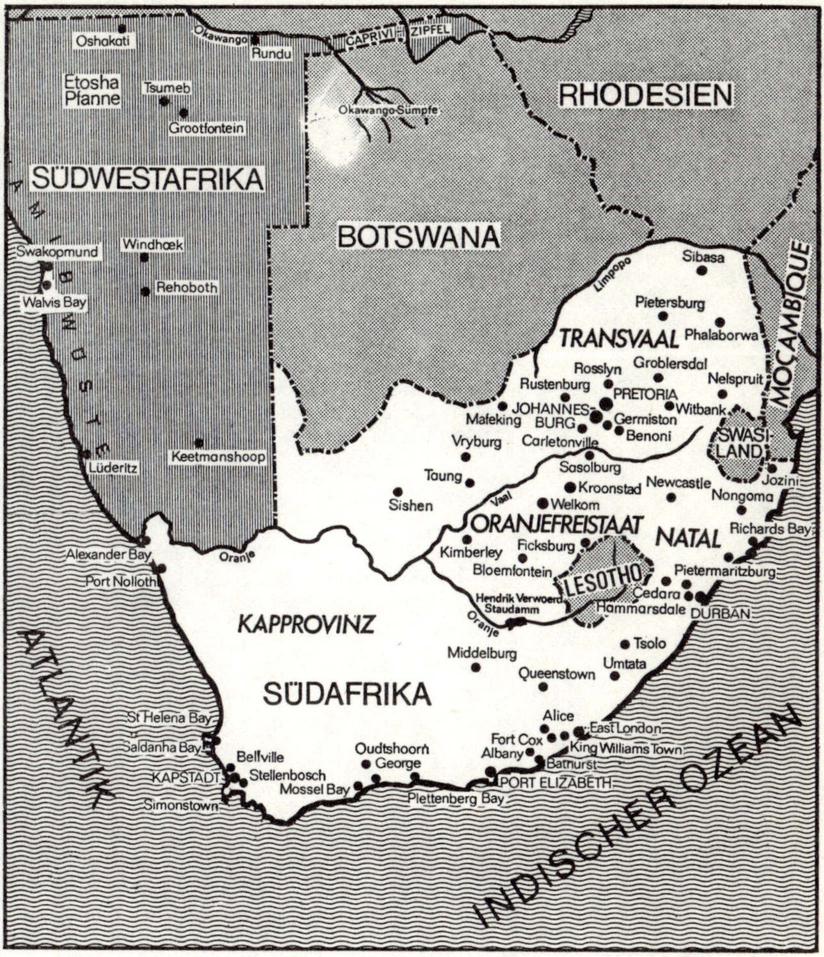
RHODESIEN
BOTSWANA
SÜDWESTAFRIKA
CAPRIVI ZIPFEL
Oshakati
Okawango
Rundu
Etosha Pfanne
Tsumeb
Grootfontein
Okawango-Sümpfe
Swakopmund
Windhœk
Rehoboth
Walvis Bay
Keetmanshoop
Lüderitz
Limpopo
Sibasa
Pietersburg
Phalaborwa
TRANSVAAL
MOÇAMBIQUE
Rosslyn
Groblersdal
Nelspruit
Rustenburg
PRETORIA
JOHANNES-BURG
Witbank
Mafeking
Germiston
Benoni
SWASI-LAND
Vryburg
Carletonville
Sasolburg
Taung
Kroonstad
Newcastle
Jozini
Nongoma
Sishen
Vaal
Welkom
ORANJEFREISTAAT
NATAL
Richards Bay
Alexander Bay
Oranje
Kimberley
Ficksburg
Bloemfontein
LESOTHO
Pietermaritzburg
Port Nolloth
Hendrik Verwoerd Staudamm
Cedara
Hammarsdale
DURBAN
KAPPROVINZ
Oranje
Tsolo
Middelburg
Umtata
Queenstown
SÜDAFRIKA
ATLANTIK
St Helena Bay
Alice
East London
Saldanha Bay
Fort Cox
King Williams Town
Albany
Bathurst
Bellville
Oudtshoorn
George
KAPSTADT
Stellenbosch
Mossel Bay
PORT ELIZABETH
Simonstown
Plettenberg Bay
INDISCHER OZEAN

Register

Literatur

Adam, Heribert, »Südafrika, Soziologie einer Rassengesellschaft«, Frankfurt 1970

Albrecht, Gisela, »Soweto oder Der Aufstand der Vorstädte«, Reinbek 1977

Amnesty International, Jahresbericht 1978, London 1979

Auerbach, F. E. (Hg.), »The ABC of Race«, Pretoria 1970

Bandulet, Bruno, »Schnee für Afrika«, München/Berlin 1978

Barnard, Christiaan, »Südafrika, Anatomie einer Verzerrung«, Düsseldorf/Wien 1977

Baßmann, Winfried, »Menschenrechte in Südafrika«, München 1978

Becker, Peter, »Tribe to Township«, Bungay (England) 1974

Benson, Mary, »The Struggle for a Birth Right«, Harmondsworth 1966

Bernatzik, Huga A., »Neue große Völkerkunde«, Köln 1968

Bernetel, Paul, »Les Enfants de Soweto«, Paris 1977

Bilger, Hans R., »Südafrika in Geschichte und Gegenwart«, Konstanz 1976

Bilger, Harald R., »400 Jahre Südafrika in Porträts«, Konstanz 1974

Blase, Klauspeter, »Wenn Gott schwarz wäre«, Zürich 1972

Breyer, Karl, »Moskaus Faust in Afrika«, Stuttgart 1979

Brutus, Dennis (Hg.), »A Simple Lust«, London/Ibadan/Nairobi 1973

Bunting, Brian, »The Rise of the South African Reich«, Harmondsworth 1964

Caldwell, C. T., »The Anglo-Boer War«, Boston 1965

Cameron, James, »Die afrikanische Revolution«, Köln 1961

Cervenka, Zdenek; Rogers, Barbara, »The Nuclear Axis«, London 1978

Churchill, Winston Spencer, »London to Ladysmith via Pretoria«, London 1900

Clifford, William, »An Introduction to African Criminology«, Nairobi 1974

Davidson, Basil; Slovo, Joe; Wilkinson, Anthony, »Southern Africa: The New Politics of Revolution«, Harmondsworth 1977

de Groot, Gerhard, »Entscheidung in Südafrika«, Freiburg/Würzburg 1978

De Beer, Z. J., »Multi-Racial South Africa«, London 1961
Decke, Bettina, »Industrialisierung und Herrschaft in Südafrika«, Neuwied/Berlin 1972
De Kiewiet, C., »A History of South Africa«, Oxford 1978
De Klerk, W. A., »The Puritans in Africa«, Harmondsworth 1976
Driscoll, Peter, »The Wilby Conspiracy«, Aylesbury (England) 1973
Du Plessis, J. A., »South Africa – the Link of Terror«, Pretoria 1977
Duve, Freimut (Hg.), »Kap ohne Hoffnung«, Reinbek 1965

Eysenk, H. J., »The Equality of Man«, London 1975

Foreign Investment in South Africa, »The Conditions of the Black Worker«, Uppsala 1975

Gordimer, Nadine, »Some Monday for Sure«, London/Nairobi/Ibadan/Lusaka 1976
Grundy, Kenneth, »Guerilla Struggle in Africa«, New York 1971

Hackett, John, »The Third World War«, London 1978
Haushofer, K., »Weltpolitik von heute«, Berlin 1934
Hellmann, E., »Soweto – Johannesburg's African City«, Johannesburg 1968
Heßler, Wolfgang (Hg.), »EKD und Kirchen im südlichen Afrika«, Bielefeld/Frankfurt/Berlin 1974
Hirschberg, Walter, »Völkerkunde Afrikas«, Mannheim 1965
Hoagland, Jim, »South Africa – Civilization in Conflict«, London 1973
Höpker, Wolfgang, »Südafrika auf der Waage«, Köln 1978
Huddleston, Trevor, »Naught for Your Comfort«, Glasgow 1956

Informationsstelle Südliches Afrika, »Wanderarbeit im Südlichen Afrika«, Bonn 1976
International Defence and Aid Fund, »Masters and Serfs«, London 1973
Italiaander, Rolf (Hg.), »Rassenkonflikte in der Welt«, Frankfurt 1966
Italiaander, Rolf, »Schwarze Haut im roten Griff«, Düsseldorf/Wien 1962

Jackson, John, »Justice on South Africa«, London 1980
Jänecke, Heinrich, »Die weißen Herren«, München 1979
Jenny, Hans, »Afrika ist nicht nur schwarz«, Düsseldorf 1961
Jenny, Hans, »Das neue Afrika«, Zürich 1980
Johnson, R. W., »How Long will South Africa Survive?«, London 1977

Kirchliches Außenamt, »Brückenschlag, Band III, Afrika«, Frankfurt 1970

Kock, W. J. de, »History of South Africa«, Pretoria 1971
Köhlers Kolonialkalender 1941, Minden 1940
Krüger, D. W., »South African Parties and Policies 1910 bis 1960«, Kapstadt 1960

Lambley, Peter, »The Psychology of Apartheid«, London 1980
Lee, Franz J. T., »Südafrika vor der Revolution?«, Frankfurt 1973
Lichtenstein, H., »Travels in Southern Africa«, Kapstadt 1928–1930
Lever, H., »South African Society«, Johannesburg 1978
Lewin, Hugh, »Seven Years in a South African Prison«, Harmondsworth 1974
Lsietner, G. M. E., Breytenbach, W. J., »Die Schwarze Arbeitskraft Südafrikas«, Pretoria 1976
Luthuli, Albert, »Let my People go«, London 1974

Magnus, P., »Kitchener: Portrait of an Imperialist«, London 1958
Manshard, Walther, »Afrika – südlich der Sahara«, Frankfurt 1980
Maitre, Hans-Joachim, »Black Power«, München/Wien 1972
Morel, E. D., »The Black Man's Burden«, London 1920
Moynihan, Daniel Patrick, »Einspruch«, Berlin 1978

Naether, Claus Michael, »Ein Kontinent sucht die Freiheit«, Frankfurt 1968
Nyerere, Julius K., »Uhuru na Maendeleo«, Nairobi/London/New York/Daressalaam 1974

Ortlieb, Heinz-Dietrich und Spandau, Arnt, »Südafrika – Revolution oder Evolution?«, Hamburg 1977
Ortlieb, Heinz-Dietrich und Zwernemann, Jürgen, »Afrika zwischen Tradition und Fortschritt«, Hamburg 1980

Paczensky, Gert von, »Die Weißen kommen«, Hamburg 1970
Paqué, Ruprecht, »Afrika antwortet Europa«, Frankfurt/Berlin 1967
Paton, Allan, »Cry, the Beloved Country«, Harmondsworth (England) 1976
Prinsloo, Daan, »United States Foreign Policy and the Republic of South Africa«, Pretoria 1978

Rhoodie, N. J., »South African Dialogue«, Johannesburg 1972
Ripken, Peter (Hg.), »Das schwarze Wort«, Bonn 1977
Ritter, E. A., »Shaka Zulu, The Rise of the Zulu Empire«, London 1955
Ritter, Paul, »Südafrika«, München
Rode, Reinhard, »Die Südafrika-Politik der Bundesrepublik 1968–1972«, München 1975

Rosenthal, Eric, »Encyclopaedia of Southern Africa«, London 1961
Runge, Erika, »Südafrika – Rassendiktatur zwischen Elend und Widerstand«, Reinbek 1976

Sartre, Jean-Paul, »Kolonialismus und Neokolonialismus«, Reinbek 1968
Scheepers Strydom, C. J., »Black and White Africans«, Kapstadt 1967
Schwarzenbach, E. C., »Südafrika, Stein des Anstoßes«, Zürich 1970
Seelmann-Eggebert, Rolf, »Das Kap der Stürme«, Stuttgart 1978
Segal, Ronald, »Afrikanische Profile«, München 1963
Seligman, C. G., »The Races of Africa«, London 1968
Sonnenhol, G. A., »Südafrika ohne Hoffnung«, Düsseldorf/Wien 1978
South African Bureau of National and International Communication, »South Africa 1978«, Pretoria 1977
Spandau, Arnt, »Wirtschaftsboykott gegen Südafrika«, Kapstadt/Wetton/Johannesburg 1977
Spence, J. E., Thomas, E., »South Africa's Defence«, Los Angeles 1966
Staub, Hans-Otto, »Südafrika-Report«, Wien 1975
Stephan, Klaus, »Südafrika – Weg in die Tragödie«, München 1977
Stockwell, John, »In Search of Enemies«, New York 1978
Suckling, John, Weiss, Ruth, Innes, Duncan, »The Economic Factor«, Uppsala 1975

The Institute for Industrial Education, »The Durban Strikes«, Durban/Johannesburg 1976
The International Defence and Aid Fund, »Apartheid Quiz«, London 1972

University of South Africa, Bureau of Market Research, »Income and Expenditure Patterns of Urban Bantu Households«, Pretoria 1963

Wästberg, Per, »Auf der schwarzen Liste«, Wien 1963
Walker, Eric A., »A History of Southern Africa«, London 1928
Wilkins, Ivor, Strydom, Hans, »The Broederbond«, New York/London 1979
Wilson, Monica, Thompson, Leonard, »The Oxford History of South Africa«, 2 Bände, Oxford 1975
Winks, R. W. (Hg.), »British Imperialism: Gold, God, Glory«, New York 1963
Wolf, Hans, »Notizen in Südafrika«, Fürth 1980
World Council of Churches, »A Profile of The African National Congress«, Genf 1976
Woods, Donald, »Steve Biko – Stimme der Menschlichkeit«, München 1978